소잉디자이너 패브릭소품

저자 : **김지은, 황윤숙, 박재임**
사단법인 한국재봉기술개발원

SEWING
DESIGNER

소잉디자이너 패브릭소품

지은이 김지은, 황윤숙, 박재임
사단법인 한국재봉기술개발원
발행인 안중기 · 안민웅
발행처 도서출판 경춘사
등록번호 제1987-000013(1987. 11. 28)

인쇄 2020년 2월 10일
발행 2020년 2월 20일

서울시 마포구 마포대로 14길 31-9
경춘빌딩 101호

전화 (02)716-2502, 714-5246
팩스 (02)704-0688
www.kcpub.co.kr

값 **25,000**원

ISBN 978-89-5895-182-7 13590

CONTENTS

PART 01
패브릭소품 종류 및 기획

CHAPTER 01
패브릭소품의 종류

CONTENTS

PART 02
패브릭소품 제작 실기

CHAPTER 01

패브릭소품 제작 실기

들어가는 글

산업혁명부터 시작된 대량화, 규격화로 인하여 값싼 공산품이 쏟아져 나오기 시작하면서 가내수공업에서 이어진 핸드메이드 산업은 점차 설 자리를 잃어갔다. 그러나 오늘날에는 대량생산 대량소비에 대한 피로감이 누적되고 개인의 취향을 중시하는 소비 트렌드가 확산되면서 핸드메이드 제품에 대한 관심이 점점 커지고 있다. 핸드메이드 제품은 한 땀 한 땀 느리게 제작되면서 소량으로 만들어지지만 그러기에 세상에 하나 밖에 없는, 오직 나만 소중히 간직할 수 있다는 점에 의의가 있다. 순식간에 만들어지고 순식간에 유행에 뒤처지는 대량생산 제품과는 분명 다른 매력을 선사한다. 그렇기 때문에 현대인들은 대량생산 제품보다는 사람이 직접 만든 핸드메이드 제품에 대해 가치를 더 높이 평가하는 경향이 있다.

핸드메이드 제품 중 많은 부분을 차지하고 있는 패브릭소품은 창의적인 소잉(Sewing) 기술이 필요하며 새로운 섬유패션산업 분야로 발전함에 따라 소잉디자이너(Sewing Designer)라는 새로운 직업을 탄생시켰다. 소잉디자이너란 패브릭 등의 제품을 창작 디자인하고, 재봉으로 제작하는 전문가를 뜻한다. 세분화된 섬유패션 전문 인력인 소잉디자이너는 새로운 트렌드 개발과 소잉산업의 융합 및 허브역할을 하고 핸드메이드 트렌드를 선도하는 문화산업의 전문가로서 역할이 기대되고 있다.

본 교재는 섬유패션산업 분야의 전문 인력인 소잉디자이너 자격 1급 배양을 위한 안내서로 이론편과 실기편으로 구성되어 있다. 이론편은 패브릭소품의 종류, 패브릭소품 기획으로 구성되어 있으며 실기편에서는 15가지 패브릭소품의 제작방법을 단계별로 상술함으로써 체계적으로 쉽게 이해하여 실습할 수 있도록 하였다.

Part 1 이론편은 패브릭소품의 종류와 패브릭소품 기획으로 구성되어 있다. 패브릭소품의 종류에서는 수납용품, 가방, 주방용품, 인테리어소품, 패션소품, 유아용품, 이벤트시즌소품의 용도와 디자인, 소재에 대해 설명하고 있다. 패브릭소품 기획에서는 패브릭소품과 패브릭소품 소재의 정보수집을 위한 국내외 박람회에 대해 안내하고 있다.

Part 2 실기편은 패브릭소품 제작 실기로 구성되어 있으며 반달파우치, 사각파우치, 북커버, 장지갑, 장바구니, 클러치, 숄더백, 토트백, 주방장갑과 냄비받침, 티코스터와 테이블매트, 사각프릴쿠션과 캔디쿠션, 수납용 벽걸이, 원형바구니, 아기 보넷, 챙모자 등 15가지 패브릭소품의 제작방법을 사진과 함께 상세히 서술하였다.

마지막으로 이 책의 출간을 위해 기획하고 도움을 주신 (사)한국재봉기술개발원의 전형준 국장님, 오정희 간사님, 바쁘신 와중에도 기꺼이 조언을 아끼지 않으신 김흥진 교수님, 경춘사의 안민웅 부장님과 편집디자이너님께 감사의 마음을 전한다.

2020년 1월

저자 일동

추천의 글

네스맘 김 현 정

핸드메이드포털 더핸즈 운영대표

소잉과 관련된 취미는 오래된 역사를 갖은 취미의 한 분야이자, 그 활용 범위가 가장 넓은 취미이기도 하고, 즐기는 세대 또한 폭 넓은 분야이기도 합니다.

이렇게 방대하고, 광대하고 오래된 취미 분야를 자랑하는 소잉 분야에 그 동안 국내에서 체계적으로 정리된 책과 교육기관, 자격증이 없었다는 것이 신기할 정도였는데, 그 중요한 부분을 한국재봉기술개발원에서 진행하고 있음에 감개무량함을 넘어 감사하기까지 합니다.

현재 한국재봉기술개발원에서 진행하고 있는, 소잉디자이너 교재 출간과 전문가 교육 그리고 자격 검정 시스템은 대한민국 소잉 관련 취미 및 직업 교육 분야에 오랫동안 기준이 될 수 있는 크고 굵은 잣대가 될 것입니다.

100세 시대, 인생 이모작을 넘어 이제는 인생 삼모작이라는 말까지 나올 정도로 한 인간의 일생에 있어, 직업은 다양하게 변모할 것 입니다.

전공 분야가 아닌 사람들에게도, 인생의 새로운 터닝포인트의 길로 안내해 줄 수 있도록, 쉽고 편리한 기회를 마련해 준 것이라는 점에서 대단한 업적을 남기신 것입니다.

앞으로도 한국재봉기술개발원이 소잉에 관심을 가지고 있는 많은 사람들에게 제대로 된 소잉 분야 전문가로 성장하고 발전해 나갈 수 있도록 체계적인 교육과 도움될 수 있는 전문 교재 발간을 계속해 주셨으면 합니다. 더불어 사람과 사람의 상호 교류를 통해 새로운 인생의 전환점을 찾아가고, 그 전환점에서 더욱 많은 기회를 제공하여 대한민국 패션 & 리빙 패브릭 업계에 신인 작가 & 작품 발굴로 K-POP을 뛰어 넘어 K-Variety에서 K-Hobby로 이루는 더 큰 업적을 남기는 한국재봉기술개발원이 되길 진심으로 바라는 바입니다.

앞으로도 저는 핸드메이트포털 더핸즈를 운영하며, 소비자들과 소잉디자이너들이 필요하시고, 희망하시는 원부자재를 빠르게 제작,공급을 통하여 응원할 예정이며, 그 분들의 상품과 커리큘럼을 전세계에 알릴 수 있도록 기초를 튼튼히 다져나가도록 하겠습니다.

우리 함께!! K-Hobby의 꿈을 실현해 나가보아요!! 파이팅!!!
늘 응원하고 있고, 앞으로도 응원하겠습니다.

2020년 1월

발간을 축하하며

김 은 희
(사)한국재봉기술개발원 이사장
한국소잉디자이너협회 회장

사단법인 한국재봉기술개발원은 소잉 분야 최고의 자격증 검정 시스템인 소잉디자이너(Sewing Designer) 체계를 개발하고 자격을 공신력 있게 운영함으로써 소잉 지식 및 기술을 새로운 트렌드에 부합하는 교육 과정으로 개발하여, 자격검정의 표준화 및 정형화를 통해 숙련된 전문인력을 양성하고, 다양한 계층의 인력들을 산업 현장으로 유도하여 우리 경제의 신성장 동력을 창출하는 등 소잉 산업의 융합 및 허브 역할을 담당함으로써 소잉을 21세기 핸드메이드 트렌드를 선도하는 문화 산업으로 도약시키려는 기치를 내걸고 출범하였습니다.

2010년 이후 스마트폰의 등장으로 개인의 자유와 행복, 선택권을 중시하는 포노사피엔스가 최근 소비의 주체로 성장함에 따라 소비패턴은 개성과 디자인을 중요시하는 형태로 특히 더 발전하고 있으며, 이런 변화가 핸드메이드와 DIY라는 키워드로 각종 제품과 콘텐츠에 반영되는 추세입니다. 바느질을 뜻하는 소잉(Sewing)은 핸드메이드 트렌드를 대표하는 근간이자 핵심 분야입니다. 소잉은 이미 단순한 취미 단계를 넘어 개성과 디자인과 문화를 융합하는 하나의 전문 창작 디자인 분야로 발전하고 있으며, 이제 21세기를 이끄는 핵심 문화 산업으로 성장할 산업적 기반이 구축되어 1인 기업, 소자본 창업 및 전문 강사, 스타 강사로서의 활동이 가능한 분야로 인식되고 있으며 수익을 창출하는 비즈니스로써의 관심과 수요가 확장 되고 있습니다.

사단법인 한국재봉기술개발원은 소잉디자이너 자격 검정 운영을 중심으로 여성과 청년인력이 당당하게 산업현장에 진입할 수 있는 길을 열어갈 것입니다. 소잉분야 전문가 양성 및 창업·취업 지원과 빅데이터에 기반한 O2O 일감연계 및 구인구직, 트렌드 정보 제공 및 공방 창업 컨설팅 지원, 온오프 커뮤니티 확산 보급 및 정책개발, 포럼 등을 통한 유관기관과의 네트워크 구축 등 소잉분야 발전을 위한 협력을 모색함으로써 기업에서 즉각 활용할 수 있는 기술인력 교육, 공방이나 전문강사 등 소기업 창업의 확산 그리고 관련 정책의 개발 등의 활동을 통해서 소잉산업을 우리 경제의 지속가능한 성장 동력으로 발전시키는 것이 본 개발원의 미래 비전입니다.

위와 같은 미래비전을 달성하고자 소잉분야에 종사하는 모든 분과 앞으로 소잉분야로 진출하고자하는 모든 분들의 소잉디자이너 자격대비 및 소잉디자이너의 직무능력향상을 위해 이 책을 시작으로 소잉산업 관련 서적을 지속적으로 발간하고자 합니다. 이 책을 집필하신 저자분들과 감수진의 노고에 감사드리며 앞으로 소잉분야에 관심 있는 모든 분들께서 사단법인 한국재봉기술개발원의 활동과 새로운 도전을 지켜보며 성원해주시고 또 함께 동참해주시길 부탁드리겠습니다.

2020년 1월

사단법인 한국재봉기술개발원 소개

한국재봉기술개발원은 소잉 기술의 전문자격화, 교육, 창업·취업 컨설팅 등을 통한 여성들의 경제적 자립 능력 향상 지원을 설립목적으로 하여 만들어진 비영리 단체 입니다.

1. 주요활동

① 소잉디자이너 자격 검정 개발 및 시행주관
② 소잉디자이너 자격대비 양성교육 운영 (온라인/오프라인)
③ 한국소잉디자이너협회 설립과 활동 운영 및 지원
④ 소잉산업 활성화를 위한 정책 제안과 정부 정책 지원 도출
⑤ 산학연대 인력양성 프로그램 추진

2. 미래비전 및 발전 방안

① 소잉디자이너 직군 위상강화 및 자격시험의 공신력 강화
- NCS(국가직무능력표준)에 맞춘 자격검정 및 교육 체계 개편
  (2급 : 지식, 기능 / 1급 : 기술 / 지도사 : 태도)
- 국가 및 공공기관 직업훈련시설에 소잉디자이너 양성교육 위탁 운영
- 전문인력 양성을 위한 대학 전공/학과 도입 및 부설 교육기관 설립
- 국가공인 및 국제 자격화 점진적 추진(2급/1급 중점 추진 검토)

② 소잉디자이너의 취업/창업 네트워크 강화
(방문위탁교육/지자체 민간위탁 고용 서비스 기관)
③ 소잉 산업 발전을 위한 정책제안 및 정부 지원 사업 참여
서울시, 산업자원부, 고용노동부, 여성가족부 등 정부지원사업 제안 및 운영

3. 활동분야

- 전통적인 메이커플레이스 경영자(공방경영, 온라인 쇼핑몰 입점, 체험 교육)
- 공방 및 문화센터, 방과후 강의, 기업특강 등에서 인정받는 강사
- 대학 및 직업훈련시설, 평생교육시설 전공 및 학과 외래교원 및 겸임교수
- 관련 산업의 제품디자인, 상품개발, 제품 제작 분야 등의 전문 인력
- 공방개설 및 운영 전문 컨설턴트

소잉디자이너 자격 소개

소잉디자이너 민간자격이란?

패브릭 등의 제품을 창작 디자인하고, 재봉으로 제작하는 전문가의 직업능력을 인정하는 최초의 전문 자격증입니다(한국직업능력개발원 등록 제2016-003606호).

소잉디자이너 자격을 취득하면 전문가로서의 능력을 증명할 수 있고, 소비자가 선택할 수 있는 기준자격이 되어 향후 공방 창업자, 공방운영컨설팅 등 독립사업자, 직업학교 및 문화센터 강사, 관련 분야 취업 등으로 진출하는데 유리합니다.

소잉디자이너 자격체계

등급	2급	1급	지도사
직무수준	초급	중급	고급
자격요건	제한없음	2급 합격자	1급 합격자
검정방법	필기(객관식/주관식)	실기(제작)	면접/시범강의
검정과목	소잉디자인, 소잉소재기획, 소잉테크닉, 소잉마케팅창업, 소잉디자인 및 실무	10개 전공분야중 1개 선택	PPT제작/시범강의
합격기준	객관식/주관식 각각 평균60점 이상	평균 60점 이상	평균 60점 이상
검정료	필기10만원 부가세 별도 기준	실기10만원 재료비5만원 재봉틀대여 3만원(선택) 부가세 별도 기준	15만원 부가세 별도 기준

PART 01

패브릭소품 종류 및 기획

CHAPTER

01

패브릭소품의 종류

01
수납용품

1. 스트링파우치(String Pouch)

SEW DIY, https://www.sewdiy.com/

Threading My Way, https://www.threadingmyway.com/

1) 용도

스트링파우치란 스트링이 통과할 수 있도록 터널을 만들어 스트링으로 조절하여 열고 닫을 수 있는 복주머니 형태의 파우치를 말한다. 실생활에서 다양하게 필요한 파우치로서, 주로 작은 소지품을 수납하는데 활용된다. 미싱을 이용하여 쉽고 간단하게 만들 수 있어 패브릭소품 만들기의 입문용 아이템으로 많이 제작된다.

2) 디자인

파우치의 모양은 직사각형 모양으로 제작되며, 디자인에 따라 바닥을 만들기도 한다.

스트링을 한쪽 방향으로 끼워 한쪽 방향만 잡아당기거나 양쪽 방향으로 끼워 양쪽으로 잡아당겨 여닫도록 제작한다. 스트링의 마감은 매듭을 짓거나 구슬이나 폼폼과 같은 부자재를 부착할 수도 있다. 스트링이 통과되는 부분만 원단을 따로 패치하거나 입구 부분을 길게 하여 위쪽으로 자연스러운 주름이 생기게 하면 화려하면서 귀여운 디자인이 되기도 한다.

3) 소재

원단으로는 캔버스나 옥스퍼드와 같이 도톰하고 신축성이 없는 원단이 좋으며 디자인과 기능에 따라 안감을 덧대기도 한다. 스트링 소재로는 신축성이 없고 미끄럽지 않은 소재가 좋으며 파이핑끈이나 레자끈을 사용한다.

2. 반달파우치(Half Moon Pouch)

Quality Sewing Tutorials
http://qualitysewingtutorials.blogspot.com/

Made by a brunnette, https://madebyabrunnette.com/

1) 용도

반달파우치는 반달모양의 파우치로 둥근 부분에 지퍼를 달아 전체가 열리는 구조 때문에 필요한 소지품을 쉽게 찾을 수 있으며, 반달파우치의 하단부분은 바닥이 있는 구조 때문에 수납이 넉넉하고 세워 놓을 수 있어 화장품이나 여성용품을 수납하기에 적당하다.

2) 디자인

파우치의 전체가 열리기 때문에 내부가 쉽게 보이므로 안감을 덧대주는 것이 좋다. 반달파우치 재단 후에 원단에 접착솜이나 두꺼운 심지를 부착하면 두께감이 있고 도톰하여 반달모양을 잘 유지할 수 있다.

3. 사각파우치(Square Pouch)

Positively Splendid, https://www.positivelysplendid.com/

DIY Tutorial Ideas, http://www.handmadiya.com/

Minki Kim, https://www.minkikim.com/

1) 용도

사각 형태의 파우치를 말하며, 화장품이나 여성용품 등 작은 소지품을 수납하기에 적당하다. 미싱을 이용하여 쉽고 간단하게 만들 수 있어 패브릭소품 만들기의 입문용 아이템으로 많이 제작된다.

2) 디자인

디자인과 기능에 따라 바닥이 없는 납작한 사각파우치, 바닥이 있는 사각파우치, 직육면체 형태의 사각파우치 등 다양하다.

3) 소재

원단으로는 캔버스나 옥스퍼드와 같은 도톰하고 신축성이 없는 원단이 좋으며, 입체 직육면체 형태의 사각파우치의 경우, 형태를 잘 잡아주기 위해 접착솜이나 두꺼운 심지를 부착하거나 누빔원단을 사용하여 제작한다.

4. 마카롱파우치(Macaron Pouch)

Etsy, https://www.etsy.com/

Fall n Design, https://www.fallindesign.com/

1) 용도

마카롱 모양의 파우치를 말하며, 마카롱과 비슷한 사이즈의 작은 파우치이기 때문에 액세서리, 헤어핀 등의 작은 소품을 수납하며, 동전파우치, 키링 등으로 활용하기에 좋다. 마카롱보다 크고 원통형으로 제작하여 전체가 열리는 화장품 파우치로도 활용할 수 있다.

2) 디자인

마카롱 모양의 파우치로 옆면에 지퍼를 달아 전체가 열리게 되는 구조이다. 작은 사이즈의 파우치이기 때문에 손에서 잘 놓칠 수 있는데, 이를 방지하기 위해 스트랩을 달아 손목에 착용하거나 가방에 부착하기도 한다.

3) 소재

원단으로는 도톰하고 신축성이 없는 원단이 좋으며, 마카롱 원형의 형태를 유지하기 위해 원형 프레임을 씌우거나 두꺼운 심지를 부착한 후, 봉제한다. 여밈을 위한 지퍼는 원통형의 옆면에 달리게 되므로 잘 구부러지는 지퍼가 적당하다.

5. 생리대파우치(Sanitary Pad Pouch)

G마켓, https://www.gmarket.co.kr/

Club Factory, https://www.clubfactory.com

1) 디자인

여성용품 생리대를 수납하는 파우치로 생리대 대형 기준으로 4~5개 정도가 수납될 수 있도록 사이즈에 맞게 제작한다. 펼쳤을 때 양쪽에 수납이 가능한 구조의 반지갑 형태로 제작하거나 뚜껑이 있는 사각파우치 형태로 제작하여 용품을 손쉽게 꺼낼 수 있도록 한다.

2) 소재

위생용품을 수납하는 파우치인 만큼 바이러스 및 세균, 진드기에 노출되지 않도록 세탁이 용이한 원단이어야 한다. 물에 젖지 않도록 방수원단을 사용하기도 한다. 여밈은 고리와 단추를 달거나 스냅을 부착하여 용품이 빠지지 않게 한다.

6. 노트북파우치(Laptop Sleeve)

Curbly, https://www.curbly.com/

Jewels at Home, https://jewelsathome.com/

1) 디자인

노트북을 수납하는 파우치로, 파우치 안에서 노트북이 흔들리지 않도록 사이즈에 꼭 맞게 제작하여야 한다. 그러므로 파우치 디자인은 주로 사각 형태이며, 여밈에 따라 디자인이 다양하다. 여밈이 지퍼로 되어 있는 사각파우치 형태, 덮개가 있고 단추와 고리, 스냅, 벨크로 등으로 열고 닫을 수 있는 형태 등이 있다.

2) 소재

전자제품이기 때문에 충격으로부터 보호를 위해 펠트나 네오프렌와 같은 도톰한 원단을 사용한다. 일반 원단을 사용하는 경우에는 원단에 접착솜을 붙이거나 누빔원단으로 제작하는 것이 좋다. 물이 닿지 않도록 방수원단을 사용하기도 한다.

7. 북커버(Book Cover)

Lark Crafts, http://larkcrafts.com/

싱거미싱 공식블로그, https://blog.naver.com/singerkorea/

Etsy, https://www.etsy.com/

Sewing, https://sewing.craftgossip.com/

1) 용도

북커버는 새 책을 깨끗한 상태로 읽거나 보관하고 싶을 때, 가방 안에서 자꾸 구겨질 때 필요한 소품이다. 공공장소에서 책을 읽을 때 다른 사람들에게 내가 읽는 책을 보여주고 싶지 않을 때에도 필요하다. 북커버의 사이즈를 다르게 제작하여 다이어리커버나 여권커버, 태블릿커버 등으로 활용할 수 있다.

2) 디자인

책을 보호하기 위해 도톰한 원단을 사용한다. 퀼팅이나 포인트가 될 수 있도록 화려한 원단을 사용하기도 한다. 여밈을 생략할 수도 있고 단추와 고리 혹은 고무줄을 활용하여 책이 열리는 것을 방지할 수 있도록 한다. 다이어리커버의 경우, 필기류를 수납하기 위한 홀더를 추가하기도 하며 여권커버는 티켓이나 지폐, 신용카드와 같은 작은 소지품을 수납하기 위한 홀더를 추가하기도 한다. 태블릿커버의 경우, 전자제품이므로 충격보호를 위해 접착솜이나 누빔원단으로 제작한다.

8. 필통(Pencil Case)

DIY Tutorial Ideas, http://www.handmadiya.com/

Fabric Art DIY, https://fabricartdiy.com/

Ikat bag, http://www.ikatbag.com/

Fall n Design, https://www.fallindesign.com/

1) 디자인

필기류를 수납하는 파우치로 필기류가 넉넉하게 수납될 수 있는 적당한 사이즈이어야 한다. 또한 필기류를 꺼내기 쉽도록 전체가 열리는 구조가 편리하며 여밈은 지퍼를 달아 사용하거나 벨크로, 끈 등을 사용한다. 디자인에 제한이 없기 때문에 다양한 디자인이 있다. 직육면체 사각파우치 형태가 일반적이며, 주로 학생들이 사용하기 때문에 캐릭터를 활용한 디자인이 인기가 많다. 필통을 원통 형태로 제작하여 열어 놓은 상태로 필기류를 쉽게 꺼내 사용할 수 있도록 한 디자인도 있으며, 필기류 외에 가위나 칼 등의 다른 소지품이 많을 경우, 수납칸을 따로 만들어 펼쳐진 파우치를 말아서 보관하는 롤업형 디자인도 있다.

2) 소재

원단은 필기류가 뾰족한 경우도 있기 때문에 밖으로 나와 찔리는 위험이 없도록 빳빳하고 내구성이 강한 원단을 사용하는 것이 좋다. 캐릭터를 활용한 필통의 경우, 모양이 잘 유지하도록 두꺼운 심지를 부착하여 제작한다. 물에 젖지 않도록 하기 위해서는 방수원단을 사용한다.

9. 동전지갑(Coin Purse)

DIY Tutorial Ideas, http://www.handmadiya.com/

http://www.hestershandmadehome.com/

Noodlehead, https://noodle-head.com/

1) 디자인

동전을 수납하는 파우치로 의복의 호주머니에 들어갈 수 있도록 작은 사이즈로 제작한다. 동전을 잘 찾을 수 있도록 전체가 열리는 구조가 편리하다. 동전이 빠지지 않도록 지퍼로 여밈을 제작하며, 스냅이나 벨크로로 제작할 경우에는 동전이 빠지지 않도록 덮개를 만들어 주는 것이 좋다.

10. 카드지갑(Card Holder)

http://www.free-tutorial.net/

Very purple person, http://verypurpleperson.com/

Folksy, https://folksy.com/

1) 디자인

카드지갑은 카드 전용 지갑으로 일반 지갑보다 사이즈가 작아 수납력은 떨어지지만, 휴대성이 좋아 선호도가 높다. 특히 최근에는 현금보다는 신용카드를 사용하는 경우가 많기 때문에 휴대성이 좋은 카드지갑의 사용빈도가 높은 편이다. 카드지갑은 사용자의 편의에 따라 디자인이 다양한데, 지갑처럼 양쪽으로 열리는 구조, 카드수납칸이 있는 구조, 지퍼가 달린 납작한 사각파우치의 구조 등 다양한 디자인이 있다.

11. 장지갑(Long Purse)

https://elily00.wordpress.com/

DIY Tutorial Ideas, http://www.handmadiya.com/

LBG Studio, https://www.lbg-studio.com/

Swoon, https://swoonpatterns.com/

1) 디자인

장지갑은 지폐를 접지 않고 넣을 수 있는 크기의 지갑으로 지폐보다 크게 제작하여야 하며 가방에 들어가도록 너무 크지 않게 해야 한다. 장지갑은 사용자에 따라 지폐칸이나 카드칸을 자유롭게 디자인할 수 있다. 동전칸은 장지갑의 안쪽이나 겉쪽에 위치할 수 있으며, 지퍼로 여닫을 수 있도록 해야 동전이 빠져나오지 않는다. 장지갑의 가장자리는 바이어스로 마무리하거나 상침으로 처리해야 깔끔하게 완성할 수 있다. 디자인에 따라 지퍼형, 덮개형이 있으며 지퍼형은 지퍼로 열고 닫을 때 여유가 있도록 약간 크게 제작하는 것이 좋다. 덮개형은 장지갑을 열고 닫을 때 덮개가 고정될 수 있도록 스냅을 부착한다. 수납한 지폐가 구겨지지 않도록 원단에 접착솜이나 빳빳한 심지를 붙여 장지갑이 편평하게 유지하도록 한다. 휴대폰 수납을 위해 장지갑의 사이즈를 약간 크게 제작하기도 하며 손목에 걸 수 있도록 스트랩을 달기도 한다.

12. 패브릭바구니(Fabric Basket)

싱거미싱 공식블로그, https://blog.naver.com/singerkorea/

Etsy, https://www.etsy.com/

Fabric Paper Glue, http://www.fabricpaperglue.com/

Make it & Love it, https://makeit-loveit.com/

1) 디자인

소품이나 잡다한 물건들을 정리하여 넣어 둘 수 있는 패브릭으로 만든 바구니이다. 사용자에 따라 다양한 디자인으로 제작할 수 있는데 일반적으로 바닥이 있는 직육면체나 원통형을 주로 제작한다. 먼지가 쌓이지 않도록 뚜껑을 같이 만들거나 손잡이가 달린 형태로 제작하기도 한다.

2) 소재

패브릭바구니는 형태가 잘 잡히도록 캔버스나 옥스퍼드 원단과 같은 빳빳한 원단이 좋으며, 접착솜이나 두꺼운 심지를 붙이기도 한다. 손잡이가 있는 디자인에는 가죽이나 두께감 있는 파이핑끈을 사용한다. 손잡이는 늘어나지 않는 소재를 사용하도록 한다.

02 가방

1. 에코백(Eco Bag)

Nature Watch, https://www.nature-watch.com/

Global Sources, https://www.globalsources.com/

TJ Sanders Group, https://www.tjsanders.com/

A.P.C., https://www.apc.fr/

1) 용도

최근 환경을 생각하는 목소리가 커지고 있으며 환경문제를 해결하기 위해 비닐과 플라스틱 자제 등의 운동이 점차 늘고 있다. 국내에서도 비닐봉투, 플라스틱컵의 사용 규제로 인하여 소비량이 감소하고 있다. 이에 따라 재사용이 가능한 에코백이나 텀블러를 사용하는 사람들이 많아지고 있다.

에코백은 환경을 오염시키지 않는 가공하지 않은 면이나 캔버스 원단으로 만들어 낸 가방을 말한다. 환경을 오염시킬 수 있는 소재를 사용하지 않을 목적에서 사용되기 시작하였다. 에코백은 주로 면을 사용하기 때문에 매장을 해도 비닐이나 플라스틱보다 빨리 분해되어 적은 환경오염을 유발할 수 있다. 에코백이 처음 만들어진 것은 영국의 유명 디자이너가 환경보호단체들과 더불어 선보였으며 현재 에코백은 패션 아이템으로 자리 잡았다.

2) 디자인

에코백은 사각 형태의 심플한 디자인에 패턴디자인이 있는 원단을 사용하거나 레터링이나 프린팅 등으로 포인트를 줄 수 있다. 바닥이 없는 형태로 심플한 디자인이 일반적이고 바닥을 만들어 넉넉하게 수납할 수 있도록 한 디자인도 있다. 안감을 덧대어 보다 튼튼하도록 제작하기도 하며, 뒤집어서도 사용할 수 있는 리버시블 디자인도 있다. 내부에 포켓을 만들어 실용적으로 수납할 수 있도록 하며, 디자인에 따라 에코백의 외부에 포켓을 만들기도 한다. 에코백의 손잡이 길이에 따라 토트백 형태로 들거나, 어깨에 걸칠 수 있는 숄더백 형태나 크로스백 형태로 제작할 수 있다. 소지품이 밖으로 빠져나오지 않도록 에코백 여밈에 지퍼나 스냅단추를 달아주기도 한다.

3) 소재

에코백을 홑겹으로 제작하는 경우에는 비치지 않을 정도의 두께감 있는 원단이 좋다. 에코백의 내부를 깔끔하게 하기 위해 안감을 덧대기도 하며, 뒤집어서 사용할 수 있는 리버시블 디자인으로 활용할 수 있다. 에코백 하면 여름에 사용하는 것을 많이 생각하는데, 추운 겨울에도 사용할 수 있도록 따뜻한 소재를 사용한 코듀로이 에코백이나 스웨이드

에코백이 있다. 이 외에도 원단 대신 재활용이 가능한 쌀포대나 비닐 소재로 만든 업사이클링[1] 에코백도 있다.

2. 숄더백(Shoulder Bag)

https://mexicanfolkartwholesale.com/

DIY Tutorial Ideas, http://www.handmadiya.com/

https://www.roquevalero.com/

1 디자인을 새롭게 하거나 활용 방법을 바꿔 재고품을 새로운 가치를 지닌 제품으로 만드는 행위를 일컫는다. (김환표. (2014) 트렌드 지식사전 2. 인물과사상사)

1) 용도

숄더백은 어깨에 걸치도록 디자인된 백을 말한다. 숄더백은 가방 중에 가장 활용도가 높은 핸드백이다. 여성용이 주류이지만 스타일링에 관심이 높은 남성들도 숄더백을 즐겨 활용하는 추세이다. 많은 사람들이 데일리백으로 자주 사용하는데, 캐주얼룩이나 정장룩에도 어울린다.

2) 디자인

숄더백은 어깨에 걸칠 수 있는 튼튼한 가방끈이 있으며 넉넉하게 수납할 수 있도록 비교적 큰 사이즈가 많고 숄더백 외부나 내부에 포켓을 만들어 실용성을 더한 디자인이 많다. 아래로 축 처진, 반달 모양의 가방인 호보백으로 제작하기도 한다. 가죽 손잡이나 탈부착 가능한 포인트 스트랩으로 숄더백의 다양한 디자인을 연출할 수 있다.

3) 소재

데일리백으로 자주 사용하는 만큼 내구성 있고 세탁이 용이한 캔버스나 옥스퍼드, 린넨과 같은 원단이 좋다. 가방끈으로는 수납을 많이 하더라도 견딜 수 있도록 신축성이 없고 튼튼한 원단으로 사용하는 것이 좋으며, 두꺼운 심지를 덧대어 제 원단으로 가방끈을 만들거나 가죽소재로 된 스트랩을 달기도 한다. 디자인에 따라 면로프끈을 사용하여 캐주얼한 느낌을 주기도 한다.

3. 토트백(Tote Bag)

Kitty Bunny Pony, http://www.kittybunnypony.com/

Creema, https://www.creema.jp/

1) 디자인

토트백은 손에 들고 다닐 수 있는 여성용 핸드백으로, 기본 구조는 쇼핑 종이백과 같이 윗부분이 트이고 두 개의 손잡이가 달려 있다. 크기가 큰 것부터 작은 것까지 다양하게 전개된다. 토트백은 어깨에 멜 정도는 아니지만 짧은 손잡이가 부착되어 팔에 걸고 다니기 편리한 백이다. 크기도 여러 형태로 제작할 수 있으므로 용도에 따라 크기를 고려하여 제작하면 된다.

4. 쇼퍼백(Shopper Bag)

Etsy, https://www.etsy.com/

1) 디자인

쇼퍼백은 의미 자체로는 '물건 사는 손님의 백'이라는 뜻으로, 쇼핑할 때 이용하는 커다란 손가방이나 큰 크기의 패셔너블한 숄더백을 말한다. 넉넉하게 수납할 수 있도록 큰 사이즈에 바닥이 있는 형태이며 수납을 많이 하더라도 튼튼하게 견딜 수 있도록 가죽소재의 손잡이를 사용하는 것이 좋다. 내부나 외부에 포켓을 달아 실용성을 더하기도 한다.

2) 소재

많은 수납력을 요구하는 만큼 내구성 있고 가벼운 캔버스나 옥스퍼드와 같은 원단이 좋다. 가방끈으로는 수납을 많이 하더라도 견딜 수 있도록 신축성이 없고 도톰한 원단으로 사용하는 것이 좋으며, 가죽 소재의 손잡이를 사용하거나 두꺼운 심지를 덧대어 제 원단으로 가방끈을 만든다.

5. 장바구니(Grocery Bag)

HGTV, https://www.hgtv.com/

DIY Tutorial Ideas, http://www.handmadiya.com/

Cottage Market, https://thecottagemarket.com/

1) 용도

최근 에코백과 더불어 환경보호를 위해 일회용 쇼핑백보다는 장바구니를 권장하는 추세이다. 간편하게 휴대할 수 있도록 접이식 장바구니 디자인이 인기이다. 접어서 휴대해야 하므로 폴리에스테르, 나일론 등과 같은 가볍고 고밀도이며, 내구성이 있는 원단을 사용한다.

2) 디자인

접어서 파우치에 넣을 수 있도록 외부에 파우치나 포켓을 만들어 제작한다. 장바구니를 말아서 보관할 수 있도록 끈을 달기도 한다. 장바구니는 가벼운 소재로 만들어지기 때문에 담은 내용물이 비칠 수 있어 패턴디자인이 들어간 원단을 사용하는 것이 좋다.

3) 소재

접어서 휴대해야 하므로 폴리에스테르, 나일론 등과 같은 가벼운 소재가 적당하며 장본 물품을 찢어지지 않게 담을 수 있도록 내구성 있고 고밀도의 원단이 좋다.

6. 클러치백(Clutch Bag)

https://www.allmywaysandrea.com/

Polkadot Chair, https://www.polkadotchair.com/

Melly Sews, https://mellysews.com/

1) 디자인

클러치백은 끈이 없어 손에 쥘 수 있도록 디자인된 백을 말한다. 한 손으로 들고 다녀야 하므로 비교적 작고 가벼우며 직사각형 타입이 많다. 폴더형은 위쪽으로 길게 제작하여 접어서 열고 닫을 수 있도록 디자인된 클러치백이며, 지퍼형은 지퍼로 열고 닫을 수 있도록 하며 지퍼손잡이를 잡을 수 있도록 태슬 같은 장식을 달기도 하고 손목에 걸 수 있는 스트랩을 제작하기도 한다. 엔벨롭형은 편지봉투 형태의 디자인으로 여밈은 스냅으로 하며 자석으로 된 스냅을 달면 열고 닫기가 편리하다.

2) 소재

클러치백은 손에 들고 다녀야 하므로 흐느적거리지 않도록 도톰한 원단이나 누빔원단으로 제작하거나 원단에 접착솜을 부착하여 제작한다. 자주 세탁하지 않으므로 쉽게 더러워지지 않는 원단이 좋으며 코팅이 된 원단을 사용하기도 한다.

03
주방용품

1. 앞치마(Apron)

Paper & Stitch,
https://www.papernstitchblog.com/

https://blog.treasurie.com/

https://amybarickman.com/

1) 용도

앞치마란 의복을 보호하거나 장식하기 위하여 앞에 두르는 작은 치마로 주로 취사를 할 때 몸 앞에 걸쳐 입는다. 요리하다 보면 여기저기 음식물이 튀기 마련인데 입고 있던 옷에 묻은 음식물은 잘 지워지지 않아 자칫하면 아끼던 옷을 버리게 된다. 또 요리할 때, 야채를 씻거나 설거지할 때 물이 튀어 옷이 젖는 경우도 많은데 이럴 때 앞치마 하나 두르면 모든 문제가 해결된다.

2) 디자인

앞치마는 용도에 따라 디자인의 종류가 다양한데 허리 앞치마는 허리 아래에 두를 수 있는 앞치마로, 앞치마를 행주대용으로 사용할 수 있다. 어깨 앞치마는 앞치마를 어깨에 걸쳐 가슴에서부터 허리 아래를 두를 수 있는 형태이다. 요리할 때 음식물이나 물이 튀는 것을 방지할 수 있으며, 어깨끈을 묶거나 스트랩으로 어깨끈 길이를 조절하여 사용할 수 있다. 원피스형 앞치마는 조끼를 입는 구조로 앞치마의 후면은 크로스 형태로 되어 있다. 어깨 앞치마처럼 길이를 조절할 수는 없으나 편리하게 입고 벗을 수 있고 위생, 편리성 때문에 보육교사 앞치마로 많이 사용되고 있다.

기능성을 높이기 위해 앞치마의 전면이나 측면에 포켓을 달아 간단한 소품을 편리하게 담을 수 있도록 한다. 앞치마는 주방에서 행주대신 사용할 수 있어 행주치마라고도 불리는 만큼 물을 잘 흡수하고 세탁이 용이한 면이나 린넨과 같은 원단이 적당하다.

2. 주방장갑(Oven Mitt)

Target, https://www.target.com/

Gourmet Quilter, https://www.gourmetquilter.com/

https://www.iichi.com/

1) 용도

주방에서 뜨거운 냄비 따위를 드는 데 사용하는 장갑이다. 주방에서 조리 시, 뜨거운 냄비의 뚜껑이나 손잡이를 잡을 때나 오븐을 꺼낼 때 뜨거운 부분을 맨손으로 만지면 화상 등의 위험이 있을 수 있으므로 주방장갑 사용이 필수이다. 주방장갑은 두꺼운 원단 안에 누빔솜을 넣어 만들며 손목까지 덮을 수 있게 제작한다.

2) 디자인

원단으로 제작할 수 있는 주방장갑의 디자인은 다양한데, 손목까지 덮을 수 있는 장갑 형태, 손가락만 보호할 수 있는 미니 주방장갑, 고깔 주방장갑 등이 있다. 장갑을 쉽게 끼고 벗을 수 있도록 넉넉하게 제작하는 것이 좋으며, 조리대 근처에 걸어둘 수 있도록 고리를 달아 둔다.

3) 소재

원단으로 제작 시에는 뜨거운 냄비나 오븐에 녹지 않는 원단으로 제작해야 하며, 면이나 린넨 등의 열에 강한 원단이 적합하다. 두꺼운 원단 안에 접착솜을 부착하거나 누빔원단을 사용하여 두껍게 제작하여 냄비나 오븐의 뜨거운 열이 손으로 전달되지 않도록 보호해야 한다.

3. 냄비받침(Hot Pad)

Etsy, https://www.etsy.com/

https://tipjunkie.com/

https://www.primitivestarquiltshop.com/

https://www.handmadekultur.de/

1) 용도

냄비받침은 바닥이 눌어붙지 않도록 뜨거운 냄비의 아래에 받쳐 놓는 도구이다. 뜨거운 냄비로 인해 테이블이 상하거나 테이블보가 눌어붙는 것을 방지할 수 있다.

2) 디자인

냄비받침 디자인은 사용자가 원하는 대로 사각형, 라운드형, 육각형, 타원, 하트, 별 등 다양하게 디자인할 수 있다. 손을 넣어 뜨거운 냄비 손잡이를 잡을 수 있는 냄비홀더 기능을 더한 디자인도 있다. 조리대 근처에 걸어둘 수 있도록 고리를 달아 두면 편리하다.

3) 소재

냄비받침은 원단뿐만 아니라 실리콘, 우드, 타일 등의 소재로 만들어진다. 원단으로 제작할 시에는 열에 녹지 않는 원단을 사용하며, 면이나 린넨 등의 열에 강한 소재를 사용한다. 폴리에스테르나 나일론 등과 같은 합성섬유는 열에 녹을 수 있으므로 사용하지 않는다. 두꺼운 원단에 접착솜을 부착하거나 누빔원단을 사용하여 냄비바닥의 뜨거운 열이 테이블이나 테이블보에 전달되지 않도록 한다.

4. 테이블보(Tablecloths)

Dunelm, https://www.dunelm.com/

DH Gate, https://www.dhgate.com/

DH Gate, https://www.dhgate.com/

DH Gate, https://www.dhgate.com/

Etsy, https://www.etsy.com/

1) 용도

테이블보(褓)는 테이블 위에 까는 널따란 보이다. 테이블을 깨끗하게 사용할 수 있는 용도뿐만 아니라, 그릇이나 수저 등의 용기가 식탁에 부딪히는 소리가 나는 것을 방지하기 위해 사용한다. 또한 인테리어 용도로 사용하기도 한다.

2) 디자인

테이블보의 디자인은 테이블 모양에 따라 사각형, 라운드형이 있고, 러너를 겹쳐 데코하기도 한다. 일반적으로 테이블보의 가장자리를 말아박기하여 제작한다. 가장자리에 레이스원단을 덧대거나 태슬이나 폼폼이를 덧대어 인테리어 효과를 주기도 한다. 러플을 덧대면 여성스럽고 화려함을 표현할 수 있다.

3) 소재

테이블보의 소재는 세탁이 용이한 면이나 린넨을 사용하고 주름이 자연스럽게 생기도록 빳빳하지 않은 원단을 사용한다. 물에 젖지 않도록 방수원단을 사용하기도 한다. 테이블이 큰 경우에는 이음선을 생기지 않도록 대폭원단을 구매하는 것이 좋다.

5. 테이블매트(Placemats)

Home Rises, https://www.homerises.com/

Decoration Ideas,
https://decoration.uzunerinsaat.com/

Minki Kim, https://www.minkikim.com/

1) 용도

테이블매트는 식탁에 사용되는 1인용 테이블 크로스이다. 식기, 컵, 수저 등 밑에 까는 테이블보의 일종이다. 테이블매트를 깔면 음식으로 인해 테이블보가 오염되는 것을 방지할 수 있고 흘린 음식을 처리하기 쉽다. 방수원단으로 제작하여 방수기능으로 사용하기도 하며 인테리어 효과를 줄 수도 있다.

2) 디자인

테이블매트의 디자인은 직사각형이 일반적이나 디자인에 따라 원형, 타원형, 다각형 등으로 제작할 수 있다. 홑겹으로 재단하여 가장자리를 접어박기하여 제작한다. 두 장으로 겹쳐 제작하는 경우에는 창구멍을 내어 뒤집은 후, 상침하여 마무리한다. 두 가지 원단으로 제작하면 양면으로 사용할 수 있다. 디자인에 따라 수저나 커트러리를 넣을 수 있는 포켓을 만들기도 하며 프랑스자수를 응용한 디자인도 있다.

3) 소재

원단 이외에 실리콘이나 라탄 소재로 된 테이블매트가 많이 사용되고 있다. 원단으로 제작할 경우에는 자주 세탁해야 하기 때문에 세탁이 용이한 면이나 린넨 등의 소재가 적당하며, 뜨거운 냄비나 조리도구에 녹을 수 있으므로 폴리에스테르나 나일론 등과 같은 합성섬유는 사용하지 않는 것이 좋다.

6. 티코스터(Tea Coaster)

https://ioluli.tumblr.com/

Free Tutorial, http://www.free-tutorial.net/

1) 용도

티코스터는 찻잔을 받치는 작은 사이즈의 패브릭 주방용품이다. 뜨거운 찻잔의 열에 녹지 않도록 면이나 린넨으로 제작한다. 물기가 잘 흡수되는 원단을 사용하여 테이블보나 테이블매트가 젖지 않도록 한다.

2) 디자인

티코스터의 디자인은 정사각형, 원형, 육각형의 모양 등 다양하게 제작할 수 있다. 자투리원단을 활용한 패치워크 디자인도 있다. 완성된 티코스터가 너무 푹신하면 찻잔이 넘어질 수 있으므로 접착솜을 사용하지 않거나 얇은 두께의 누빔원단을 사용하는 것이 좋다.

7. 컵홀더(Cup Sleeves)

Cosmo Cricket, https://cosmocricket.typepad.com/

Pinkoi, https://en.pinkoi.com/

1) 용도

최근 자원재활용법에 따라 카페나 패스트푸드점에서 일회용 컵과 플라스틱 빨대 사용이 규제되고 있다. 따라서 에코텀블러와 친환경 빨대의 사용이 증가하고 있으며 더불어 뜨겁거나 차갑지 않게 잡을 수 있는 일회용 컵홀더의 사용을 자제하고 환경을 생각하며 나만의 컵홀더를 제작하여 다니는 에코족들이 많아지고 있다.

2) 디자인

컵홀더는 카페에서 사용하는 일반적인 컵홀더의 디자인으로 제작하는가 하면, 컵의 다양한 사이즈에 맞게 사용할 수 있도록 벨크로나 고무줄 고리와 단추를 달아 여밈을 만들기도 한다. 일회용 컵을 손에 들고 다니기 편하도록 손잡이를 달아 준 컵홀더 디자인도 있다.

3) 소재

컵홀더의 소재는 뜨거운 음료를 들 수 있도록 도톰한 원단으로 제작하는 것이 좋다. 원단이 얇을 경우에는 면심지나 얇은 접착솜을 붙여 제작한다. 차가운 음료의 경우, 일회용 컵 밖으로 물기가 생기기 쉬운데, 물기를 흡수할 수 있도록 면이나 린넨 등의 흡수성이 좋은 원단을 사용하는 것이 좋다.

8. 키친크로스(Kitchen Cloths)

PURL SOHO, https://www.purlsoho.com/

Etsy, https://www.etsy.com/

1) 용도

키친크로스는 티타올 혹은 키친타올, 키친크로스라고 부르는 서양식 행주를 말한다. 키친크로스는 음식을 만드는 동안 수시로 손을 닦기 때문에 위생적이어야 하고 흡수성이 좋은 순면이나 린넨으로 만드는 것이 좋다.

2) 디자인

특별한 디자인이나 크기 없이 원단을 사각형으로 적당히 자른 후 올이 풀리지 않도록 가장자리를 말아박기를 하거나 바이어스 원단으로 감싸서 간단하게 만들 수 있다. 주방에 걸어둘 수 있도록 고리를 만들어 달면 편리하다.

CHAPTER 01. 패브릭소품의 종류

04
인테리어소품

1. 쿠션(Cushions)

5 minutes for mom, https://www.5minutesformom.com/

Super Cute Kawaii, http://www.supercutekawaii.com/

Sustain My Craft Habit,
https://sustainmycrafthabit.com/

1) 용도

암체어 또는 소파 등의 의자에 편히 앉도록 쾌적감을 주기 위하여 쓰는 서양식 작은 방석을 말한다. 쿠션 안에 솜, 스펀지, 용수철 따위를 넣어 탄력이 생기게 한다.

2) 디자인

쿠션의 디자인은 정해져 있는 것이 아니라 만드는 사람의 취향에 따라 얼마든지 자유롭게 만들 수 있다. 기본적인 모양은 정사각형, 직사각형, 원형, 타원형 등으로 만들며, 하트, 별, 곰, 꽃 등 자유로운 모양으로 만들기도 한다. 장식적인 부분에서는 가장자리에 파이핑을 두르거나 레이스, 태슬, 코드 등으로 장식을 해서 보다 화려하게 만드는 경우가 많다. 따라서 쿠션은 실용적인 목적도 있으나 실내 장식품으로서의 구실도 크다.

쿠션 안에 들어 있는 충전재를 빼서 쿠션커버를 세탁해야 하므로 입구를 만들어야 한다. 지퍼나 단추, 스냅을 달아 입구를 만들거나 원단을 서로 겹쳐서 충전재가 보이지 않도록 하는 방법도 있다. 캔디쿠션의 경우에는 양쪽에 끈으로 묶어두기만 해도 된다.

3) 소재

쿠션을 만들 때에는 안에 넣는 충전재와 쿠션커버를 따로 제작해야 쿠션커버를 세탁할 수 있다. 그러므로 충전재를 싸고 있는 솜싸개 원단과 쿠션커버의 겉감이 필요하다. 충전재는 부드러운 새의 깃털이 가장 좋고, 케이폭, 우레탄 폼 러버, 그 밖에 여러 가지 솜을 사용한다. 솜싸개의 원단으로는 폴리에스테르 등의 안감으로 사용하며, 쿠션커버의 겉감으로는 면직, 마직, 모직, 교직, 합성섬유 등 여러 가지가 사용되며, 그 밖에 소가죽, 양가죽이나 인조가죽도 사용된다.

2. 방석(Floor Cushions)

World Inside Pictures, https://worldinsidepictures.com/

Urban Outfitters, https://urbanoutfitters.com/

Etsy, https://www.etsy.com/

1) 용도

방석은 의자나 바닥에 앉을 때 밑에 까는 작은 깔개로, 밑이 배기거나 바닥이 찰 때 사용한다.

2) 디자인

방석은 솜방석, 왕골방석, 꽃방석, 밀대방석 등 재료나 모양에 따라 종류가 다양하다. 솜방석은 패브릭으로 제작하며, 쿠션과 마찬가지로 방석 안에 솜과 같은 충전재를 넣어 방석커버만 분리해서 손쉽게 세탁할 수 있도록 한다. 충전재를 넣을 수 있는 입구에 지퍼를 달면 힘이 가해져도 충전재가 밖으로 나오지 않는다.

방석은 일반적으로 납작한 정사각형이나 원형으로 만들며, 두께가 있는 방석을 제작할 시에는 높이가 있는 직육면체 모양으로 제작한다. 푹신한 느낌을 더하기 위해 퀼팅기법의 퍼프방석을 제작하기도 한다. 방석의 가장자리에 파이핑을 두르거나 레이스, 태슬, 코드 등으로 장식을 해서 보다 화려하게 만드는 경우도 있다.

3) 소재

보통 방석이라면 솜방석을 말하는데, 충전재로는 주로 흡습성은 좋으나 무거운 목화솜으로 사용한다. 방석커버의 겉감으로는 면직, 마직, 모직, 교직, 합성섬유 등 다양한 소재가 사용된다.

3. 티슈커버(Tissue Box Cover)

verlocal, https://www.verlocal.com/

Etsy, https://www.etsy.com/

Rakuten, https://www.rakuten.co.jp/

1) 디자인

1921년 킴벌리-클락사에서는 상자 속에서 한 장의 티슈를 뽑으면 다음 한 장이 저절로 튀어 나오도록 만든 크리넥스를 판매하기 시작하였으며, 오늘날 티슈는 없어서는 안 될 생필품이 되었다. 티슈커버는 갑티슈나 휴대용 티슈의 커버를 말하며, 티슈 종류에 따라 티슈커버의 디자인도 달라진다. 갑티슈는 일반적으로 직육면체의 종이상자이며 각이 있기 때문에 사이즈에 맞게 제작하는 것이 중요하다. 다 쓴 갑티슈는 교체하기 쉽도록 커버를 씌우고 벗기기가 간편해야 하며 벨크로나 스냅으로 여밈을 고정하거나 바닥이 없는 디자인은 씌우기만 하면 되는 형태로 여밈 없이 제작한다. 티슈가 나오는 입구는 너무 크지 않게 하여 먼지가 들어가지 않도록 한다. 휴대용 티슈는 납작한 파우치 형태로 제작하며, 여밈을 따로 만들지 않아도 티슈가 나오는 입구를 통해 씌울 수 있도록 길게 제작하면 먼지가 들어가지 않고 깔끔하게 만들 수 있다.

2) 소재

티슈커버는 자주 세탁하는 소품은 아니기 때문에 집 안의 인테리어에 맞게 사용자의 취향대로 자유롭게 원단을 선택하여 제작할 수 있다. 다만 티슈에 먼지가 달라붙지 않도록 털날림이 있는 울소재나 퍼소재 등은 피하고 방전가공이 된 원단을 사용하는 것이 좋다. 물에 젖지 않도록 방수원단이나 코팅원단을 사용해도 좋다.

4. 에이컨, 선풍기 커버(Air Conditioner Cover, Fan Cover)

베베데코, https://bebedeco.co.kr/

베베데코, https://bebedeco.co.kr/

1) 용도

에어컨, 선풍기 커버는 에어컨이나 선풍기를 사용하지 않는 겨울에 먼지 등이 쌓이지 않게 하기 위하여 씌워두는 커버이다. 고가의 에어컨을 자외선으로부터 보호하거나 지저분한 부분을 가릴 수 있으며, 유행하는 디자인의 원단으로 만든 커버로 집 안 분위기를 새롭게 꾸밀 수 있는 역할도 한다.

2) 디자인

에어컨과 선풍기의 종류는 다양하기 때문에 사이즈에 맞게 제작해야 한다. 에어컨 커버는 씌우고자 하는 에어컨 크기보다 2~3cm 정도 크게 제작해야 쉽게 씌울 수 있다. 스탠드 에어컨 커버는 위에서 씌우는 형태를 많이 제작하는데, 너무 조이거나 여유량이 많이 생기면 미관상 좋지 않으므로 에어컨의 입체 형태와 사이즈를 고려하여 제작한다. 벽걸이 에어컨 커버도 입체 형태와 사이즈를 고려하여 제작하며, 커버 뒷면 가장자리에 밴드 처리를 하여 간편하게 씌울 수 있도록 한다. 에어컨의 경우, 커버를 씌우고 따로 보관하는 것이 아니므로 집 안의 분위기와 어울리는 디자인의 원단을 사용하면 인테리어 효과를 볼 수 있다.

선풍기 커버는 스탠드형은 팬 부분과 스탠드 부분 전체를 씌울 수 있게 제작하며, 윗부분에 손잡이 고리를 만들면 선풍기를 옮기기가 편리하다. 벽걸이 선풍기는 따로 보관하는 것이 아니므로 팬 부분만 씌울 수 있게 제작한다.

2) 소재

보관을 목적으로 한 커버이므로 먼지가 날리지 않는 원단을 사용해야 하며, 습기가 차지 않도록 통풍이 잘 되는 원단이어야 한다. 세탁이 용이하면서 비치지 않는 도톰한 두께의 광목 등의 면 소재가 적당하다.

5. 의자커버(Chair Cover)

Gtrend, https://www.gtrend.me/

The Painted Hive, http://thepaintedhive.net/

1) 용도

의자커버는 등 부분이나 앉는 부분에 쿠션이 되어있지 않은 딱딱한 의자에 푹신한 커버를 씌워 편안하게 앉을 수 있도록 만들어진 커버이다. 오래된 의자에 커버를 씌우면 새것 같은 기분으로 사용할 수 있으며, 집 안 분위기를 새롭게 꾸밀 수 있는 역할도 한다.

2) 디자인

의자커버는 의자의 등 부분부터 앉는 부분까지 전체를 덮는 디자인, 등 부분만 덮는 디자인, 앉는 부분만 덮는 디자인이 있다. 의자의 등받이는 직사각형 이외에 사다리꼴, 곡선 형태 등 다양하므로 의자의 모든 면을 패턴종이나 광목에 본떠서 원단을 재단해서 봉제해야 의자의 형태에 꼭 맞는 의자커버를 만들 수 있다. 푹신한 커버의 역할이 필요한 경우에는 방석처럼 충전재를 등받이와 앉는 부분에 삽입할 수 있도록 만들면 편안하게 앉을 수 있다. 의자커버는 인테리어 효과를 줄 수 있으므로 의자 뒷면에 리본, 레이스와 같은 장식을 달면 여성스럽고 화려한 느낌을 줄 수 있다.

3) 소재

의자커버의 겉감으로는 비치지 않도록 톡톡한 원단이 좋으며, 사람이 앉는 곳이므로 피부에 자극적이지 않으면서 오염이 될 경우, 세탁이 용이한 소재이어야 한다. 면직, 마직, 모직, 교직, 합성섬유 등 여러 가지 원단이 사용될 수 있다.

6. 미니커튼(Mini Curtain)

deavita, https://deavita.net/

베베데코, https://bebedeco.co.kr/

1) 용도

미니커튼은 일반적으로 창문가리개로 사용되며, 문가리개, 칸막이가리개 등 가리는 데 사용되므로 가리개커튼이라고도 부른다. 미니커튼을 달면 햇빛을 차단하며 눈이 부시는 것을 막아 주는 것 뿐만 아니라, 자칫 지저분해 보일 수 있는 창문을 단순하며 깔끔한 느낌을 줄 수 있다. 미니커튼은 실용적인 목적도 있으나 인테리어 역할도 크다.

2) 디자인

창문이나 문, 수납장의 지저분한 곳을 가려주면서 장식적인 역할을 하기 때문에 포인트를 줄 수 있는 디자인이 많다. 주방 창문에 쓰이는 미니커튼의 경우에는 창문 전체를 다 가리는 것 보다는 눈에 직접적으로 햇빛이 들어오는 부분만 가리도록 작게 제작한다. 주방의 인테리어와 어울리는 원단을 선택한다. 커튼을 손쉽게 젖힐 수 있도록 레일이나 커튼봉에 커튼을 걸어둔다. 문가리개로 사용되는 미니커튼의 경우, 문을 통과하여 지나가는데 불편함이 없도록 두 장의 커튼을 걸어 주는 것이 좋다. 보통 다용도실이나 펜트리 등 오픈되어 있는 문에 설치한다. 수납장을 가리는 용도의 미니커튼은 수납장을 잘 가릴 수 있도록 사이즈에 맞게 제작해야 하며, 집 안 인테리어에 어울리는 원단을 선택하도록 한다.

7. 발매트(Foot Mat)

http://www.palatec.net/

Melissa Ting, https://melissating.com/

The Girl Who Quilts, http://thegirlwhoquilts.blogspot.com/

1) 용도

발에 남아 있는 물기를 닦거나 발에 묻은 먼지를 제거하기 위하여 욕실 문 앞이나 현관 문 앞에 놓아두는 깔개이다. 기능적인 용도 이외에 집에 포인트를 주기 위하여 인테리어 발매트를 깔기도 한다.

2) 디자인

일반적으로 발매트는 직사각형 또는 원형으로 제작하며, 동물모양이나 하트모양 등 여러 가지 모양으로도 제작할 수 있다. 여러 가지의 원단을 패치하거나 퀼트를 응용한 디자인도 있으며, 오래 된 타올을 재활용하여 흡수력이 뛰어난 발매트로 업사이클링한 디자인도 있다.

3) 소재

욕실 문 앞에서 사용하는 발매트의 소재로는 발에 닿는 부분은 흡수성이 좋은 면 소재의 원단을 사용하는 것이 좋으며, 바닥과 닿는 부분은 미끄럼방지 기능이 있는 원단을 사용하는 것이 좋다. 현관 문 앞에 놓아두는 발매트는 먼지 제거용이므로 오염이 잘 되지 않도록 거칠거나 코팅이 된 원단이 좋다.

8. 가랜드(Garland)

Etsy, https://www.etsy.com/

Homediy, https://homediy.co/

1) 용도

가랜드란 화환장식에 사용되는 꽃으로, 잎이나 가지 등을 이용해 만든 화관이나 목걸이 등을 지칭하였으나, 인테리어 소품에서 가랜드란 파티의 분위기를 더욱 살려주는 데코레이션을 뜻한다. 천장이나 벽에 장식하거나 테이블을 장식해주는 용도로 사용한다.

2) 디자인

긴 줄에 동물모양이나 깃발모양의 플래그가 매달려 있어 천장을 귀엽고 경쾌하게 꾸며줄 수 있다. 생일파티 이외에도 크리스마스, 할로윈 등의 파티나 인테리어 용도로 사용이 가능하다. 인테리어 소품이기 때문에 원단은 제한 없이 자유롭게 선택하여 제작할 수 있다.

9. 룸슈즈(Room Shoes)

Very purple person, http://verypurpleperson.com/

Melly Sews, https://mellysews.com/

1) 디자인

집 안에서 신기 위한 신발이며, 소위 실내화를 말한다. 룸슈즈의 디자인은 크게 두 가지가 있는데 겨울철 보온을 위하여 신는 앞이 막힌 디자인과 더운 여름철에 신는 슬리퍼 스타일의 디자인을 많이 제작한다. 룸슈즈는 잘 벗겨지지 않도록 발사이즈에 맞게 제작해야 하며, 집 안에서 신는 신발이므로 너무 꽉 끼지 않게 적당한 여유분을 주도록 한다.

2) 소재

룸슈즈는 모양이 잡혀 있어야 하므로 신축성이 없는 소재를 사용하거나 빳빳한 심지를 붙여 사용한다. 보온을 위해 접착솜을 부착하거나 누빔원단을 사용하기도 한다. 신발의 바닥은 미끄러지지 않도록 미끄럼방지 원단을 사용해야 한다.

10. 생활비달력(Cost Planning Calendar)

민트별,
https://smartstore.naver.com/mintstar/

Channel, https://www.cchan.tv/

1) 용도

생활비달력은 한 달 또는 일주일 생활비를 정해 놓고 달력에 돈을 나눠 넣은 뒤, 하루 정해진 금액으로만 사용할 수 있도록 한 달력을 말한다. 남은 돈은 따로 모아 통장에 넣어두면 저축을 할 수 있고, 저축량을 보면서 돈을 아끼게 된다. 생활비달력은 생활비 40만원 절약하기라는 짠테크로 방송에 나온 적도 있을 만큼 인기를 얻고 있는 재테크 방법 중 하나이다.

2) 디자인

한 눈에 볼 수 있도록 벽에 걸 수 있는 디자인으로 제작한다. 한 달 단위로 할 경우, 31일까지 31개의 포켓을 만든다. 남은 돈을 담을 수 있는 포켓을 만들고, 영수증이나 메모지를 보관할 수 있는 포켓이 있으면 유용하다. 포켓의 크기는 지폐를 두 번 접어 넣을 수 있는 크기로 제작하며, 하나의 포켓이 너무 클 경우에는 30개 넘는 포켓을 만들면 전체 크기가 커지고 그만큼 무거워지므로 적당한 사이즈로 제작해야 한다.

3) 소재

벽걸이로 많이 제작하기 때문에 신축성이 없는 광목이나 도톰한 펠트로 제작한다. 사용자의 취향에 맞게 레이스나 단추, 와펜 등으로 장식할 수 있다. 세탁을 자주 하지 않기 때문에 먼지가 잘 달라붙지 않는 원단이 좋다.

11. 수납용 벽걸이(Hanging Organizer)

Create and Craft, https://blog.createandcraft.tv/

Home BNC, https://homebnc.com/

1) 디자인

수납용 벽걸이는 소품이나 잡다한 물건들을 정리하여 벽이나 기둥에 걸어 두는 수납할 수 있는 벽걸이를 말한다. 도톰한 원단으로 다양한 크기의 포켓을 만들어 용품을 정리할 수 있도록 한다.

2) 소재

물건을 담아서 벽에 거는 용도이므로 캔버스나 옥스퍼드 원단과 같은 늘어나지 않는 원단이어야 하며, 두꺼운 심지를 붙이기도 한다. 너무 얇으면 처질 수 있으므로 적당한 두께감이 있어야 한다. 포켓의 사이즈는 다양한 크기의 물건을 담을 수 있도록 다양한 사이즈의 포켓을 만드는 것이 좋다.

05
패션소품

1. 챙모자(Sun Hat)

페도라햇

플로피햇

파나마햇

버킷햇

1) 디자인

햇빛을 가리기 위해 모자의 앞이나 주위에 둘러 붙인 챙이 넓은 모자이다. 디자인에 따라 페도라, 플로피햇, 파나마햇, 버킷햇 등이 있다. 페도라는 움푹 파인 머리 부분과 챙의 크기가 일정한 것이 특징으로 18세기 프랑스 연극 '페도라'의 여주인공이 착용하여 널리 퍼지기 시작했다. 플로피햇은 챙이 넓은 것이 특징인 모자로, 한 장의 천으로 되어 있으며 플로피는 '펄럭인다'는 뜻이다. 파나마햇은 밀집모자의 일종으로, 에콰도르, 콜롬비아 등 중남미 야자 섬유로 짜여진 모자이다. 버킷햇은 양동이 모양과 비슷하여 따온 이름이다. 방수가공을 한 면 소재나 부드러운 원단의 테가 있는 모자로 스포츠나 패션 아이템으로 착용한다.

재봉틀로 쉽게 만들 수 있는 챙모자의 디자인은 여러 개의 조각을 이어 연결한 디자인과 각각 다른 원단을 양면으로 만들어 두 가지 디자인으로 착용할 수 있는 리버시블 디자인이 있다.

2) 소재

재봉틀로 만들 수 있는 챙모자는 모양이 고정되어 있는 빳빳한 형태의 디자인이 아니라 접을 수 있을 정도로 유연하므로 부드러운 면 소재나 워싱가공이 된 원단을 사용한다. 비슷한 소재이면서 디자인이 각각 다른 원단을 패치하여 캐주얼한 느낌으로 만들 수도 있다.

Grace Hats, https://gracehats.com/

Etsy, https://www.etsy.com/

2. 비니(Beanie)

The Last Stitch, https://www.thelaststitch.com/

Etsy, https://www.etsy.com/

1) 디자인

비니는 머리에 딱 맞는 동그란 모자로, 추운 야외활동을 대비하여 보온성을 극대화시키기 위해 착용한다. 추운 겨울에 체온 유지를 도와주며, 몸의 열 손실을 막아주는 기능을 한다. 비니는 젊은 층 사이에서 유행하는 스트릿 패션에서 빼놓을 수 없는 패션 아이템이다. 비니를 착용하였을 때, 머리에 딱 맞게 착용하거나 이마부분을 접어서 착용하기도 한다. 일러스트가 들어간 원단을 사용하거나 와펜을 붙여 귀여운 느낌을 주기도 한다.

2) 소재

일반적으로 비니는 털실이 주재료이다. 털실 외의 소재로 비니를 제작할 경우에는 가볍고 보온성과 신축성이 있는 원단으로 만든다. 다이마루라고 불리는 얇은 저지원단을 사용하여 여름철 비니를 만들 수 있고 울혼방이나 아크릴 소재의 골지원단, 립(Rib)원단을 사용하여 겨울철 비니를 만들 수 있다.

3. 헤어밴드(Head Bands)

Alice and Lois, https://www.aliceandlois.com/

DIYS, https://www.diys.com/

DIYS, https://www.diys.com/

1) 용도

헤어밴드는 머리의 앞부분이나 머리카락 위에 착용하는 밴드를 말한다. 머리의 흐트러짐을 방지하거나 장식을 위해 쓰이는 밴드 모양의 헤어 액세서리의 총칭으로 다양한 디자인이 있다.

2) 디자인

헤어밴드를 착용하면 스카프나 천을 띠로 만들어 머리위에 씌운 듯한 모습이다. 착용할 때마다 묶는다면 불편할 수 있기 때문에 간편하게 착용할 수 있도록 제작한 액세서리가 헤어밴드이다. 신축성이 없는 원단으로 머리의 앞부분에 띠를 만들고 뒷목 쪽으로는 고무줄을 연결하여 간편하게 헤어밴드를 착용할 수 있도록 한 디자인이 있는가 하면, 신축성 있는 원단으로 긴 띠를 만들어 머리 위쪽에서 매듭을 지어 만드는 헤어밴드가 있다. 원단을 두 겹으로 만들어 원단 안에 와이어를 넣어 원하는 모양으로 변형할 수 있는 와이어 헤어밴드 디자인도 있다.

4. 머리핀(Hair Pins)

Everything Etsy, https://www.everythingetsy.com/

W Girls Shop, https://w-girls-shop.myshopify.com/

1) 디자인

머리핀은 머리를 장식하는 데 쓰는 핀으로 머리카락 사이에 꽂는다. 머리핀에는 조화와 리본으로 장식한 것, 스톤을 끼워 맞춘 것, 모양과 빛깔이 다양한 합성수지로 만든 것 등이 다양한 디자인이 있다. 기본 디자인인 리본 머리핀의 재료는 원하는 원단과 머리핀대, 리본 가운데를 고정시키는 와이어 등이 있다. 리본 모양대로 두 장을 겹쳐 봉제한 후, 남겨 둔 창구멍으로 뒤집는다. 와이어나 실로 리본 중앙을 고정시킨 후, 같은 원단으로 한 번 더 감싸 리본을 묶는다. 리본을 머리핀대에 글루건으로 붙이면 간단하게 리본 머리핀을 완성할 수 있다. 리본 머리핀을 응용하여 꽃머리핀도 만들 수 있다.

2) 소재

머리핀은 머리핀대에 사용자가 원하는 오브제를 글루건으로 부착하면 되기 때문에 스톤이나 다양한 캐릭터 피규어 등 원하는 머리핀의 디자인을 얼마든지 제작할 수 있다. 가장 많이 사용하는 머리핀의 소재는 꽃이나 리본을 손쉽게 만들 수 있는 면이나 폴리에스테르와 같은 원단을 사용한다. 화려하게 프린트되어 있는 원단이 많이 사용되며, 비즈나 자수가 있는 원단을 사용하면 고급스러운 느낌을 줄 수 있다.

5. 머리끈(Hair Ties)

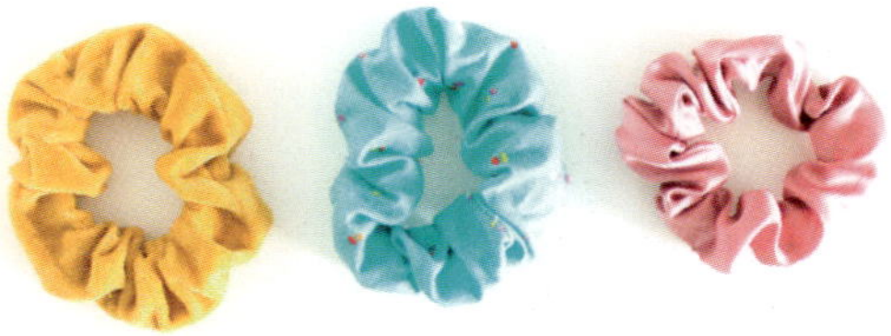

Melly Sews, https://mellysews.com/how-to-make-scrunchies/

Everything Etsy, https://www.everythingetsy.com/

1) 디자인

머리를 묶을 수 있는 끈으로 사용자의 취향에 따라 다양하게 디자인할 수 있다. 대표적인 머리끈으로는 소위 곱창머리끈이라고 불리는 머리끈인데 자투리 원단으로도 얼마든지 간단하게 만들 수 있다. 재단한 원단을 길게 반으로 접어 긴 부분만 봉제하여 뒤집은 후, 고무줄을 넣고 양쪽을 겹쳐 박아주면 쉽게 곱창머리끈을 완성할 수 있다. 리본이나 장식을 달아 여성스럽고 귀여우면서 화려한 느낌을 더할 수 있다. 이외에도 일반적으로 많이 쓰이는 머리고무줄에 리본을 달아 청순한 느낌의 머리끈을 만들 수도 있다.

2) 소재

머리끈의 소재는 사용자가 원하는 원단으로 얼마든지 만들 수 있으며, 계절에 맞는 원단을 선택할 수도 있다. 여름철에는 린넨이나 시어서커 같은 시원한 느낌의 원단으로 머리끈을 만들 수 있고, 겨울철에는 울이나 벨벳 등의 따뜻한 느낌의 원단으로 만들 수 있다.

6. 스카프(Scarf)

Polka Dot Chair, https://www.polkadotchair.com/

Silk Philosophy, https://silkphilosophy.com/product/carolina/

1) 용도

스카프는 목에 감거나 어깨에 걸치기도 하고 머리에 쓰는 등 장식과 실용을 겸한 목도리를 말한다. 주로 여성이 방한용이나 장식용으로 사용하는 얇은 천이며, 목에 감거나 머리에 쓰기도 하고, 옷깃 언저리에 걸쳐놓거나 허리에 매어 의복에 코디하기도 한다.

2) 디자인

스카프를 제작할 경우에는 목이나 어깨에 두르기 위해 길게 제작한다. 여러 원단으로 패치하기도 한다. 목이나 어깨에 두르게 되면 뒷면도 보이기 때문에 양면원단을 사용하거나 양면으로 제작하는 것이 좋다. 스카프의 가장자리에 비즈, 폼폼, 태슬 등의 장식을 덧붙이면 여성스럽고 귀여운 느낌을 줄 수 있다. 목에 감거나 머리에 쓰는 용도로는 쁘띠스카프를 제작하는데, 두 겹으로 봉제하여 창구멍으로 뒤집어 마무리를 하면 간단하게 쁘띠스카프를 만들 수 있다. 머리끈을 이용해 머리장식을 할 수 있으며, 가방 손잡이에 달아 장식할 수도 있다.

3) 소재

스카프의 소재는 용도에 따라 다양하게 사용할 수 있다. 스카프는 목이나 어깨에 두르기도 하고, 머리나 가방에 장식으로 달 수 있어야 하므로 부드럽고 유연한 소재가 좋다. 포인트를 내기 위한 스카프의 소재로는 고급스러운 느낌을 주기 위해 실크 소재를 사용하며, 겨울철에 사용하는 스카프로는 보온성이 좋은 울 소재를 사용하는 것이 좋다.

06 유아용품

1. 아기보넷(Baby Bonnet)

PURL SOHO, https://www.purlsoho.com/

See Kate Sew, https://seekatesew.com/

1) 용도

보넷은 예전에 아기들이나 여자들이 쓰던 모자로 끈을 턱 밑에서 묶게 되어 있는 모자이다. 아기보넷은 아기의 뒷목에서부터 머리 전체를 싸듯이 가리고 얼굴과 이마만 드러낸 모자로, 기능적으로는 챙이 있어 햇빛을 가려준다. 턱에 끈으로 묶어주기 때문에 강한 바람이 불어도 모자가 날아갈 일이 없어 바람이 강하게 부는 날씨에는 필요한 기능이다. 보넷을 쓰고 있다가도 잠시 보넷을 벗을 필요가 있을 경우에는 뒤로 넘겨주기만 하면 된다.

2) 디자인

아기보넷을 쓰고 있으면 예쁘고 귀여워서 꼬마 여자아이들에게 더할 나위 없이 제격인 아이템이다. 흔하게 보이지 않는 유아패션이라서 야구모자, 썬캡보다 고급스러워 보인다. 햇빛을 가릴 수 있는 챙은 빳빳하게 고정될 수 있도록 원단 안쪽에 심지를 부착하고 뒷목에는 고무줄을 넣어 벗겨지지 않도록 한다. 소재로는 아기가 사용하는 용품이기 때문에 부드러운 순면을 사용하고 디자인에 따라 레이스를 덧대기도 한다.

2. 스카프빕(Scarf Bib)

See Kate Sew, https://seekatesew.com/

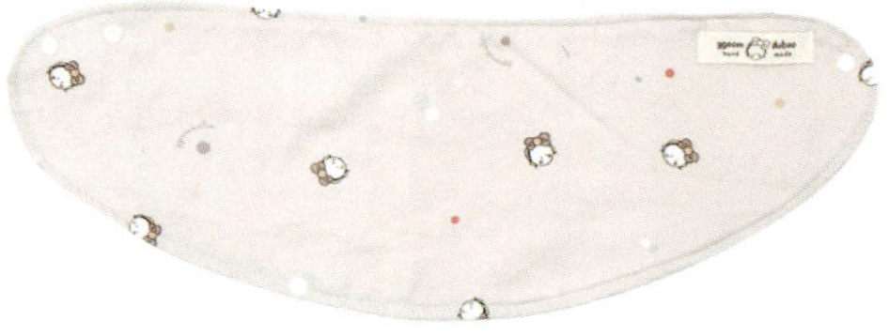

꿈두부, http://www.ggoomduboo.com/

곤지곤지, https://smartstore.naver.com/gonji_gonji/

1) 용도

스카프빕은 쌀쌀한 겨울철에 목보호를 위한 방한용 목수건이다. 활동량이 적은 어릴 때에는 가제손수건으로 감싸기도 하나, 클수록 활동량이 많아지면서 잘 벗겨지기 때문에 스냅으로 고정할 수 있는 스카프빕을 많이 사용한다.

2) 디자인

스카프빕의 디자인은 주로 삼각형의 디자인이 많으나 이외에 바나나 디자인, 목도리형 디자인 등이 있다.

3) 소재

목에 닿는 부분은 순면이나 거즈면, 극세사 등과 같은 부드러운 원단을 사용하며, 아이가 스카프빕 착용을 거부할 수도 있으므로 캐릭터가 프린트된 원단을 사용하는 것이 좋다. 여밈단추는 여린 피부에도 자극이 없는 플라스틱 소재의 스냅을 사용하는 것이 좋으며, 2개의 스냅을 달아 사이즈 조절이 가능하도록 하면 오래도록 착용할 수 있다.

3. 턱받이(Bib)

PURL SOHO, https://www.purlsoho.com/

Earth Hero, https://earthhero.com/

Thing for Boys, https://www.thingsforboys.com/

1) 용도

턱받이는 이유식을 먹을 때 착용하거나 침받이 역할도 한다. 추운 날씨에 목부터 가슴까지 보호할 수 있는 기능도 있다. 이유식 턱받이의 겉감으로는 방수가 되는 원단을 사용하며, 떨어지는 음식을 받아낼 수 있도록 하단에 홈이 구성된 디자인으로 제작하기도 하나, 흐물거리는 원단의 특성상 음식을 받아내는 기능은 실리콘 턱받이보다 조금 떨어질 수도 있다.

2) 디자인

턱받이의 디자인은 기능에 따라 다양하다. 침받이용 턱받이는 끈이나 스냅으로 고정할 수 있는 디자인이 좋고, 이유식용 턱받이는 떨어지는 음식을 받아낼 수 있도록 하단에 홈이 구성된 디자인으로 제작한다. 주로 방수원단을 사용하며 스냅을 달아 간편하게 고정시킬 수 있고 2개의 스냅을 달아 사이즈 조절이 가능하도록 한다.

3) 소재

턱받이의 소재는 기능에 따라 사용되는데, 침받이용 턱받이의 원단으로는 민감한 피부의 아기에게 가장 좋은 소재인 면을 사용한다. 흡수가 잘 되는 순면, 거즈면 등과 같은 부드러운 원단이 적합하다. 이유식용 턱받이의 원단으로는 음식이 흐를 경우 닦아내기만 하면 되는 방수원단을 사용하는 것이 좋다.

4. 배냇저고리

굿플레이스 블로그, https://blog.naver.com/chang7400/

제로투세븐, http://www.0to7.com/

자라다자라난다, http://www.growgrowup.co.kr/

1) 용도

주로 신생아들이 입는 깃이 없고 고름으로 간단히 여미는 한국 전통의 저고리 형태의 옷으로, 배냇옷이라고도 한다. 아이가 태어난 뒤에 처음으로 입히는 옷이기 때문에 보온과 위생에 중점을 두고, 입히고 벗기기 쉽도록 넉넉하고 간편하게 만든다.

2) 디자인

배냇저고리는 옷고름으로 여미는데 예전에는 옷고름의 길이를 장수와 연관 지어 무명실로 길게 달았다. 옷고름으로 허리를 한 바퀴 돌려 멜 수 있게 길게 만든다. 소매는 길게 만들어 손이 나와서 손톱으로 얼굴에 상처내지 않게 한다. 배를 덮어 보온할 수 있도록 배냇저고리의 앞을 길게 만들고, 아기는 열이 많은데다 목이 굵고 살이 쉽게 짓무르기 쉽기 때문에 깃을 달지 않는다. 시접이나 솔기는 연약한 살에 자극을 주지 않도록 밖으로 처리한다.

최근에는 배냇저고리의 변형된 제품들이 인기가 있는데 옷고름의 여밈 대신 스냅을 달거나 흰색 이외의 다양한 컬러의 원단으로 만들기도 한다. 소매끝에는 원단을 뒤집어서 손을 감쌀 수 있도록 한 겹 덧대어 제작한다.

3) 소재

피부가 약한 신생아가 착용하기 때문에 부드럽고 위생적인 유기농 면으로 제작한다. 또한 색상이 진한 것 보다는 삶아도 색이 변하지 않는 흰색이 좋다.

5. 손싸개(Baby Mittens)

Gracious Threads, http://www.graciousthreads.ca/

John Lewis., https://www.johnlewis.com/

1) 용도

갓 태어난 아기는 아직 인지가 발달되지 않은 상태이기 때문에 자기 팔이라는 것을 모르고 팔을 흔들고 얼굴을 비비기 일쑤이다. 이러한 아기가 손톱으로 얼굴이나 피부를 긁어 상처를 내는 것을 예방하기 위해 손싸개를 사용한다. 일반적으로 생후 2~3개월까지 손싸개를 씌워 주는 것이 좋다.

2) 디자인

손싸개는 손을 감싸야 하고 손이 움직일 수 있는 공간이 있어야 하므로 손보다 크게 만들어야 한다. 신생아는 항상 손을 주먹 쥐고 있으므로 손싸개는 원형이나 타원으로 재단한다. 손싸개의 손목부분에는 고무줄을 삽입하여 손싸개가 아기 손에서 빠지지 않도록 한다.

3) 소재

신생아는 손을 꽉 주고 있기 때문에 손에 땀이 나기 쉽고 냄새가 나는 경우도 있다. 그러므로 통풍이 잘 되고 얇은 원단이 좋으며, 세탁이 용이한 면 소재를 사용하는 것이 좋다.

6. 짱구베개(Baby Pillow)

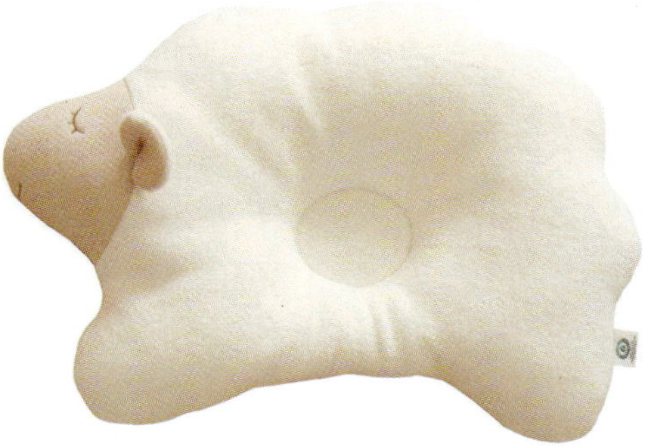

Amazon, https://www.amazon.com/

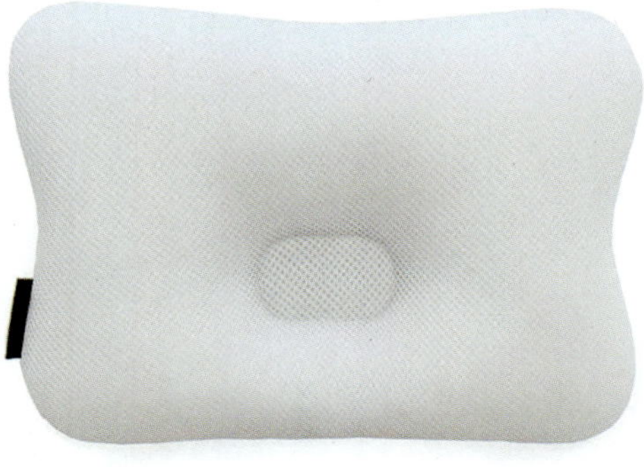

Amazon, https://www.amazon.com/

1) 용도

짱구베개는 하루 종일 누워서 생활하는 아기의 머리를 납작하지 않게 예쁜 두상을 만들어 주는 베개이다. 신생아의 두개골은 좁은 산도를 빠져나오기 위해서 여러 조각으로 나뉘어져 있다가 성장하면서 틈이 메워지고 성장을 거치면서 완전히 굳는데, 특히 출산 직

CHAPTER 01. 패브릭소품의 종류

후 이 이유로 아기의 머리모양이 둥글지 않고 방추형으로 되어 있는 경우가 많다. 정수리가 솟은 모양은 자연스럽게 가라앉지만 눕힐 때 늘 바닥에 등 대고만 눕혀놓으면 뒤통수가 납작해져서 두상이 못 생겨지는데 이를 바로잡기 위해서 적당히 폭신하면서 뒤통수 부분이 둥글게 잡힐 수 있도록 만들어진 짱구베개를 사용하면 뒤통수의 모양을 잡아 줘서 보기 좋은 두상을 만들 수 있다.

2) 디자인

짱구베개의 디자인은 주로 타원이나 둥근 사각형이나 그 외에 곰이나 토끼 등 동물 모양을 한 디자인도 있다. 공통적으로 머리를 대는 가운데 부분이 움푹 파여 있어 뒤통수의 모양을 잡아 주게 되어 있다.

3) 소재

땀이 많이 나는 아기 머리를 시원하게 해주기 위해 메쉬 소재를 사용하거나 땀을 잘 흡수할 수 있도록 순면이나 항균, 소취 기능이 있는 밤부(Bamboo) 소재를 사용한다. 한쪽면을 메쉬로 하고 다른 한쪽면을 순면 소재로 만들어 양면을 사용할 수 있도록 한 디자인도 있다.

7. 아기신발(Baby Shoes)

Homemade Toast, http://www.homemadetoast.com/

Cute DIY Projects, https://cutediyprojects.com/

1) 용도

패브릭소품의 아기신발은 보행기를 타기 시작하는 아기가 신는 신발이다. 생후 6개월부터 유아의 발 보호용으로 신으며 실내와 야외에서 착용한다. 아기신발 바닥에 미끄럼방지 처리된 제품은 아기가 보행기를 탔을 때 원하는 방향으로 갈 수 있게 도와주며 미끄러져 넘어지는 것을 막아준다.

2) 소재

보행기용 아기신발은 주로 실내에서 신기 때문에 민감한 피부에 좋은 면이나 린넨 등의 천연소재를 사용한다. 신발 모양을 잡아주기 위해 접착솜을 사용하며, 빳빳한 소재인 펠트를 사용하기도 한다. 안감은 피부에 직접 닿는 부분이니 유기농 면을 사용하는 것이 좋다. 바닥은 미끄럼방지 원단을 부착한다.

8. 딸랑이(Rattle)

Make it & Love it, https://makeit-loveit.com/

Kidsroom, https://www.kids-room.com/

1) 용도

딸랑이는 아기가 태어나서 처음으로 가지고 노는 장난감으로 딸랑거리는 소리가 아기의 청각을 발달시켜준다. 딸랑이의 회전볼을 회전시키거나 장난감을 만지면서 촉각을 발달시키며, 딸랑이의 다양한 색채는 아기의 시각을 자극하여 색상 분별력을 길러준다.

2) 디자인

딸랑이의 디자인은 아기가 가지고 노는 장난감이므로 친근하게 느낄 수 있도록 귀여운 동물이나 캐릭터, 간단한 입체도형으로 제작한다. 아기의 작은 손에 잘 잡힐 수 있도록 막대형이나 도넛의 형태로 제작하는 것이 좋다.

3) 소재

아기가 딸랑이를 손에 쥐고 입으로 물 수도 있으므로 원단으로 딸랑이를 제작할 시에는 자극이 적은 순면이나 유기농 면을 사용하는 것이 좋다. 자주 세탁해야 하므로 세탁이 용이해야 한다.

9. 모빌(Mobile)

Little Joy, https://www.liljoy.com/

PURE SWEET JOY,
http://www.puresweetjoy.co.za/

1) 용도

아기들은 시각이나 청각 등 감각이 완전히 발달되지 않은 상태로 태어나기 때문에 모빌을 달아 주면 다양한 색상의 장난감이 회전하는 모습을 통해 시각을 발달시켜 준다. 태어나자마자 처음엔 색을 구별하지 못하고 이 세상이 흑백으로만 보이고 1~2주 정도가 지나면 명암, 형태, 색을 어느 정도 감지하면서 눈에 들어오는 물건에 초점을 맞춘다. 따라서 아기가 태어나자마자 모빌을 달아주기보다는 3~4주 무렵에 색의 대비가 확실한 흑백 모빌을 달아 주고 생후 2~3개월 전후로 컬러 모빌로 바꿔주면 눈의 초점을 맞춰주면서 시각발달에 도움이 된다.

2) 디자인

모빌은 아기가 보는 장난감이므로 호기심을 느낄 수 있도록 귀여운 동물이나 식물, 캐릭터 등으로 제작한다. 신생아의 경우, 색의 대비가 확실한 흑백 모빌로 제작하며, 컬러 모빌의 경우에도 원색 등의 색채가 강하고 대비가 있는 것이 초점 맞추기에 도움이 된다.

3) 소재

모빌에 달려 있는 장난감은 나중에 떼어 내서 장난감으로도 사용할 수 있기 때문에 아기에게 자극이 적은 순면이나 유기농 면을 사용하는 것이 좋다. 이 외에 모빌에 달리는 장난감은 모양을 잘 잡을 수 있는 펠트나 니트 소재로도 제작한다.

07 이벤트시즌소품

1. 크리스마스 소품

Flickr, https://www.flickr.com/

Rainbow Crafts, http://www.rainbowcrafts.eu/

Sewing Spark https://www.sewingspark.com

Amazon, https://www.amazon.com/

크리스마스 기간의 중심적인 장식물은 크리스마스 트리이다. 상록 침엽수를 집안이나 야외에 설치하고 전등과 양초, 완구, 인형, 종이 등의 각종 장식품 등으로 꾸민다. 그 외에 크리스마스 장식물로 화환의 뜻을 지닌 리스(Wreath)가 있다. 리스도 상록 침엽수로 만드는데 추운 겨울에도 푸르름을 유지하는 강함을 상징한다. 나뭇가지로 만든 트리와 리스 대신 패브릭으로 만들면 매년 크리스마스 시즌 때마다 사용할 수 있으며, 나만의 크리스마스 장식물이기에 더욱 특별하다. 트리와 리스는 입체감을 살리기 위해 솜을 넣어서 만든다. 컬러는 크리스마스의 상징 컬러인 레드와 그린을 활용하면 더욱 크리스마스 분위기를 낼 수 있다. 크리스마스 트리와 리스 위에 꾸며줄 수 있는 오너먼트는 빠질 수 없는 장식품이다. 반짝이면서 자수가 놓여진 원단을 사용하고 도톰한 원단이나 펠트를 사용하여 오너먼트를 만들면 입체적인 장식품을 만들 수 있다.

DH Gate, https://www.dhgate.com/

ABAKHAN, https://www.abakhan.co.uk/

크리스마스 하면 빠질 수 없는 인물은 아이들에게 선물을 기대하게 만드는 산타클로스이다. 크리스마스 트리 근처에 산타클로스가 선물을 넣고 갈 수 있는 양말을 둔다. 크리스마스 양말은 실제로 신는 것이 아니라 산타클로스가 아이들에게 주는 선물을 담아 두는 주머니이므로 두껍고 크게 제작한다.

2. 할로윈 소품

I Sew Stuff, https://www.isewstuff.com/

https://blog.lauraashley.com/

https://acoupleofcraftaddicts.blogspot.com/

I'm Feelin' Crafty, https://feelincrafty.wordpress.com/

할로윈(Halloween)은 미국 전역에서 매년 10월 31일 유령이나 괴물 분장 등 다양한 복장을 하고 즐기는 축제이다. 한 해의 마지막 날이 되면 음식을 마련해 죽음의 신에게 제의를 올림으로써 죽은 이들의 혼을 달래고 악령을 쫓았다. 이 때 악령들이 해를 끼칠까 두려워한 사람들이 자신을 같은 악령으로 착각하도록 기괴한 모습으로 꾸미는 풍습이 있었는데, 이것이 할로윈 분장 문화의 원형이 됐다[2].

할로윈 데이가 되면 가정에서는 호박에 눈, 코, 입을 파서 잭오랜턴(Jack-O'-Lantern)이라는 등을 만든다. 국내에서는 실제 호박으로 잭오랜턴을 만들기에 다소 무리가 있으므로 원단으로 만들어 볼 수 있다. 할로윈을 상징하는 오렌지 컬러 원단에 호박의 모양을 잡을 수 있도록 두꺼운 심지나 누빔원단을 사용하여 만든다. 잭오랜턴과 더불어 아이들이 이웃들에게 받은 사탕과 초콜릿을 담아 가지고 다닐 수 있는 사탕 바구니도 제작한다. 도톰한 원단이나 펠트로 배너를 만들면 할로윈 데이의 분위기를 물씬 낼 수 있다. 또한 분장에 필요한 머리띠나 가면 등을 만들기도 한다.

3. 생일파티 소품

Amanda Medlin, https://amandamedlin.com/

2 [네이버 지식백과] 핼러윈 [Halloween] (세계의 축제 · 기념일 백과, 류정아, 오애리, 김홍희)

Etsy, https://www.etsy.com/

Small for Big, http://smallforbig.com/

생일파티에 사용되는 생일파티 소품은 대부분 일회용 소품을 사용한다. 매년 돌아오는 생일파티에 항상 사용하는 소품을 패브릭으로 만들어 두면 오래 사용할 수 있고 환경오염도 줄일 수 있다. 간단하게 만들 수 있는 대표적인 생일파티 소품은 고깔모자가 있는데, 고깔의 모양이 잡혀 있어야 하므로 원단에 두꺼운 심지를 붙이거나 펠트원단을 사용한다. 고깔모자에 숫자가 들어간다면 매년 숫자를 바꿀 수 있도록 벨크로로 부착할 수 있도록 만들면 좋다. 생일파티에 참석하는 게스트들의 고깔모자도 같이 만들면 생일파티가 추억이 될 것이다.

고깔모자와 더불어 많이 사용하는 것은 왕관이다. 생일 주인공이 착용하는 소품인 만큼 화려하고 밝은 컬러의 원단으로 제작하는 것이 좋다. 고깔모자와 마찬가지로 왕관에 숫자가 들어간다면 매년 숫자를 바꿀 수 있도록 벨크로로 부착할 수 있도록 만든다.

생일파티의 분위기를 더욱 낼 수 있는 방법은 데코인데 그 중 패브릭으로 만든 배너가 있다. 가랜드 형식의 배너를 많이 사용하며, 포스터 형식의 배너도 있다.

4. 브라이덜 샤워 소품

Ten June, http://www.tenjuneblog.com/

Bridedeco, http://www.bridedeco.com/

Etsy, https://www.etsy.com/

The Modern Otter, http://www.themodernotter.com/

브라이덜 샤워는 '신부에게 우정이 비처럼 쏟아진다'라는 뜻으로, 결혼을 앞두고 있는 신부를 축하하기 위한 목적으로 여는 파티로, 신부와 신부의 절친한 친구들이 함께 모여 진행된다. 브라이덜 샤워는 〈섹스 앤 더 시티〉, 〈프렌즈〉 등의 미국 드라마를 통해 그 문화가 국내에도 알려지게 되었고, 이 후 점차 결혼을 앞둔 여성들 사이에서 유행하기 시작했다. 이에 호텔업계는 물론 음식 케이터링 업체, 사진 촬영업체, 브라이덜 샤워 소품 업체들도 브라이덜 샤워 관련 상품 판매에 적극 나서고 있다.

신부의 여자 친구들은 생화나 조화를 리본에 달아 코사지를 손목에 달아 장식을 한다. 벽에는 브라이덜 샤워 축하 배너를 다는데 페이퍼로 만들면 일회성으로 사용하고 끝나지만 패브릭으로 제작하면 여러 번 사용할 수 있으며 고급스러운 분위기를 낼 수 있다. 신부와 신랑에게 빠질 수 없는 것은 웨딩베일과 웨딩보타이이다. 웨딩베일은 베일망사로 제작하며 가장자리에 레이스를 달아 주면 더욱 여성스러워진다. 웨딩보타이는 원하는 원단으로 리본을 만든 후, 목에 고정할 수 있도록 고무줄을 달아 주면 쉽게 만들 수 있다.

CHAPTER

02

패브릭소품 기획

01
패브릭소품의 정보수집

1. 국내 패브릭소품 박람회

1) 서울리빙디자인페어

1994년에 처음 개막한 서울리빙디자인페어는 리빙 산업을 선도하는 브랜드와 소비자들의 좋은 동반자가 되어 왔다. 서울리빙디자인페어는 단순히 좋은 상품들을 모아서 전시만 하는 것이 아니라, 역량 있는 디자이너들과의 컬래버레이션을 통해 고부가가치 콘텐츠를 생산하고 토탈 마케팅 솔루션을 제시하여, 한국 리빙 산업의 미래를 이끌어 가고 있다. 인테리어 디자이너, 마케터, 트렌드 리서치 기관, 문화계 인사를 비롯하여 28만 여 명의 참관객이 방문하고 있으며, 매년 최신 트렌드를 반영한 흥미로운 콘텐츠들을 선보이고 있다.

https://livingdesignfair.co.kr/

https://livingdesignfair.co.kr/

2) 핸드아티코리아

핸드아티코리아는 소잉, 퀼트, 각종 공예 등 클래식한 핸드메이드 분야를 아우르는 핸드메이드 전시회이다. 핸드메이드의 가치와 취향을 공유하는 공간을 목적으로 기획되었다.

http://handarty.co.kr/

http://handarty.co.kr/

3) 서울국제핸드메이드페어

서울국제핸드메이드페어는 핸드메이드의 다양한 흐름과 문화를 체계적으로 선보이고 소통하며 발전을 꾀하고 미래를 조망할 수 있는 장이 필요하여 기획되었다. 아시아를 중심으로 세계와 만나는 국제적인 핸드메이드 플랫폼으로 창의적인 핸드메이드 주체를 발굴하여 연결해주고 확산시키는 것이 이 박람회의 취지이다. 전시 품목은 공예, 리빙, 아트, 패션, 그린, 재료/도구, 퍼포먼스, 먹거리 등이 있다.

https://seoulhandmadefair.co.kr/

https://seoulhandmadefair.co.kr/

4) K-핸드메이드페어

현대인들은 대량생산 제품보다는 사람이 직접 만든 핸드메이드 제품에 대해 가치를 더 높이 평가하는 경향이 있다. 이러한 핸드메이드 트렌드는 인간 중심의 문화예술로 자리 잡았다. 'K-핸드메이드페어'는 사람들이 즐거운 축제의 장을 직접 만들고, 그 안에 숨을 불어넣는 핸드메이드 세상을 보여주기 위해 기획되었다. 전시 품목은 공예, 재료 및 도구, 디자인 및 아트, 퍼포먼스, 패션 및 액세서리, 수제 먹거리, 뷰티, 인테리어 및 생활용품이며, 셀프 인테리어 기획전 등 다양한 기획전이 있다.

http://k-handmade.com/

http://k-handmade.com/

5) 동아 홈&인테리어 박람회

동아 홈&인테리어 박람회는 홈&리빙 관련 산업의 최신 제품과 트렌드를 한 눈에 조망할 수 있다. 바르고 유익한 홈&리빙 정보를 제공하고 동아전람만의 축적된 전시 노하우로 참가업체에 마케팅장소 제공 및 관련 산업의 활성화를 위해 개최한다.

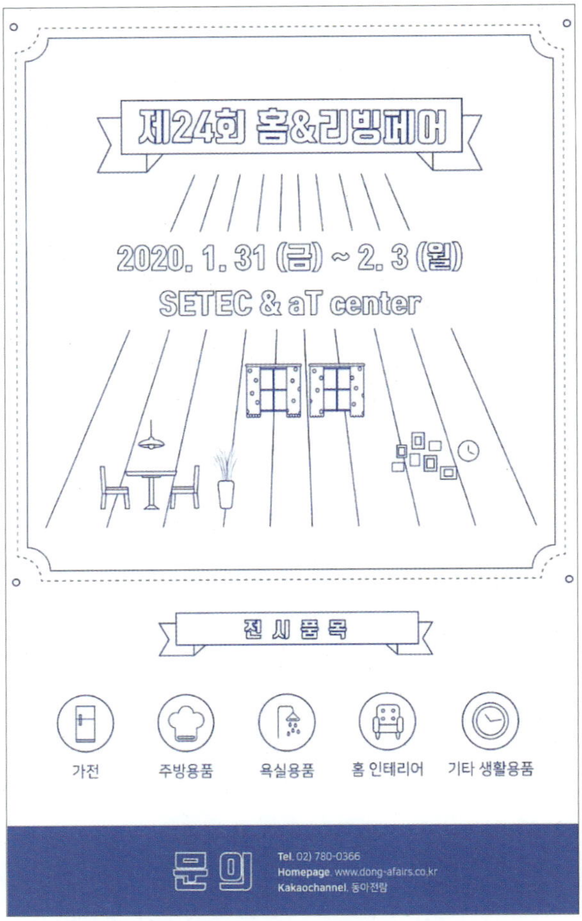

http://www.dong-afairs.co.kr/

6) 인테리어디자인코리아

인테리어디자인코리아는 공간을 이루는 마감재, 설비, 가구, 가전, 소품 등 인테리어 구성 제품이 한자리에 모이며, 수요자와 공급자를 연결해 디자인 기반의 비즈니스가 이루어질 수 있는 플랫폼이다. 인테리어디자인코리아는 실내건축 산업을 선도하는 디자이너와의 컬래버레이션 프로젝트와 국내외 인테리어 트렌드를 다루는 컨퍼런스로 산업의 흐름과 트렌드를 만들어가기 위해 기획되었다. 리빙 분야의 트렌드를 제시하고 소비자의 니즈를 반영한 기획과 풍성한 제품으로 소비자가 인테리어를 보다 가깝게 즐길 수 있는 페스티벌형 전시이다.

가구

오브제

인테리어 텍스타일

테이블용품

리빙제품

http://indko.co.kr/

7) 홈테이블데코페어

홈테이블데코페어는 인테리어 트렌드와 감각적인 리빙 브랜드를 한 곳에서 소개하는 프리미엄 홈스타일링 전시회이다. 프리미엄 콘텐츠와 비주얼로 트렌드를 제시하는 리빙 전문 매거진 '까사리빙'이 전시회를 공동 주최하여 높은 퀄리티의 전시를 선보이고 있다.

http://www.hometabledeco.com/

http://www.hometabledeco.com/

2. 해외 패브릭소품 박람회

1) 파리 메종 오브제 (MAISON&OBJET)

메종 오브제는 파리에서 개최되는 세계 최대 규모의 글로벌 인테리어 및 라이프스타일 디자인 박람회이다. 홈패션, 인테리어, 실내장식, 생활용품의 트렌드를 한 눈에 볼 수 있다. 디지털 플랫폼 MOM(Masion&Object and MORE)의 뉴스레터를 통해 홈데코, 인테리어, 라이프스타일, 건축 및 라이프스타일 문화와 트렌드에 대한 정보를 제공받을 수 있다.

https://www.maison-objet.com/

https://mom.maison-objet.com/

2) 뮌헨 국제 인테리어 박람회 (Heim+Handwerk)

독일 최대의 생활 및 가구 무역 박람회인 Heim+Handwerk는 홈패션, 라이프스타일, 생활디자인뿐만 아니라 건강과 요리의 트렌드에 대한 정보를 제공한다. 스타트업의 독특한 아이디어와 디자인을 볼 수 있고 기업의 개별 솔루션을 제공받을 수 있으며 주요 브랜드 기업의 혁신적인 노하우를 제공받을 수 있다. Heim+Handwerk의 전시 품목은 거실 및 침실 가구, 인테리어 소품, 가정용 패브릭, 골동품, 홈패션 등이 있다.

HEIM+ HAND WERK

https://www.heim-handwerk.de/

3) 프랑크푸르트 소비재 박람회 (AMBIENTE)

AMBIENTE는 세계 최대 소비재 박람회로, 생활잡화를 주제로 하고 있다. 장식용품, 테이블웨어, 액세서리, 선물용품 분야에서 가장 권위 있는 행사로써 매해 새로운 테마와 트렌드를 갈구하는 소비자의 욕구를 충족시켜 주는 박람회이다. 전시 품목은 가정용 생활용품(소비재), 주방용품, 테이블웨어, 가정용품과 인테리어 디자인, 가구류 및 장식, 선물용품 등이 있다.

http://ambiente.messefrankfurt.com

4) 상해 메종 실내장식 박람회 (Maison Shanghai)

상해 가구 박람회와 동시 개최하여 중국 최대 규모의 가구 디자인 위크로 자리 매김하였다. 전세계 가구 업체들이 집결하여 다양한 전시 품목을 확인할 수 있다. 전시 품목은 각종 가구 디자인, 실내 인테리어 용품, 가정용 패브릭, 침구류, 아웃도어 용품과 동서양 현대가구, 고전 가구, 조명, 전등, 스탠드 등이 있다.

http://ms.jjgle.com/en/home

http://ms.jjgle.com/en/home

5) 동경 인테리어 라이프스타일 박람회 (Interior Lifestyle Tokyo)

일본 최대의 인테리어 라이프스타일 박람회로 가구류, 패브릭, 인테리어 소품부터 디자인 용품까지 동경의 라이프스타일을 한 눈에 볼 수 있다. 동경 국제 가구 박람회에 인테리어 라이프스타일의 개념이 더해진 동경 인테리어 라이프스타일 리빙전에서는 다양한 라이프스타일을 제안한다. 전시 품목은 인테리어 용품, 가구류, 패브릭, 리빙용품, 테이블웨어, 주방용품, 패션잡화, 키즈용품, 식품, 청소용품, 욕실용품, 수납용품 등이 있다.

https://interiorlifestyle-tokyo.jp.messefrankfurt.com/

02
패브릭소품 소재의 정보수집

1. 국내 섬유관련 박람회

1) 대한민국섬유교역전 (프리뷰 인 서울/PIS)

2000년에 처음 개최된 〈프리뷰 인 서울〉은 세계적인 트렌드에 맞추어 차별화 원사, 친환경·기능성 소재, 부자재, 패션의류 및 액세서리, DTP, 봉제기계 등 섬유 스트림별 프리미엄 아이템으로 구성하여 보다 풍부하고 다양한 볼거리를 제공한다. 전시 품목은 원사, 직물, 니트, 부자재, 패션의류 및 액세서리, DTP, 기계류 등이 있다.

https://www.previewinseoul.com/

2) 대구국제섬유박람회 (프리뷰 인 대구/PID)

2002년에 처음 개최된 대구국제섬유박람회 〈프리뷰 인 대구〉는 최신 섬유산업기술을 바탕으로 글로벌 경쟁력 강화와 마케팅 지원을 위해 박람회가 개최된다. 세계적인 트렌드에 맞추어 원사, 직물, 친환경, 기능성 소재, 산업용소재, IT, 부자재, 텍스타일 디자인과 액세서리, 패션브랜드, 침장, DTP 등 다양한 아이템을 선보인다. 전시 품목은 원사, 직물, 니트, 기능성섬유, DTP, 부자재, 천연소재, 침장, 패션 브랜드 등이 있으며, 부대행사로는 트렌드 세미나, 비즈니스 매칭 상담회, 글로벌 섬유소재 세미나, 섬유체험관 등이 있다.

https://www.previewin.com/

3) 부산국제섬유패션전시회 (Passion&Fashion BUSAN)

부산국제섬유패션전시회는 〈패패부산〉으로도 불리우며, 국내 유일의 신발, 섬유, 패션 복합 전시회이다. 산업용 섬유, 신발, 섬유패션 산업의 트렌드를 제시하고, 국내외 산업 관련 브랜드 제품을 한자리에서 선보인다. 각 분야 전문가들과 함께 기획하는 학회, 특별관을 통해 4차 산업 혁명 시대의 산업용 섬유, 신발, 패션 산업 발전 가이드라인을 제시한다. 1993년 부산국제신발피혁전시회로 시작해 27년 동안 노하우를 축적한 전문 전시회로서 국내외 산업용 섬유, 신발, 패션 등의 각 카테고리에 대한 집중적인 비즈니스와 마케팅 기회를 제공한다.

http://www.bifot.kr/main.php

http://www.bfw.kr/

2. 해외 섬유관련 박람회

1) 하임텍스틸 (HEIMTEXTIL)

하임텍스틸(Heimtextil)은 매년 1월에 독일에서 열리는 세계 최대 직물박람회이다. 1960년대까지는 현재 세계 최대 소비재 박람회로 알려진 독일의 엠비엔테(Ambiente) 박람회에서 홈 텍스타일을 주제로 한 전시회가 함께 개최되었다가 1971년 하임텍스틸(Heimtextil) 직물박람회를 시작으로 홈 텍스타일 분야를 주축으로 하는 전시회가 출범하게 되었다. 세계적인 홈텍스타일 기업들의 진보된 기술과 혁신적인 기능성을 갖춘 고품질 텍스타일 패브릭을 위한 글로벌 벤치마킹할 수 있으며, 인테리어 디자인 및 인테리어 트렌를 한 곳에서 찾아 볼 수 있다.

https://heimtextil.messefrankfurt.com/

2) 파리 국제 의류직물 박람회 (Premiere Vision Paris)

세계 최대의 의류 직물 박람회인 파리 국제 의류직물 박람회 〈프리미에르비죵〉은 1973년부터 1년에 2회에 걸쳐 열리고 있는 박람회로 세계 직물 바이어와 디자이너, 패션업계 종사자에게는 꿈의 박람회로 통하며, 전년 참관객 중 75%가 재참관할 정도로 만족도와 호응도가 높은 세계 최대 의류직물 박람회이다. 700여 개 이상의 전시업체 유치와 함께 새로운 트렌드를 자극하고, 새로운 교류를 촉진하는 이 전시회는 모든 디자이너들을 위한 금광이라고 할 수 있다. 1973년 이래 의류용 직물들을 선보여 온 프리미에르비죵은 패션 전문가들 위해 풍부한 영감을 제공하고 트렌드를 예측하는 커다란 업적을 이루어 왔다.

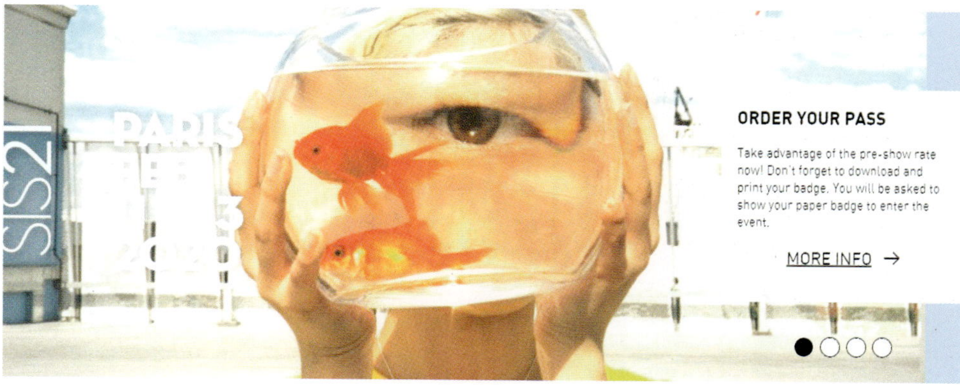

http://www.premierevision.com

3) 파리 텍스월드 섬유 박람회 (TEXWORLD)

파리 텍스월드 섬유 박람회 (TEXWORLD)는 파리 의류직물 박람회(Premiere Vision)와 동시에 개최되는 박람회로, 9월 파리에서 개최되며 세계 최대 전시기관인 메쎄프랑크푸르트 주관으로 열리는 세계 최대 섬유 원단박람회이다.

https://texworld-paris.fr.messefrankfurt.com/paris/en.html

4) 상해 국제 의류직물 박람회 (Intertextile Shanghai apparel fabrics)

상해 국제 의류직물 박람회는 중국의 최대 직물박람회이며, 상해 추계 얀 엑스포, 상해 추계 니트 무역 박람회, 상해 추계 의류 및 액세서리 박람회와 동시에 개최된다. 전시 품목은 직물(면, 울, 실크, 린넨, 모시, 인조, 니트, 코트)과 란제리, 수영복 직물 등의 기능성 직물, 날염직물 등이 있다.

https://intertextile-shanghai-apparel-fabrics-autumn.hk.messefrankfurt.com/shanghai/en.html

5) 상해 가정용 직물 박람회 (Intertextile Shanghai: Home textiles)

상해 가정용 직물 박람회는 중국 최대의 홈텍스타일 박람회이다. 유럽의 전시 주관사인 메쎄 프랑크푸르트 주관으로 개최되는 섬유 직물 박람회로써 홈텍스타일(가정용 직물)에 관련된 전문 전시회이다. 독일, 인도, 러시아, 일본 등에서 열리는 하임텍스틸(Heimtextil) 그룹 계열의 박람회 중 하나로써 공급업자, 전문가, 바이어, 무역업자에게 중국의 우수한 가정용 직물 시장을 선보이고 있다. 중국의 홈텍스타일은 매년 많은 성장을 보이고 있으며, 이는 실내 데코레이션 및 인테리어 디자인에 관한 관심도 증가와 가정생활의 향상에 따른 해외 고품격·신제품 선호도를 높이는 결과를 가져왔다. 전시 품목은 침구제품, 장식직물, 섬유제품 및 옥외 가구제품 등이 있다.

http://intertextile-shanghai-hometextiles-autumn.hk.messefrankfurt.com

PART 02

패브릭소품 제작 실기

CHAPTER

01

패브릭소품 제작 실기

소잉디자이너 1급 패브릭 소품 커리큘럼

	작품명	패턴	난이도	기본재료	연습포인트	바느질기법	형태 예시
1	반달 파우치	○	상	원단 안감 심지 지퍼	디자인, 사이즈 패턴, 지퍼, 안감	지퍼봉제 지퍼고리달기 곡선봉제 곡선 · 시접처리 바닥면 만들기	
2	사각 파우치		중	원단 바이어스원단 심지 롤지퍼	디자인, 사이즈 패턴, 지퍼 안시접 바이어스 사각 코너 봉제	지퍼봉제 손잡이와 고리끼움 봉제 안시접 바이어스봉제 사각코너 봉제	
3	북커버		중상	원단 벨크로 테이프	디자인, 사이즈 패턴, 주머니봉제 바느질 요구사항 돌발요구사항 펜꽂이	겉감과 안감 봉제 창구멍 공그르기 사각코너 시접처리 벨크로테이프 봉제 얇은 끈 박음질	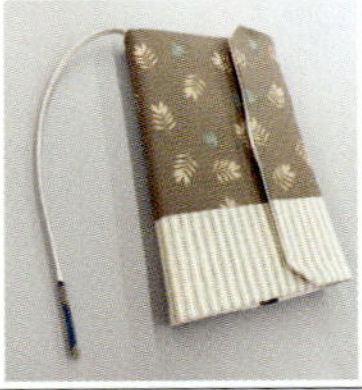
4	장지갑	○	상	원단 지퍼 심지 스냅단추	디자인, 사이즈 패턴, 카드 수납 주머니, 뚜껑 여밈(스냅단추) 손바느질	지퍼봉제 카드꽂이 접기 버튼홀스티치 바이어스 봉제	
5	장바 구니		중	원단 레이스 또는 리본 스냅 단추	디자인, 사이즈 패턴 돌발요구사항	통솔 기법 안주머니 만들기 손잡이 봉제 손스냅달기(버튼홀스티치 손바느질) 장식감 봉제	
6	클러치		중	원단 지퍼 D링	디자인, 사이즈 패턴, 지퍼, 여밈 속주머니 바느질 요구사항	겉감안감 봉제 지퍼봉제 핀턱주름 겉주머니 봉제	
7	숄더백		상	원단 단추	디자인, 사이즈 패턴, 끈길이 너비, 여밈 주머니 수납	직선 봉제 바닥감 만들기 입체주머니 만들기 어깨끈 만들기 단춧구멍 만들기 안주머니 봉제 여밈고리 만들기	

	작품명	패턴	난이도	기본재료	연습포인트	바느질기법	형태 예시
8	토트백		상	원단 안감	디자인, 사이즈 패턴, 핸들너비 주머니 수납	겉감안감 봉제 가방끈달기 안주머니 봉제 가방바닥 만들기	
9	주방 장갑과 냄비 받침	○	중	원단 안감 누빔솜	디자인, 사이즈 패턴, 누빔 바이어스 두꺼운 원단의 봉제	솜 누빔 봉제 바이어스 만들기 바이어스 달기 조각 패치워크	
10	티코스터와 테이블 매트		중	원단 자수용실	디자인, 사이즈, 패턴 가장자리 감싸기 시접정리 간단한 손 자수 테슬 장식	바람개비 시접 처리 패치워크 손자수 장식 액자식 바이어스 봉제	
11	쿠션 커버		중	원단 콘솔지퍼	디자인, 사이즈 패턴, 콘솔 프릴, 원형, 사각 캔디쿠션	패치워크 말아박기 봉제 러플 만들기 끈 만들기 스트링 입구 봉제 콘솔지퍼	 
12	수납용 벽걸이		중	원단 접착솜 고무밴드	디자인, 사이즈 고무밴드 주머니	고무밴드 넣기 입체 주머니 봉제 주름 계산	
13	원형 바구니	○	상	원단 누빔솜 파이핑	디자인, 사이즈 패턴, 구성 원형 바닥 박음질 파이핑, 누빔, 손잡이	파이핑봉제 누빔봉제(곡선 시접 처리) 겉감 안감 봉제 창구멍 공그르기	
14	아기 보넷	○	중상	원단	디자인, 사이즈 패턴, 곡선 봉제 공그르기, 끈만들기	챙 만들기 끈 만들기 곡선봉제(곡선 시접 처리) 주름 봉제 겉감과 안감 봉제 창구멍 공그르기	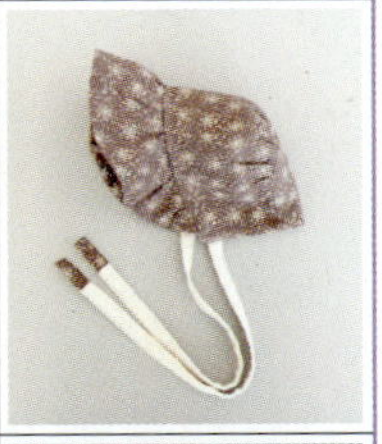
15	챙모자	○	중	원단 안감 심지	디자인, 사이즈 패턴, 심지붙이기 꼭지점 붙이기	곡선 봉제 시접 처리 심지붙이기 끈 만들기 모서리 모아박기	

01 반달파우치

완성사이즈	19cm×12cm×바닥 6cm
재　　료	원단, 심지, 지퍼
난 이 도	상
제 작 시 간	패턴 30분, 재단 30분, 봉제 140분
포 인 트	디자인, 사이즈, 패턴, 지퍼, 안감
바느질기법	지퍼봉제, 지퍼고리달기, 곡선봉제, 곡선 시접처리, 바닥면 만들기
작 업 과 제	1. 반원형태의 바닥 폭이 6cm인 반달 파우치를 만든다. 2. 두가지 원단을 패치하여 만든다. 3. 기본 제시되는 둥근 패턴을 이용하여 만든다.
심 화 과 정	1. 완성 사이즈 변경 2. 큐티한 디자인 3. 꽃무늬의 아플리케가 있는 디자인 4. 지퍼의 양옆 둘레 면이 없이 바로 옆면과 연결하는 방식의 반달파우치 5. 반달 크로스백으로 만들기 6. 지퍼가 보이지 않게 덧단 만들기 7. 안쪽에 카드 주머니

작업순서

재단

- 겉감용 : 옆면 21cm×13cm 2장, 밑면 25cm×12cm 2장, 지퍼날개 4.4cm×34.8cm 2장, 고리용 원단 8cm×6cm 2장
- 안감 원단 : 몸판 25cm×34cm, 지퍼날개 4.4cm×34.8cm 2장
- 접착솜2온스 : 몸판 23cm×32cm, 지퍼날개 2.4cm×32.8cm 2장, 줄지퍼 35cm

① 도안상 반원의 둥근 부분 둘레 길이를 측정해, 지퍼와 지퍼 양 옆 날개 원단을 길이에 맞춰 재단한다.

② 파우치 형태 유지를 위해 접착 솜을 준비한다.

※ 시접 1cm씩 포함한 사이즈입니다.

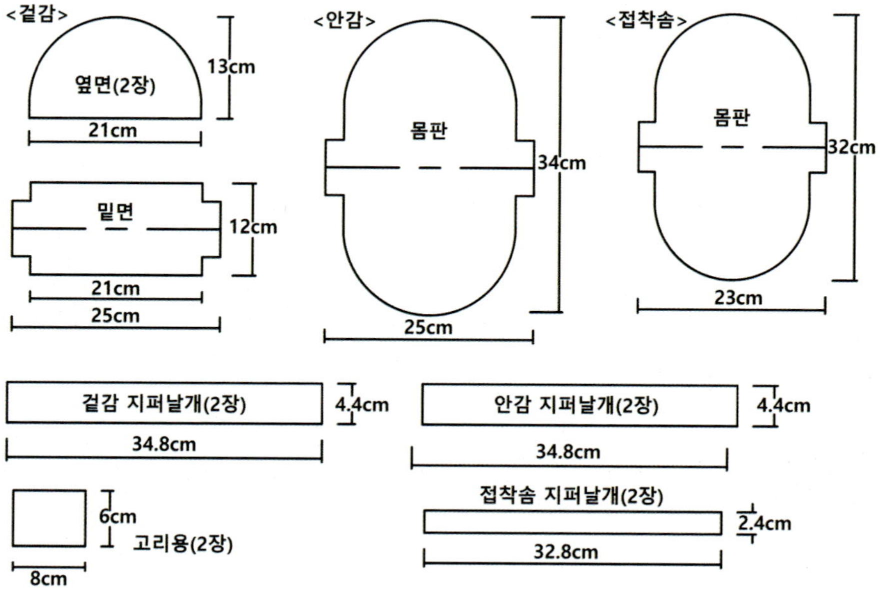

01. 겉감용 밑면 원단의 위, 아래에 반원무늬 옆면 원단을 봉제하여 연결한다.

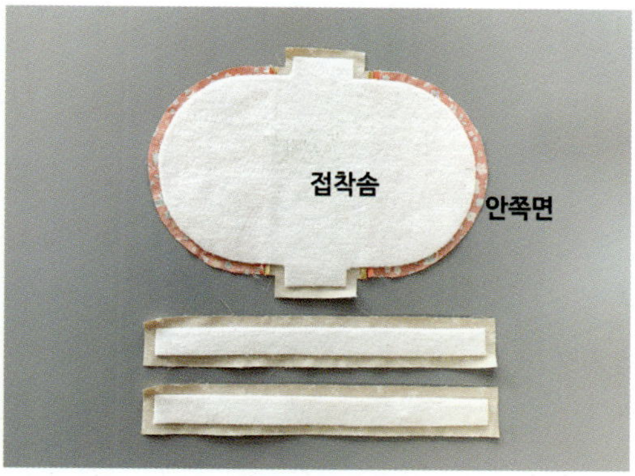

02. 겉감용 원단의 안쪽 면에 접착솜을 모두 붙인다.

03. 접착솜 붙인 겉감 중, 옆면 원단과 밑면 원단이 연결된 봉제선에서 밑면원단 위로 상침 봉제한다. 양옆 날개원단의 정 가운데를 박아준다. (누빔 봉제)

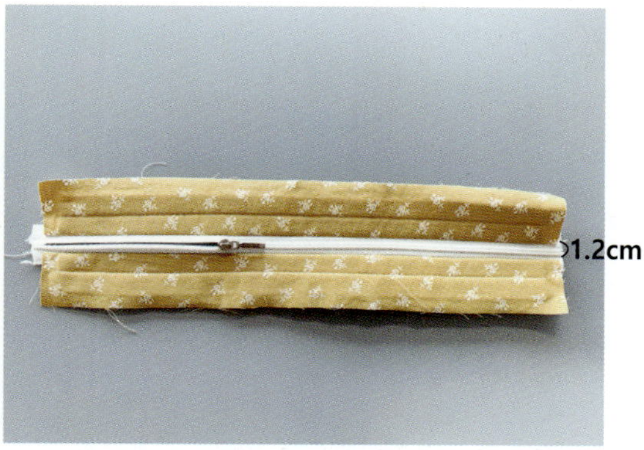

04. 지퍼의 폭이 1.2cm가 나오도록 표시를 한 다음, 지퍼의 양 옆에 날개원단의 시접을 접어 올린 후 봉제한다. (지퍼 노루발을 이용한다.)슬라이더를 끼워준다.

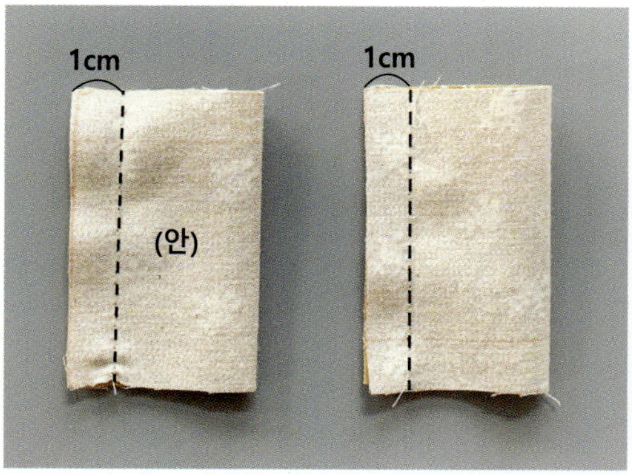

05. 고리용 원단 2장은 각각 반으로 접어 한쪽 시접 1cm씩 남기고 봉제한다.

06. 고리용 원단을 뒤집어 봉재선이 안쪽 정가운데로 오도록 하여 반 접는다.

CHAPTER 01. 패브릭소품 제작 실기

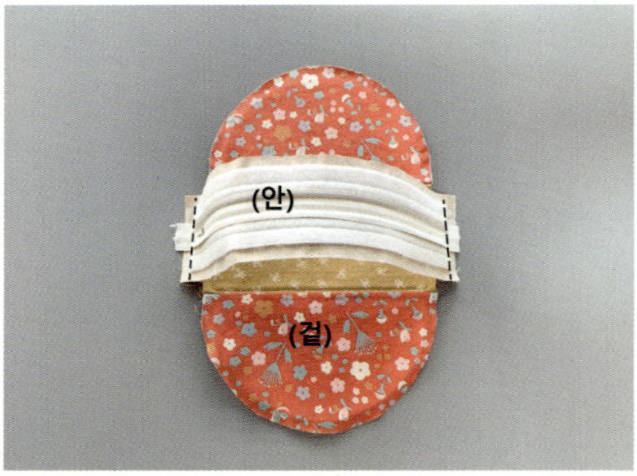

07. 설명 3번의 겉감의 밑면 원단 양쪽에 돌출된 부분 끝에 지퍼를 연결한 날개 원단을 겹쳐 고정한다. 이때, 두 겉감의 사이에 앞에서 만든 고리용 원단을 반 접은 상태로 사이에 끼운 후 봉제한다.

08. 뒤집은 겉감의 봉재 선 아래로 상침 봉제한다.

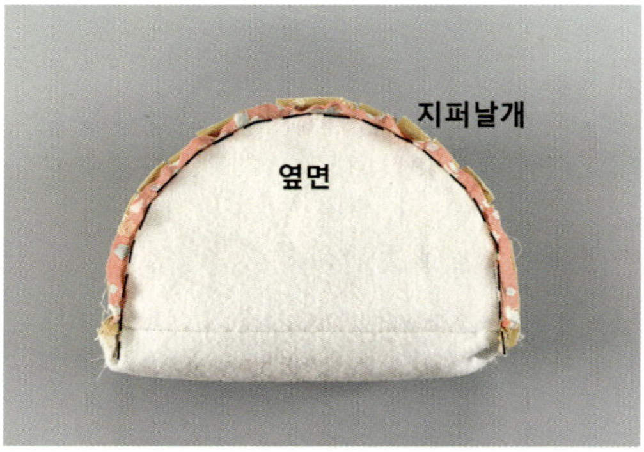

09. 겉감의 둥근 부분을 접어 올려, 지퍼 날개 둘레선에 맞춰 시침 핀을 꽂은 후, 둥근 도안선에 잘 맞춰 봉제해준다. (지퍼 날개의 선과 옆면 둥근 둘레선의 폭을 같은 간격으로 표시를 한 후, 표시점에 맞춰 시침 고정을 한다.)

10. 둥근 시접을 따라 촘촘하게 가위집을 넣는다.

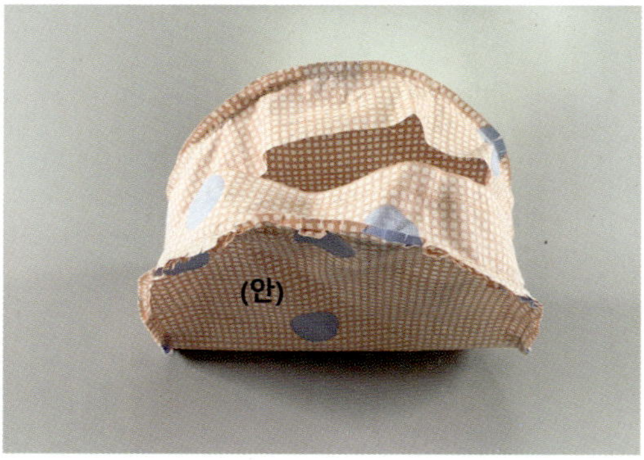

11. 안감원단을 겉감과 같은 방법으로 조각을 연결하고, 둥근 선을 겹쳐 봉제하고, 시접에 가위집을 넣는다.

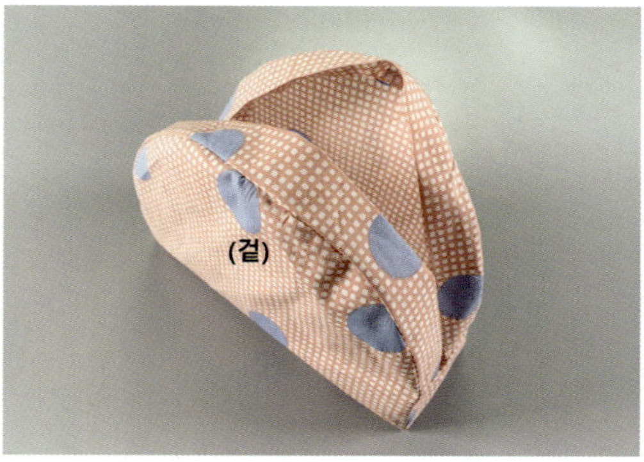

12. 안감을 겉면이 보이도록 뒤집은 후, 지퍼날개의 가장자리 시접을 안쪽을 향하도록 접어놓는다.

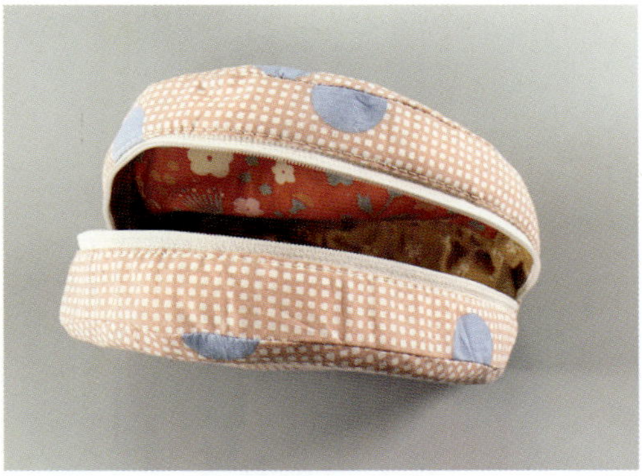

13. 뒤집어져 있는 상태의 겉감파우치를 안감으로 감싸듯 겹친 후, 지퍼의 안쪽 봉제선에 안감을 겹쳐 그 위로 박음질한다. 이때, 안감을 연결하는 박음질의 안쪽 땀이 겉감 쪽에서 보이지 않도록, 바늘땀을 겉감의 안쪽 지퍼까지만 바느질한다.

14. 지퍼의 양 끝부분에 겹쳐지는 안감까지 꼼꼼하게 박음질한다.

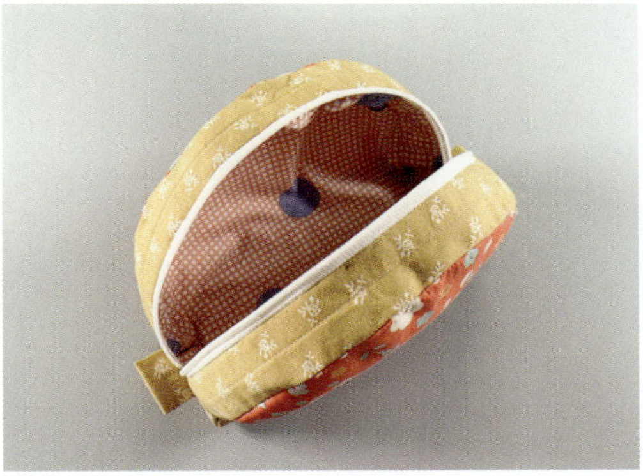

15. 완성

CHAPTER 01. 패브릭소품 제작 실기

02

사각파우치

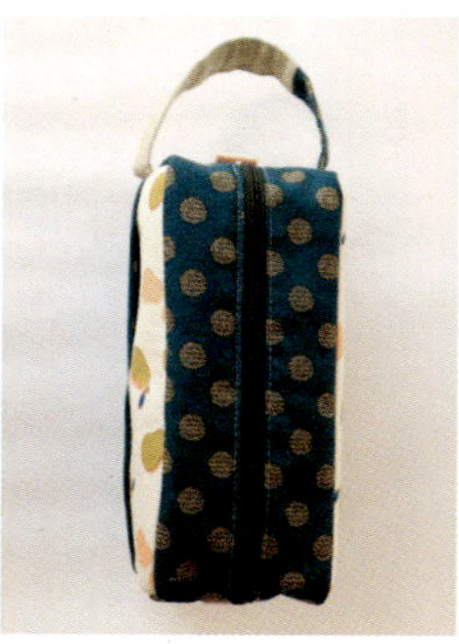

완성사이즈	가로 19cm×세로 10cm×바닥폭 8cm 손잡이 : 길이 20cm×폭 2cm
재 료	원단, 심지, 롤지퍼, 바이어스 원단
난 이 도	중
제 작 시 간	패턴 30분, 재단 20분, 봉제 150분
포 인 트	디자인, 사이즈, 패턴, 지퍼, 안시접 바이어스, 사각 코너 봉제
바느질기법	지퍼봉제, 손잡이와 고리끼움 봉제, 안시접 바이어스봉제, 사각코너 봉제
작 업 과 제	1. 최소 완성 사이즈가 가로 19cm×세로 10cm×바닥 폭 8cm인 직육면체 형태의 지퍼가 있는 파우치를 제작한다. 2. 겉감에 접착심지를 붙이고, 안감을 넣어 제작한다. 3. 안 시접은 바이어스로 감싸서 봉제한다. 4. 파우치의 옆면에 원단으로 손잡이와 고리(태브)를 만들어 끼워 제작한다. 5. 파우치 윗면의 가운데에 지퍼를 달아준다. 6. 파우치의 겉면에 수납 포켓을 한 개 이상 넣는다.
심 화 과 정	1. 완성 사이즈 변경 2. 모노톤의 배색 3. 옆면에 손바느질로 장식바느질 4. 정육면체, 사다리꼴 형태의 변형된 디자인으로 만들기 5. 겉감의 원단을 절개 없이 한 번에 재단해서 만들기 6. 안감을 넣어 시접을 보이지 않는 방법으로 만들기 7. 지퍼를 두 개 활용하여 분리된 수납 칸으로 만들기

작업순서

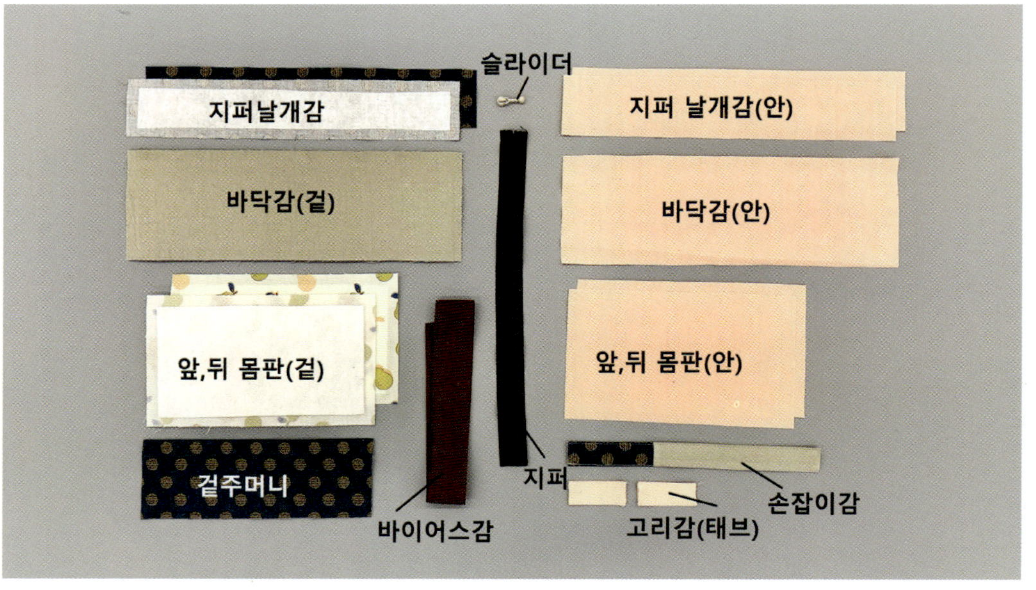

재단

- 몸판 앞,뒤 : 가로 21cm×세로 12cm(겉감 2장, 안감 2장)
- 지퍼날개감 : 가로 31cm×세로 5.5cm(겉감 2장, 안감 2장)
- 바닥감 : 가로 31cm×세로 10cm(겉감 1장, 안감 1장)
- 고리(태브)감 : 가로 8cm×세로 5cm(2장)
- 손잡이감 : 가로 22cm×세로 8cm(1장)
- 겉주머니 : 가로 21cm×세로 14cm(1장)
- 바이어스감 : 길이 68cm×폭 4cm(2장)
- 접착심지 : 시접없이 재단, 몸판 앞,뒤/
  지퍼 날개, 바닥 겉감의 안쪽면에 부착
- 롤지퍼 : 길이 31cm

※ 시접 1cm씩 포함한 사이즈입니다.

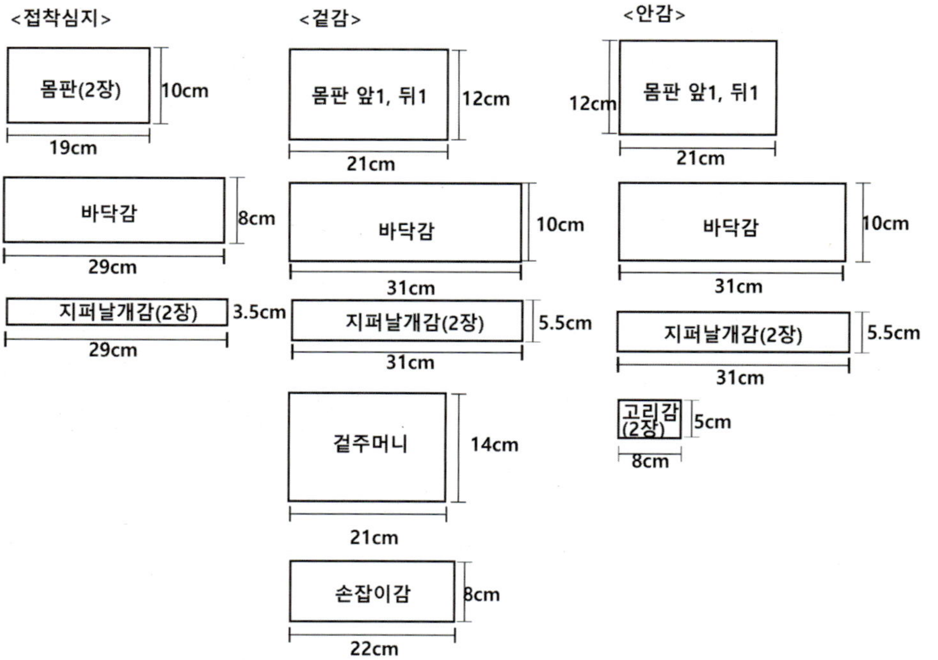

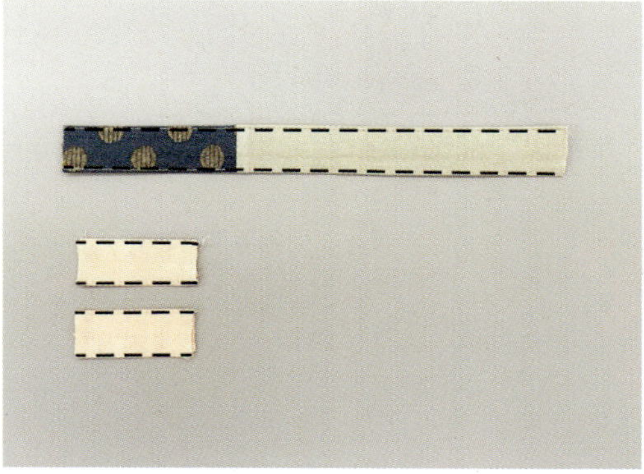

01. 손잡이감은 가로 22cm×세로 8cm, 고리(태브) 원단은 가로 8cm×세로 5cm로 재단하여 양쪽의 시접을 가운데로 향해 반 접어 다린다. 폭이 2cm가 되도록 다시 반 접은 후 양쪽의 가장자리 부분을 상침 봉제한다.

02. 겉 주머니감을 가로 21cm×세로 14cm로 1장 재단하여 길게 반으로 접어 앞 몸판의 겉감에 주머니 위치에 포개어 놓고 봉제한다.

03. 앞 몸 판의 겉감시접에 손잡이의 한 쪽 부분 시접을 맞춰 시침 봉제하여 임시 고정 한다.

04. 앞 몸 판의 겉감과 안감의 안쪽 면끼리 서로 맞닿게 포개어 놓고 둘레 시접의 가장자리를 시침 박음질하여 임시고정 한다.

CHAPTER 01. 패브릭소품 제작 실기

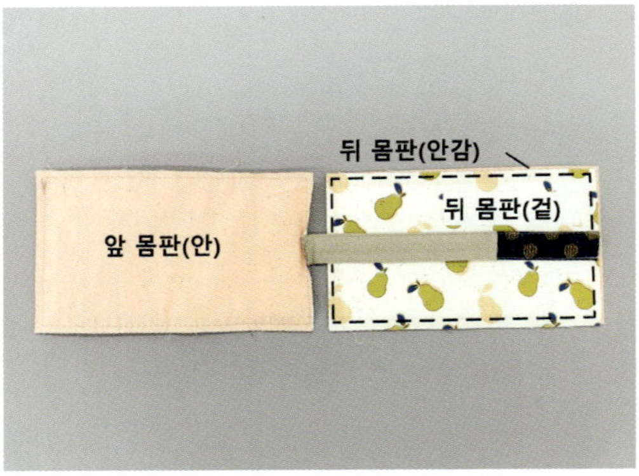

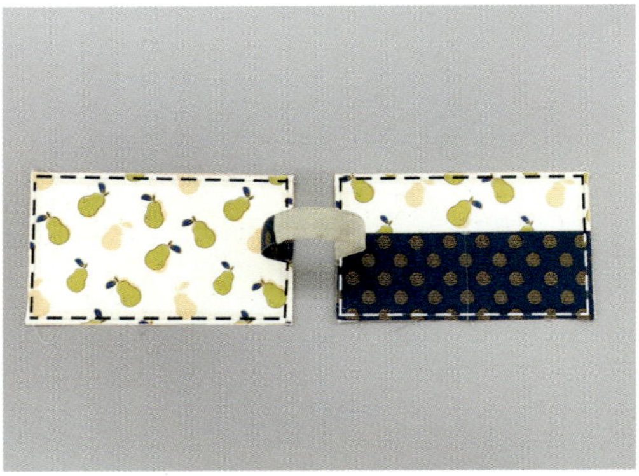

05. 손잡이의 나머지 한 쪽 부분과 뒤 몸 판의 겉감과 안감도 같은 방법으로 시침봉제한다.

이 때, 방향이 서로 엇갈리지 않도록 주의 한다.

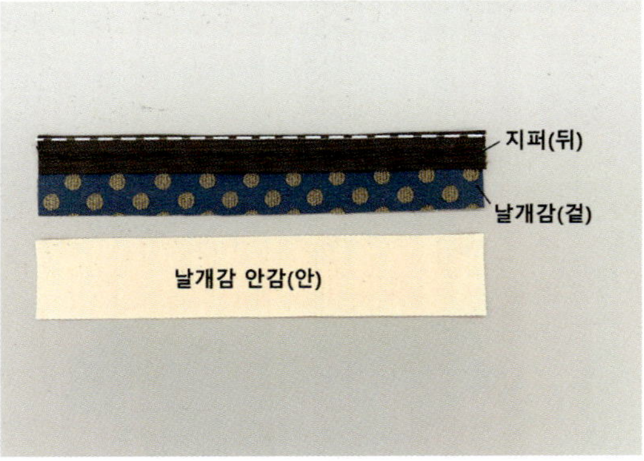

06. 지퍼 날개의 겉감과 지퍼의 겉끼리 맞닿게 포개어 가장자리를 0.3cm 간격으로 시침 박음질한다. (겉감-지퍼-안감을 한 번에 봉제하여도 무방하나, 사용하는 접착솜의 두께가 두꺼워질수록 박음질이 밀려나기 쉽다.)

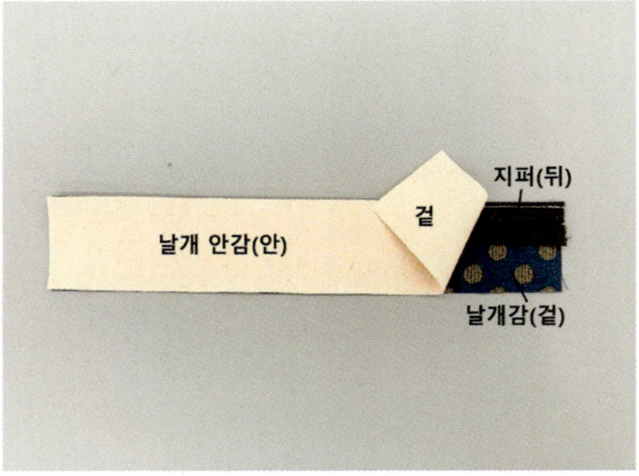

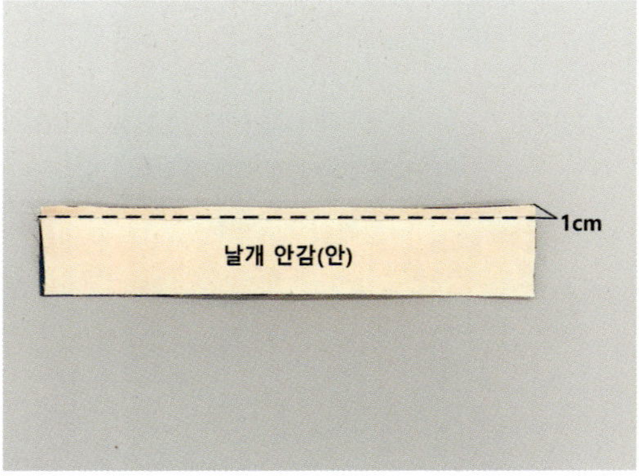

07. 지퍼 날개의 겉감과 안감의 겉끼리 맞닿게 포개어 1cm 간격으로 봉제한다.

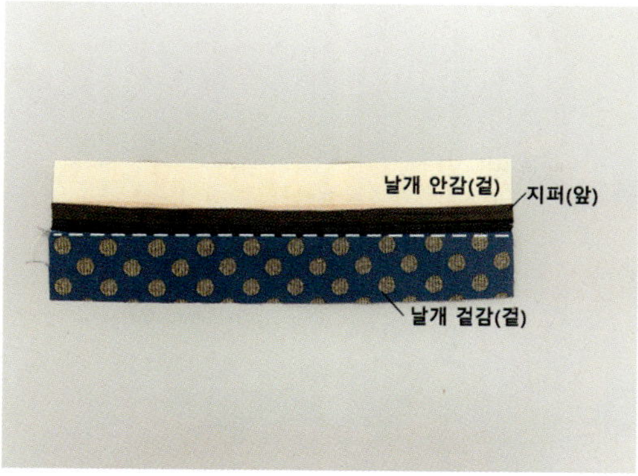

08. 날개의 겉감만 지퍼가 보이도록 한쪽으로 넘겨 위쪽에서 누름상침 봉제한다.

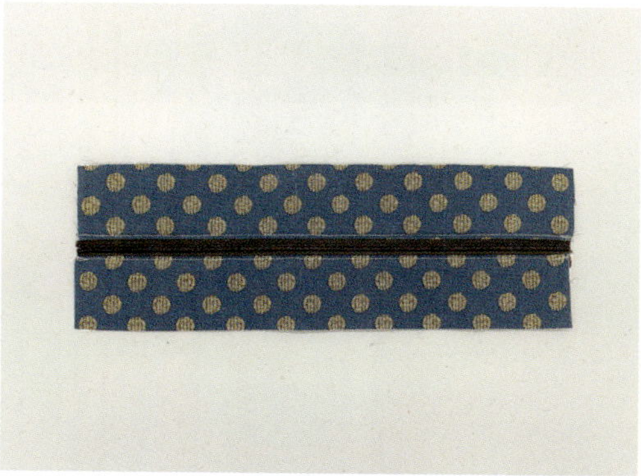

09. 같은 과정을 반복하여 나머지 한 쪽도 지퍼를 날개감에 봉제 한다.

10. 지퍼 슬라이더를 끼우고, 지퍼의 겉감 양쪽 끝부분에 고리(태브)를 반으로 접어 올려 놓고 시침 봉제하여 임시 고정한다.

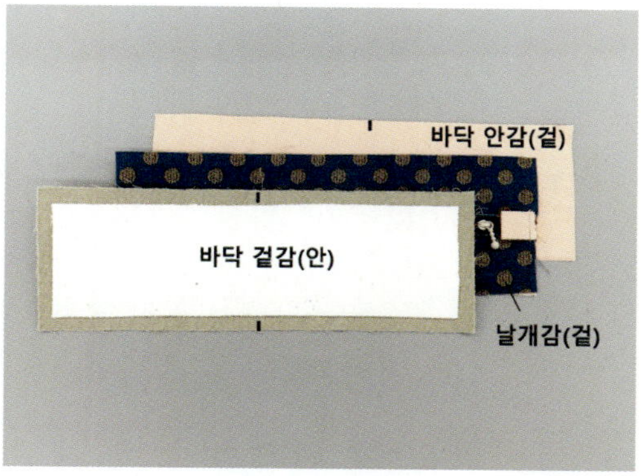

11. 바닥 겉감의 겉 - 지퍼 날개감 - 바닥 안감의 겉의 순서대로 포개어 놓은 다음,양쪽 옆선을 봉제한다. 바닥감의 겉감과 안감이 포개어 지도록 뒤집어 바닥과 날개감의 중심 위치를 표시 해 둔다

12. 파우치 앞 몸 판과 옆면의 겉끼리 서로 둘레를 맞추어 시침핀이나 집게로 고정하고 코너 부분은 가위집을 바짝 주어 사각형의 형태를 반듯하게 잡아줄 수 있도록 해 준다.

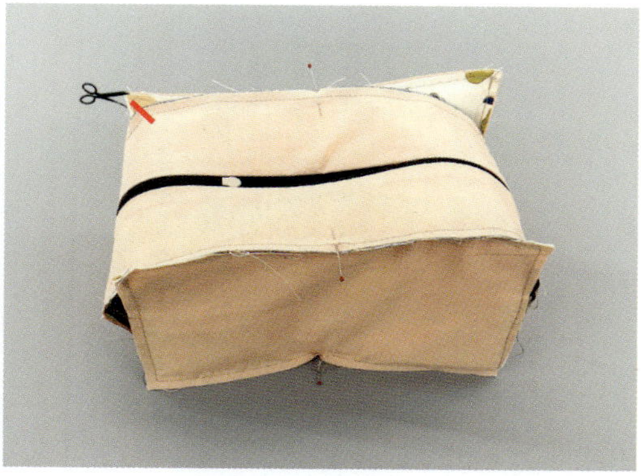

13. 파우치 뒤 몸판과 옆면도 겉끼리 맞대고 둘레를 맞추어 시침핀으로 임시 고정 한다.

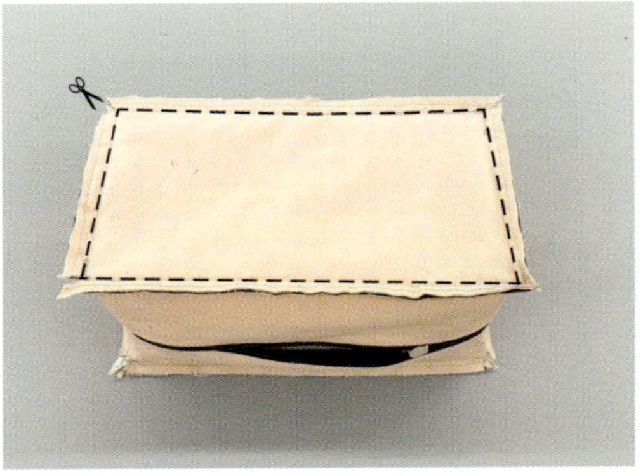

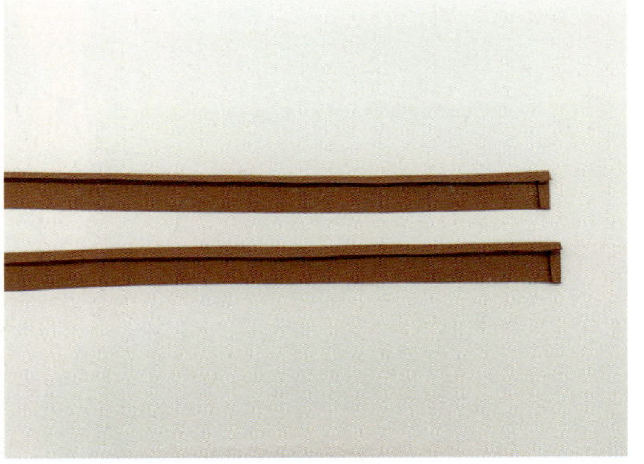

14. 코너 부분의 시접에 대각선으로 0.7cm 정도 가위집을 넣어 모서리의 각을 잡아가면서 둘레의 가장자리를 1cm 간격으로 반듯하게 봉제한다. 봉제 후에 시접을 정리한다.

15. 안시접 바이어스감은 길이 68cm×폭 4cm로 2장 재단하여 세로, 가로 한 쪽 끝 시접을 안으로 0.7cm 씩 접어 다림질한다.

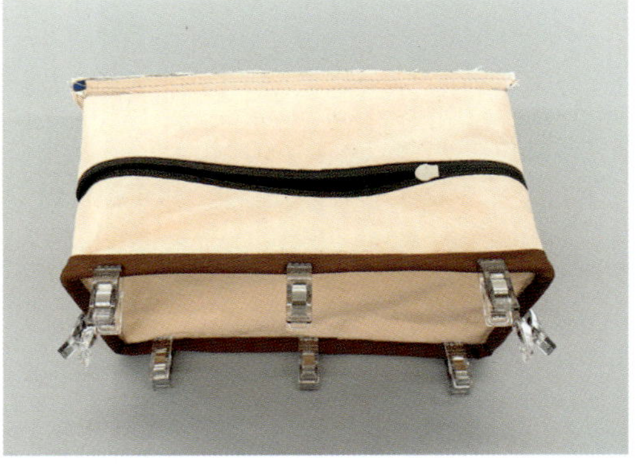

16. 파우치 몸판에 바이어스감의 겉을 맞닿게 올려놓고, 바이어스 폭의 1/4 정도의 간격으로 둘레를 봉제한다. 바이어스의 처음과 끝이 1cm 정도 포개어 지도록 한다.

17. 시접을 감싸면서 바이어스감을 반대쪽으로 꺾어 박음선이 보이지 않도록 덮어 집게로 고정한다.

18. 바이어스감의 가장자리를 0.2cm로 상침 봉제한다.

19. 나머지 한 쪽의 시접도 같은 방법으로 바이어스로 감싸서 봉제를 한 다음, 겉면이 보이도록 뒤집어 준다.

20. 완성

03

북커버

완성사이즈	책 사이즈 : 가로 14cm×세로 20cm×두께 2cm 북커버 펼쳤을 때 : 가로 39cm×세로 21cm
재 료	원단, 벨크로테이프, 실
난 이 도	중상
제 작 시 간	패턴 30분, 재단 30분, 봉제 140분
포 인 트	디자인, 사이즈, 패턴, 주머니봉제, 바느질 요구사항, 돌발요구사항, 펜꽂이
바느질기법	겉감과 안감 봉제, 창구멍 공그르기, 사각코너 시접처리 벨크로테이프 봉제, 얇은 끈 박음질
작 업 과 제	1. 크기가 가로 14cm×세로 20cm×두께 2cm인 책이 들어갈 수 있도록 북커버를 제작한다. 2. 겉감과 안감이 있고, 카드나 메모지를 수납할 수 있는 칸을 두 개 이상 만든다. 3. 연필이나 펜을 꽂을 수 있게 만든다. 4. 지급된 벨크로 테이프를 반드시 사용한다. 5. 5가지 원단을 디자인에 적절하게 반영한다.
심 화 과 정	1. 완성 사이즈 변경 2. 성경책 커버에 어울리는 디자인 3. 가장자리에 버튼홀 스티치로 장식 4. 책 표지의 양쪽 모두를 끼울 수 있는 형태로 만들기 5. 단추로 여닫을 수 있게 만들기 6. 북커버의 겉면에 수납이 가능한 주머니 만들기 7. 손잡이가 있게 만들기

작업순서

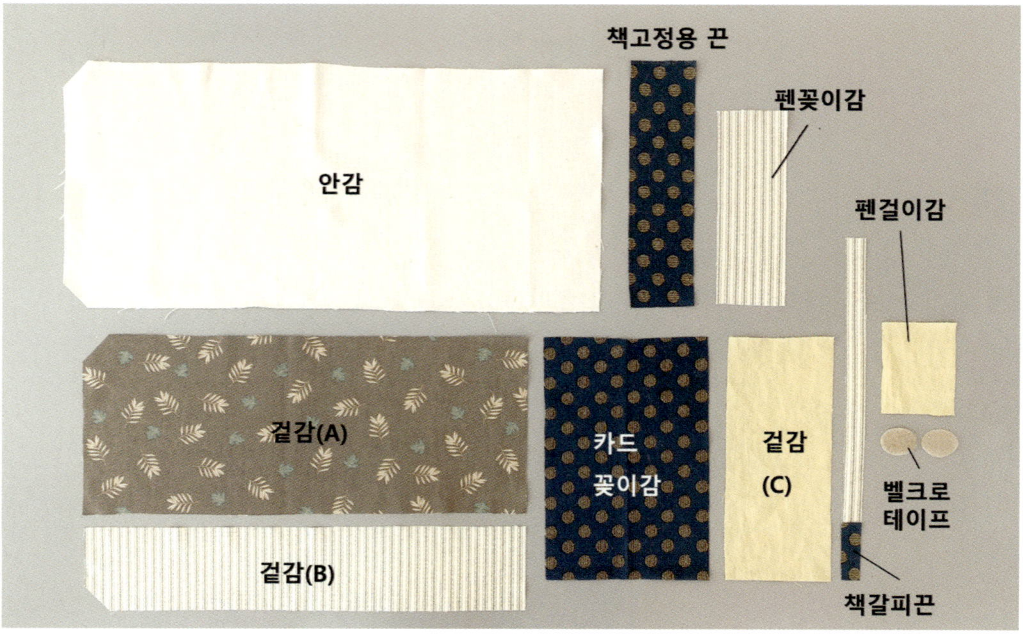

재단

- 겉감 A : 가로 41cm×세로 17cm 1장
- 겉감 B : 가로 41cm×세로 8cm 1장
- 겉감 C : 가로 11cm×세로 23cm 1장
- 카드꽂이감 : 가로 23cm×세로 15cm 1장
- 벨크로 테이프 : 필요한 길이만큼 준비
- 안감 : 가로 50cm×세로 23cm 1장
- 책고정용 끈 : 가로 6cm×세로 23cm 1장
- 책갈피 끈 : 길이 28cm×폭 2cm 1장
- 펜꽂이감 : 가로 6cm×세로 19cm 1장
- 펜 걸이감 : 가로 7cm×세로 8cm 1장

※ 시접 1cm씩 포함한 사이즈입니다.

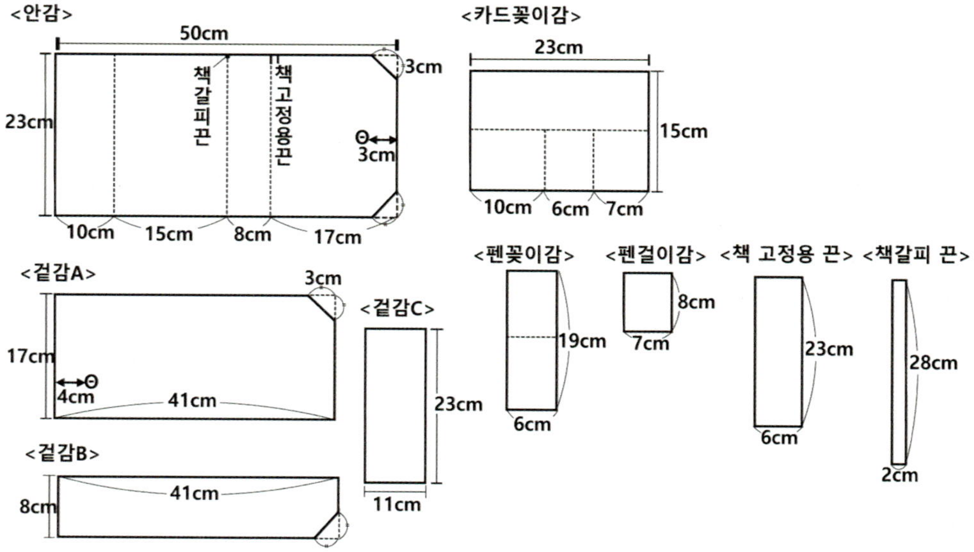

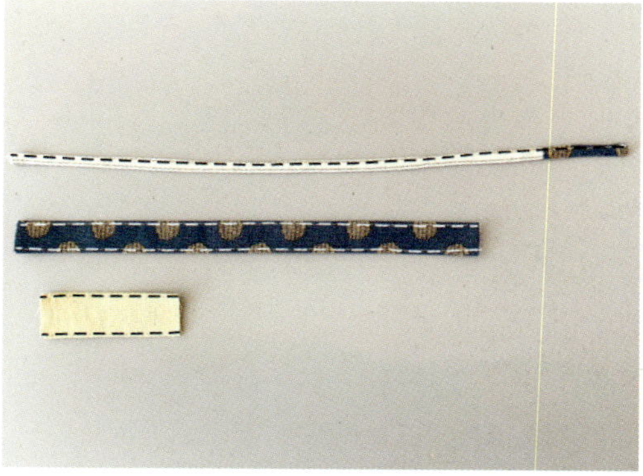

01. 책갈피 끈, 책고정용 끈, 펜 걸이감을 사이즈 대로 재단하여 양쪽 끝 시접을 가운데로 접고, 또 반으로 접어 다린 후 가장자리를 상침 봉제한다.

02. 펜꽂이감을 겉끼리 맞닿게 접어 양쪽 시접을 봉제한다.

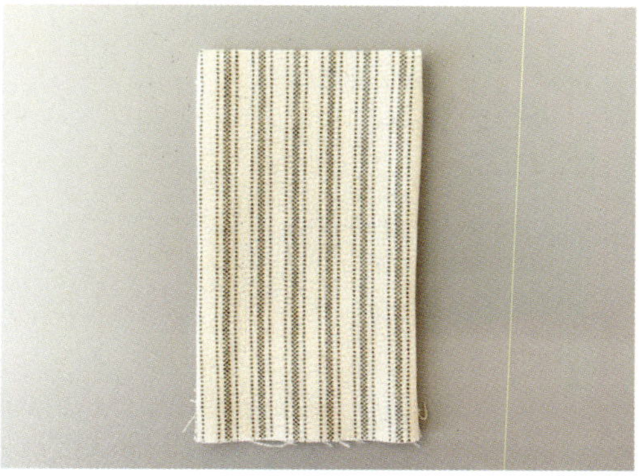

03. 펜꽂이감을 겉이 보이도록 뒤집는다.

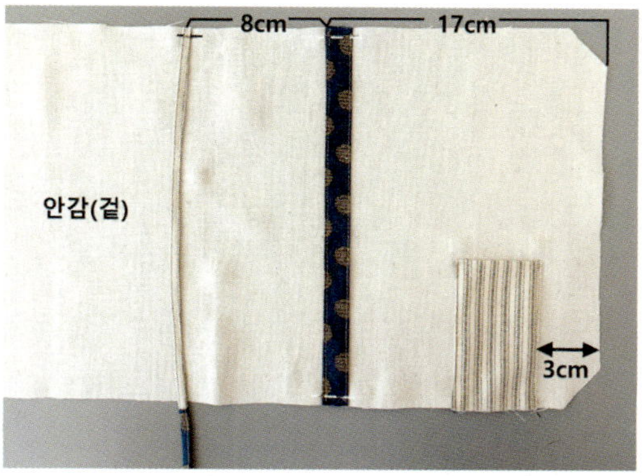

04. 안감의 겉 부분에 책갈피 끈, 책고정용 끈, 펜꽂이감을 표시된 위치에 올려두고 시접의 가장자리를 시침 봉제한다.

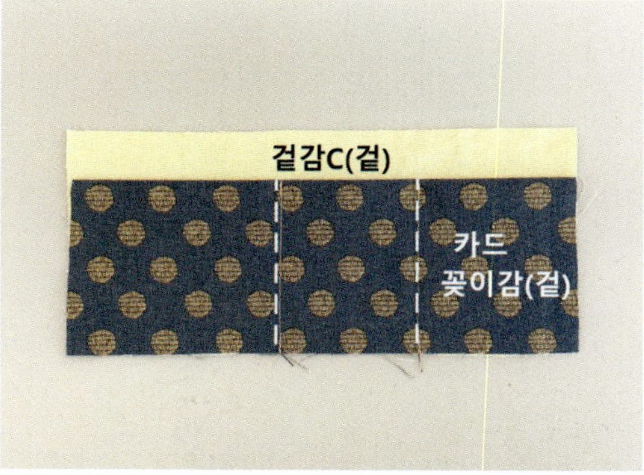

05. 겉감 C 원단의 겉면에 카드 꽂이 감을 반으로 접어 포갠 다음, 수납 칸을 표시하여 겉면에서 봉제한다.

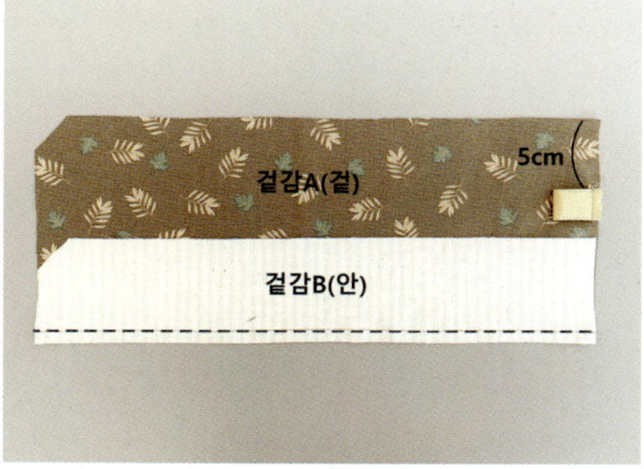

06. 겉감 A 와 B 의 절개 부분을 서로 겉끼리 맞닿게 포개어 봉제하고, A의 오른쪽 옆선의 상단에서 5cm 내려온 위치에 펜 걸이감을 반으로 접어 시침질하여 임시 고정한다.

07. 겉감 A, B와 C의 조각 완성 모습

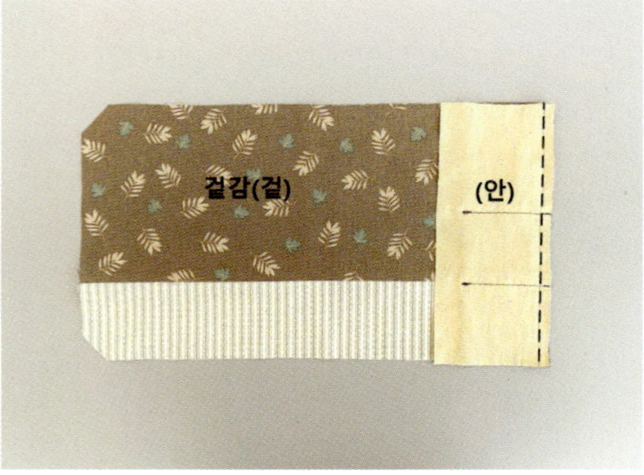

08. 겉감 A, B와 C의 절개 부분을 겉끼리 맞닿게 포개어 시접을 1cm 간격으로 봉제한다.

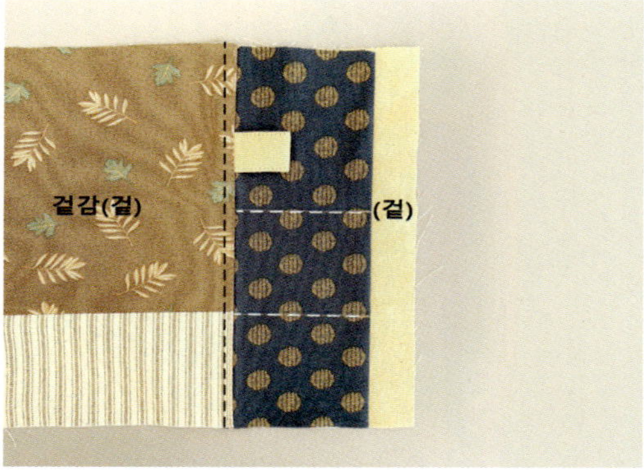

09. 겉면이 보이도록 펼쳐 다림질 한 후, 겉 A,B원단의 옆선 가장자리를 0.2cm로 누름 상침 봉제한다.

10. 겉감과 안감의 겉면에 벨크로 테이프의 위치를 표시하고, 가장자리 둘레를 봉제하여 벨크로 테이프를 원단에 고정한다.(겉감 : A, B원단 가장자리에서 4cm, 안감 : 가장자리에서 3cm 안으로 들어온 위치에 표시하고, 벨트로 테이프의 중심과 맞추어 봉제)

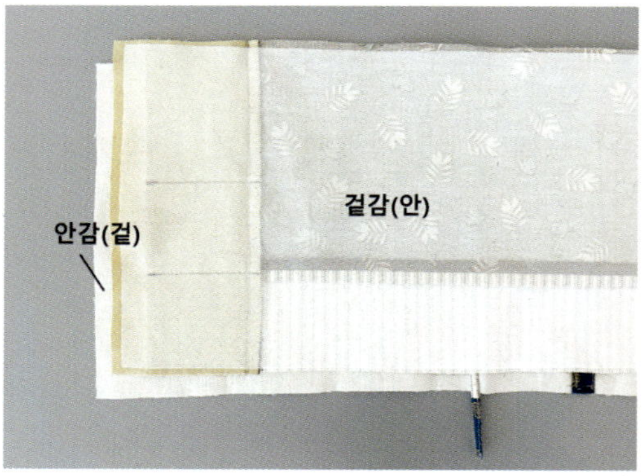

11. 겉감과 안감을 겉끼리 맞닿게 포개어 놓는다.

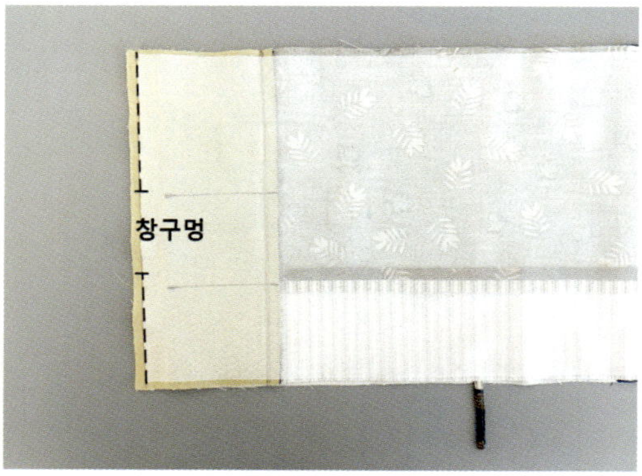

12. C 원단 쪽의 옆선 시접을 안감과 함께 1cm 간격으로 봉제한다. 가운데 7cm정도의 창구멍을 남긴다.

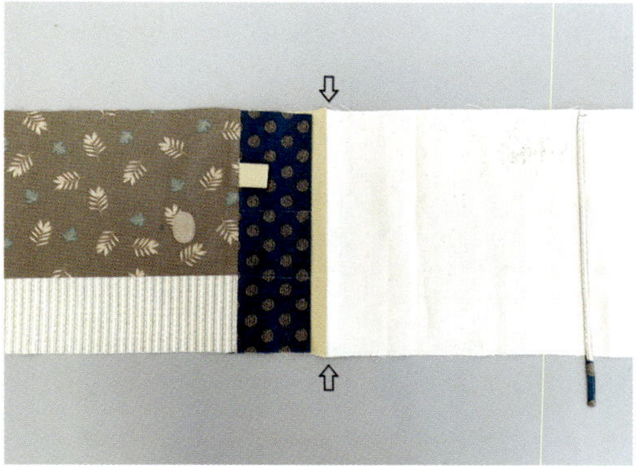

13. 겉감 C 의 봉제선을 기준으로 겉면이 보이도록 접어 다림질 한다.

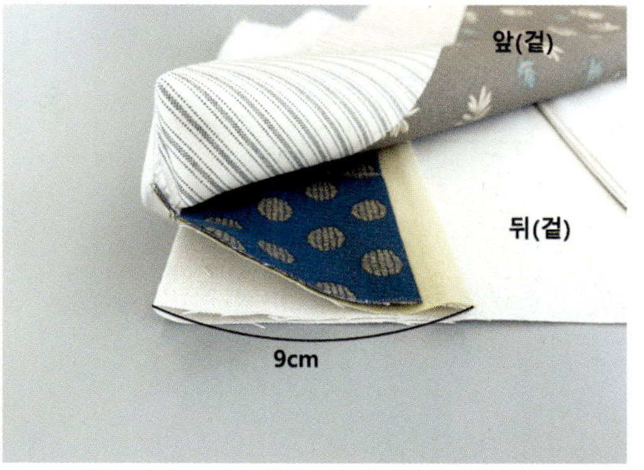

14. 겉감과 안감이 서로 겉면끼리 마주하도록 카드 꽂이의 끝부분(9cm간격)까지 접어 시침핀으로 고정한다.

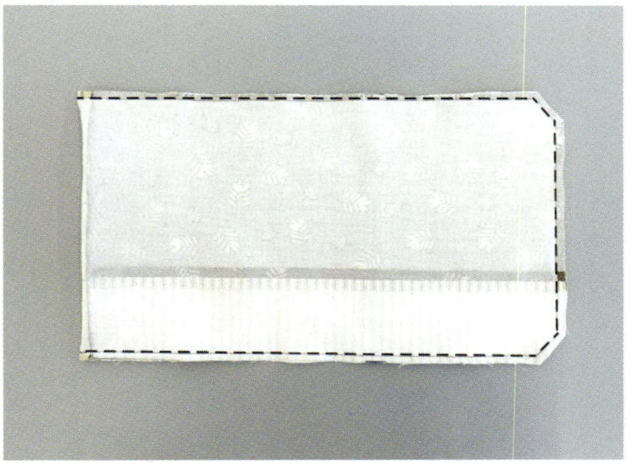

15. 둘레를 1cm 간격으로 봉제 한 다음 모서리 부분의 시접은 가위집을 주어 정리한다.

16. 안쪽의 창구멍 위치

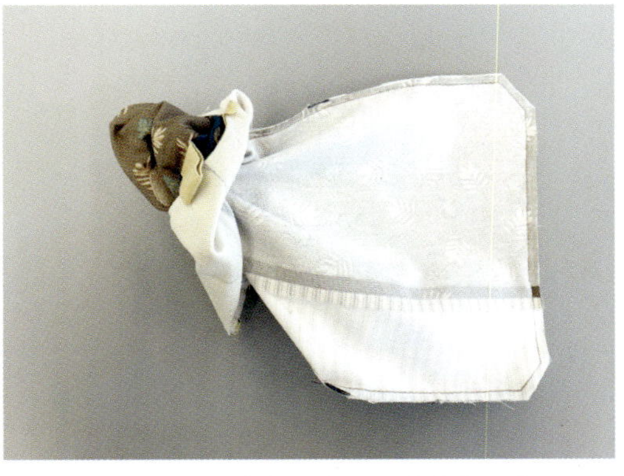

17. 창구멍으로 겉면이 보이도록 뒤집어 준다.

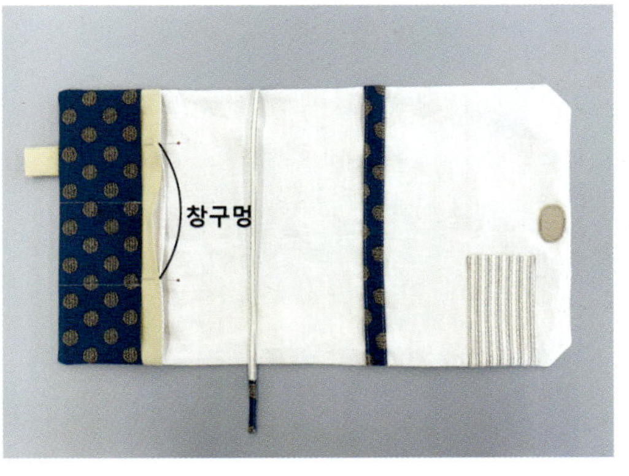

18. 북커버의 형태를 잡아주고, 창구멍의 시접은 안쪽으로 접어 넣어 다린 다음 양쪽 끝을 시침핀으로 고정한다.

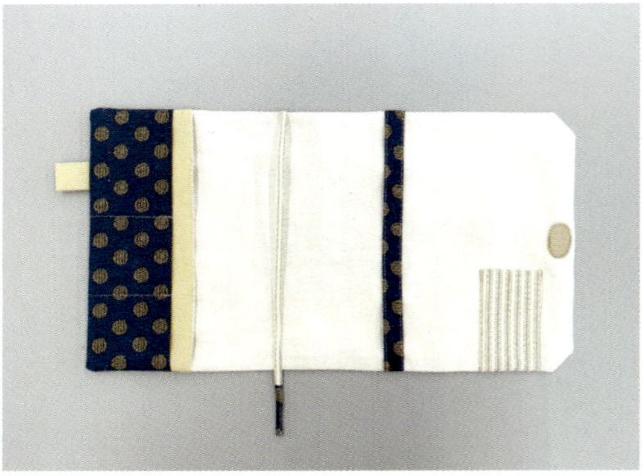

19. 창구멍은 손바느질로 공그르기 하여 마무리한다.

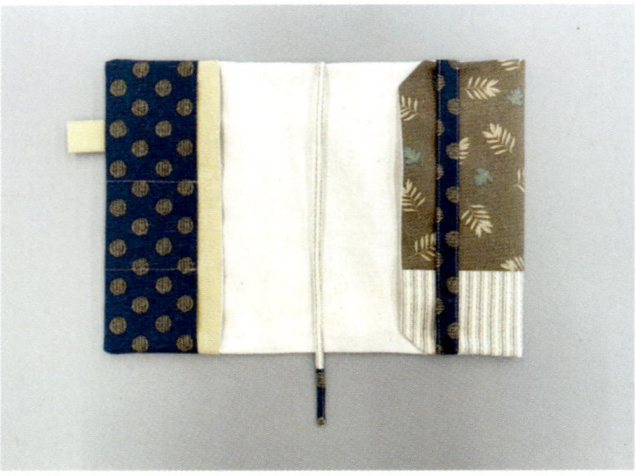

20. 완성 후 내부 모습

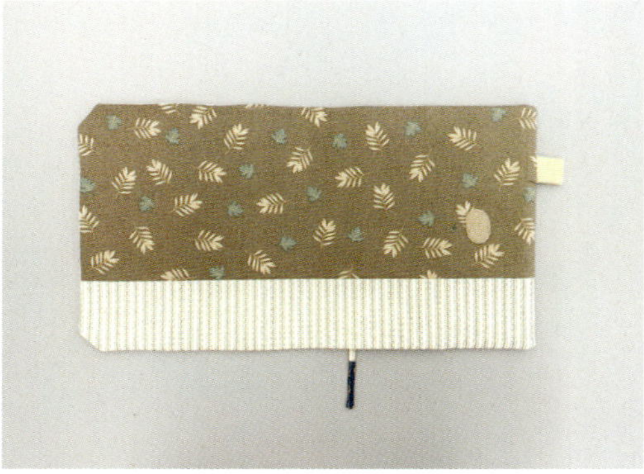

21. 완성 후 외부 모습

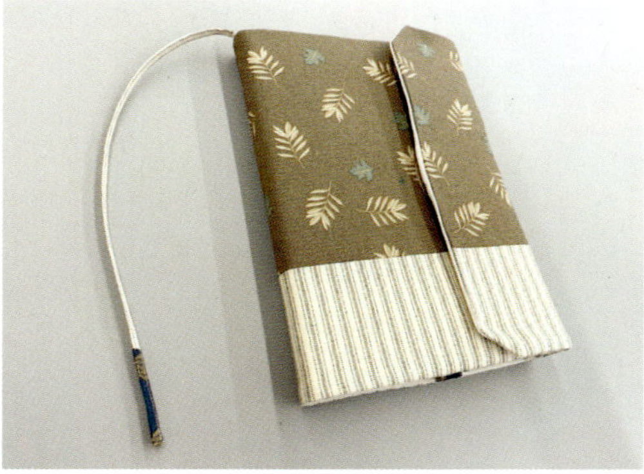

22. 완성

MEMO

04

장지갑

완성사이즈	21cm×11cm, 펼쳤을 때 21cm×26cm
재 료	원단, 지퍼, 심지, 스냅
난 이 도	상
제 작 시 간	패턴 30분, 재단 40분, 봉제 130분
포 인 트	디자인, 사이즈, 패턴, 카드 수납 주머니, 뚜껑 여밈(스냅단추), 손바느질
바느질기법	지퍼봉제, 카드꽂이 접기, 버튼홀스티치, 바이어스 봉제
작 업 과 제	1. 카드와 지폐 수납이 가능한 카드지갑 2. 동전 수납이 가능하도록 안쪽에 지퍼를 만든다. 3. 카드 수납 6개이상 4. 버튼홀 스티치 기법을 손바느질로 넣는다.
심 화 과 정	1. 완성 사이즈 변경 2. 60대 여성에게 어울리는 디자인 3. 스냅단추를 버튼홀스티치로 달기 4. 옆면이 있는 형태의 지갑 5. 겉면에 지퍼로 여닫는 동전주머니 만들기 6. 3면을 지퍼로 여닫을 수 있게 만들기 7. 바이어스 테두리 없이 만들기

작업순서

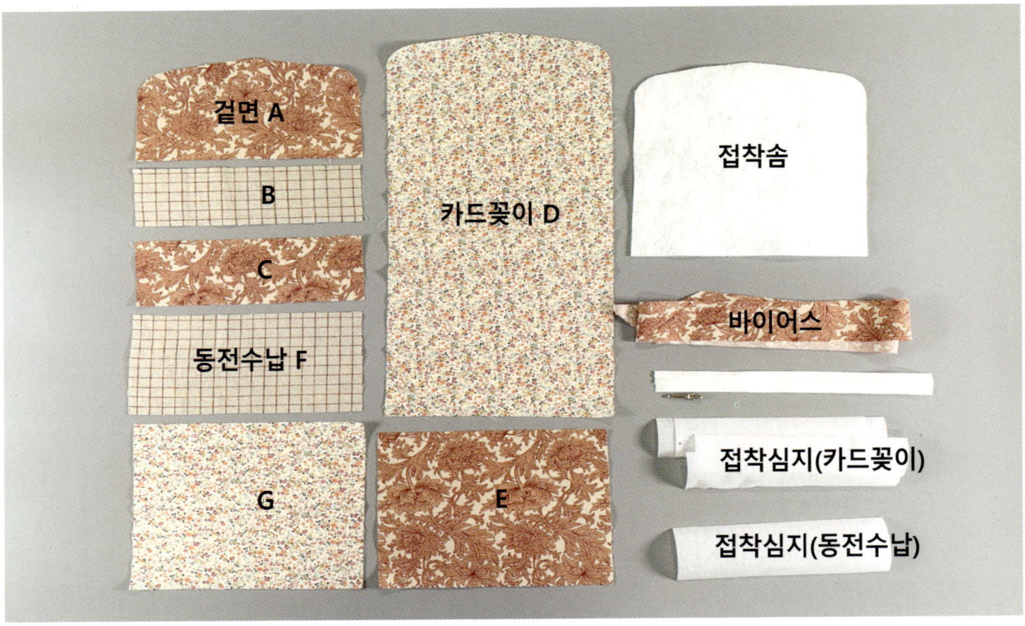

재단

- 겉면 : A 21cm×14cm, B 21cm×7cm, C 21cm×9cm, 2온스 접착솜 21cm×26cm, 바이어스 110cm×4.5cm
- 카드꽂이: D 21cm×50.5cm, E 21cm×20.5cm, 접착심지 18.5cm×5cm 4장
- 동전수납: F 21cm×14cm, G 21cm×22cm, 접착심지 18.5cm×8cm
- 줄지퍼 21cm, 스냅단추
  - ① 접착심지는 붙여지는 면보다 가로, 세로 0.5cm씩 작게 재단한다. (바이어스 부분도 제외)
  - ② 일반적인 카드 사이즈 (8.5cm×5.4cm) 참고

※ 시접 1cm씩 포함한 사이즈입니다.

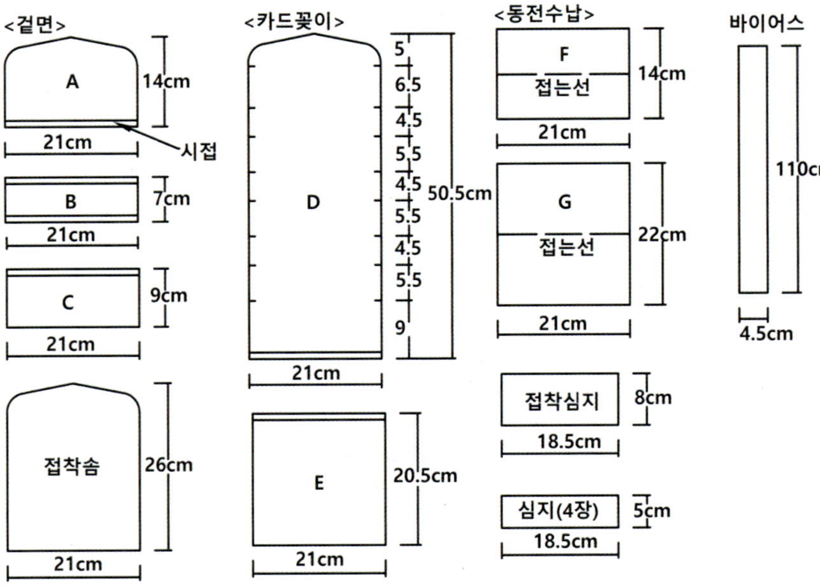

01. 겉면용 B원단의 위아래로 A와 C원단을 연결 봉제 후, 시접은 가름솔로 벌리고, 안쪽면에 접착솜을 다림질 하여 붙인다.

02. B원단의 C원단과 접한쪽에, 색실로 버튼홀 스티치를 넣는다.

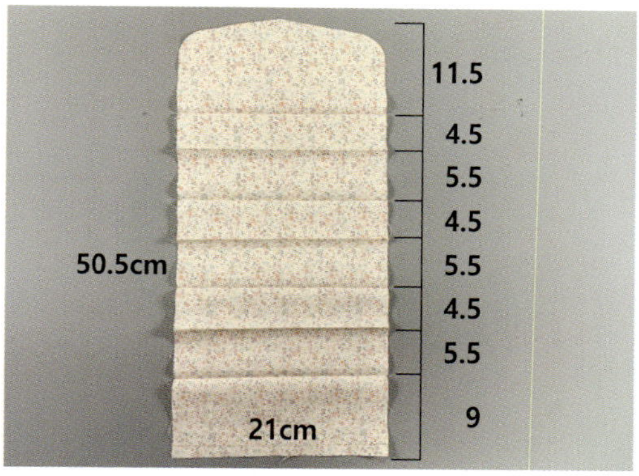

03. 카드꽂이용 D원단을 사이즈표에 맞춰 표시한다. 폭 4.5cm 부분이 안으로 접히는 부분이 된다.

04. 표시선에 맞춰 카드 수납면을 접어주면, 1cm씩 차이를 주어 접혀진다.

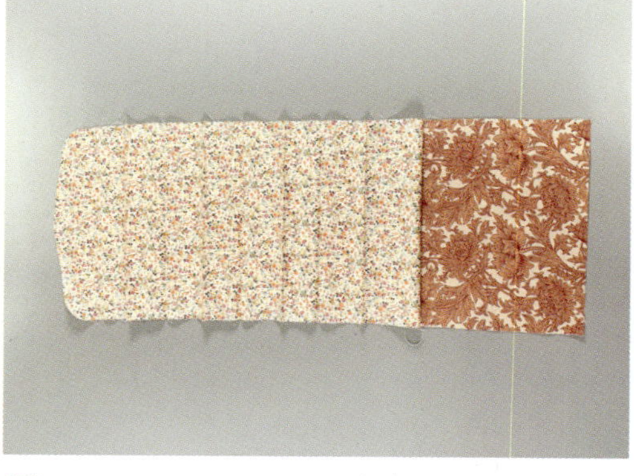

05. 접었던 D원단의 맨 아래쪽 도안선에 E원단을 겉면끼리 겹쳐 봉제하여 연결한다.

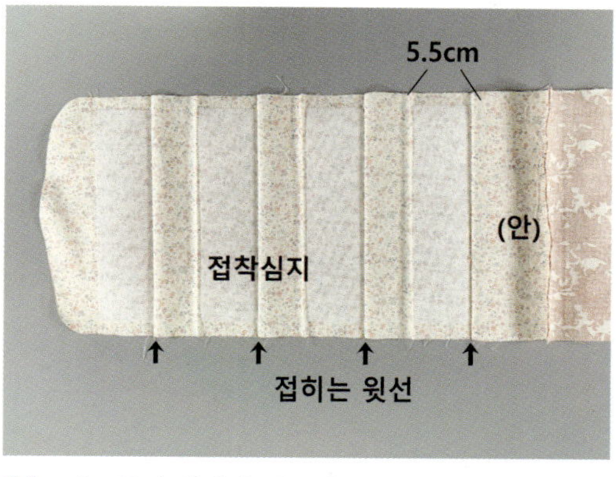

06. 카드꽂이 원단의 안쪽에 5.5cm 폭인 면에 접착심지를 접히는 윗선에 맞춰 다림질로 붙여준다. 이때 심지는 양옆 어느쪽으로 치우치지 않도록 가운데 윗선에 맞춰 붙인다.

CHAPTER 01. 패브릭소품 제작 실기

07. D원단부분만 다시 접어, 정가운데 선을 그어, 봉제한다. 봉제선은 가장 윗부분 카드꽂이 부분이 겹쳐지는 지점까지 박는다.

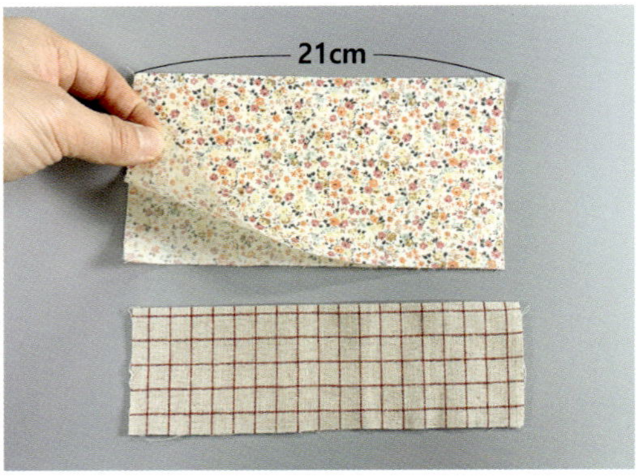

08. 동전수납용 F, G원단은 겉면이 보이도록 반으로 접어 준다.

09. 줄지퍼의 날개부분에 F와 G원단의 접힌 부분이 겹치도록 올려, 지퍼용 노루발로 봉제한 후, 슬라이더를 끼운다.

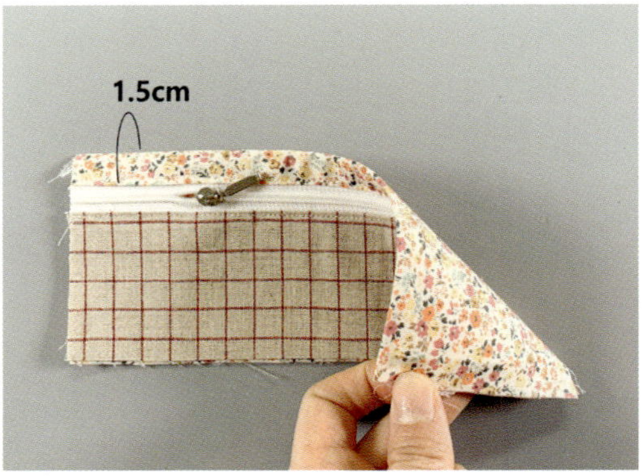

10. 지퍼에 연결된 G원단은 1.5cm 폭을 남기고 뒤쪽으로 접는다.

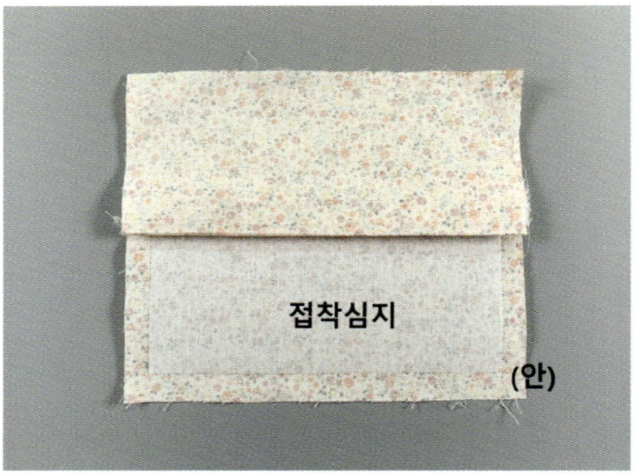

11. 앞에서 뒤로 접힌 G원단의 가장 바깥쪽 원단의 안쪽에 접힌 선에 맞춰 접착 심지를 붙인다.

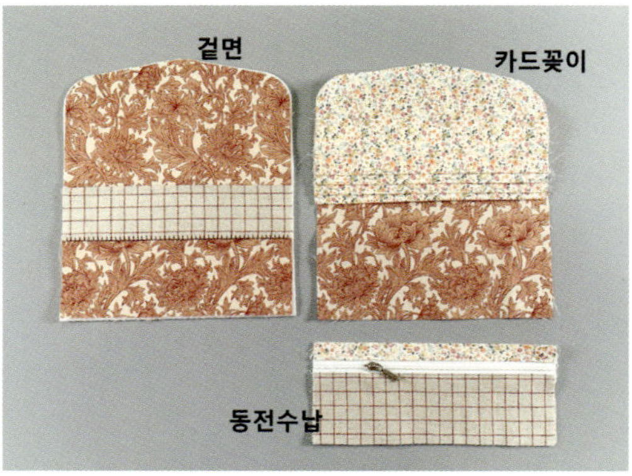

12. 겉면(21×26cm), 카드꽂이(21×26cm), 동전수납(21×9.5cm) 부분까지 모두 사이즈 맞춰 준비

13. 완성된 겉면의 안쪽 면에 카드 꽂이를 맞춰 겹친다.

14. 카드꽂이의 아래쪽에 동전수납 부분을 가장자리에 맞춰 올린다. 모두 겹쳐진 상태로 가장자리 0.5cm 정도 안쪽으로 움직이지 않게 시침 봉제한다.

15. 바이어스용 원단으로 테두리를 따라 바이어스 봉제한다.

16. 지갑을 B원단이 하단으로 오도록 접은 후, 나머지 윗부분을 위로 덮어 접는다. 덮어지는 윗부분 안쪽 면과 겉면의 겹쳐지는 부분에 스냅단추를 손바느질로 달아준다.

18. 잘 접히도록 다림질로 눌러준다.

5

장바구니

완성사이즈	장바구니 가로 39cm×세로 42cm, 손잡이 길이 33cm×폭 2.5cm 케이스 가로 18cm×세로 27cm
재 료	원단, 장식 및 여밈용 리본끈, 스냅 단추, 실
난 이 도	상
제 작 시 간	패턴 30분, 재단 20분, 봉제 150분
포 인 트	디자인, 사이즈, 패턴, 돌발요구사항
바느질기법	통솔 기법, 안주머니 만들기, 손잡이 봉제, 손스냅달기(버튼홀스티치 손바느질) 장식감 봉제
작 업 과 제	1. 접이식으로 간편하게 휴대하여 들고 다니기 용이한 장바구니를 디자인하여 제작한다. 2. 홑겹으로 만들되 시접은 통솔의 기법으로 마무리한다. 3. 장바구니 안쪽에 휴대폰이나 카드 등 작은 소지품을 넣을 수 있는 주머니를 부착한다. 4. 장바구니의 여밈은 리본 끈을 이용하여 묶을 수 있도록 제작한다. 5. 장바구니를 접어서 보관 할 수 있도록 케이스를 만들어준다. 6. 주어진 장식용 리본 끈과 스냅단추를 알맞게 사용한다.
심 화 과 정	1. 완성 사이즈 변경 2. 남녀노소 어울리는 디자인 3. 지그재그 스티치로 장식 4. 바닥이 있는 봉지 형태의 디자인으로 만들기 5. 방수 천을 이용해 만들기 6. 케이스를 안쪽에서 연결하는 방법으로 만들기 7. 양면으로 사용하게 만들기

작업순서

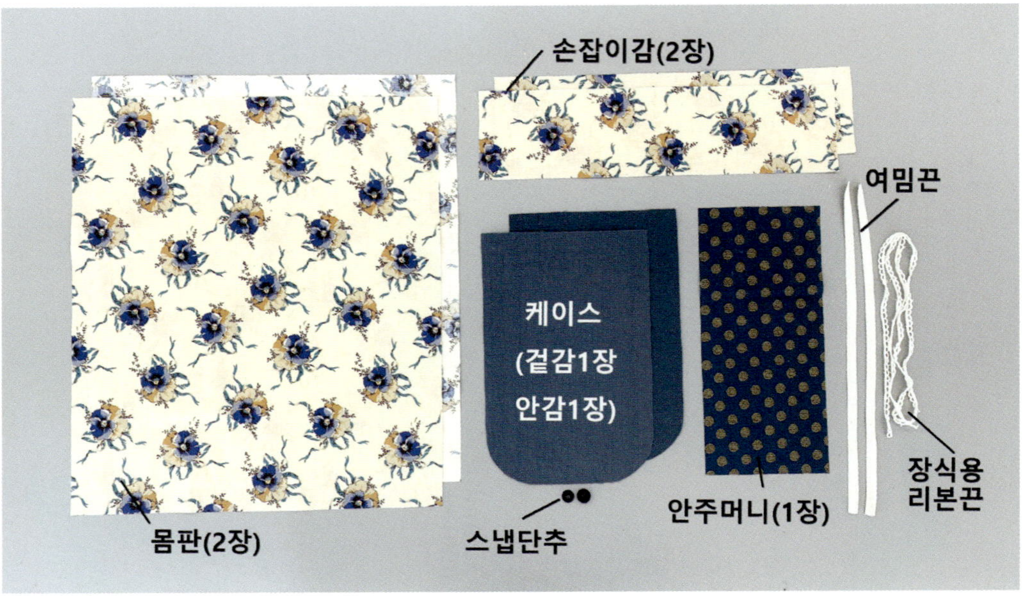

재단

- 장바구니 손잡이 : 시접 없이 길이 41cm×폭 10cm 2장 재단
- 장바구니 몸판 : 시접 포함 가로 41cm×세로 46cm 2장 재단
- 케이스 : 가로 20cm×세로 29cm 2장 재단
- 안주머니 : 가로 14cm×세로 30cm 1장 재단
- 여밈용 리본끈 : 길이 37cm 2장
- 장식용 리본끈 : 길이 100cm

※ 시접 1cm씩 포함한 사이즈입니다.

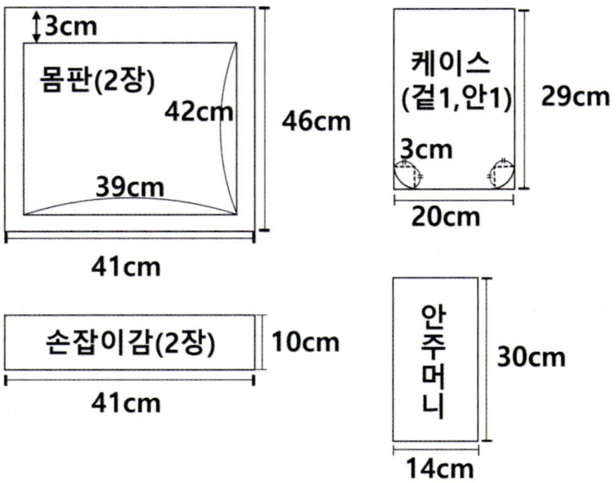

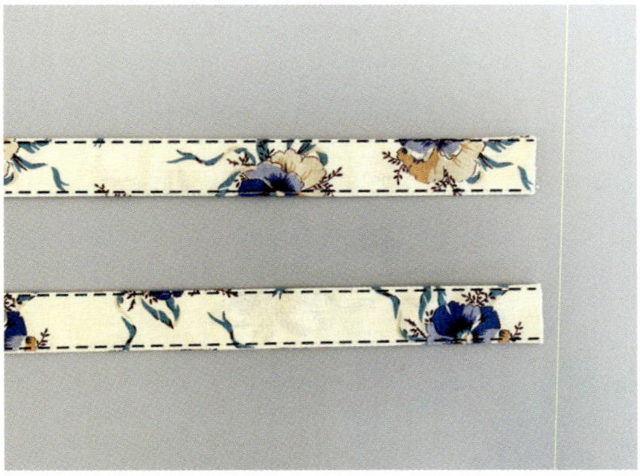

01. 장바구니 손잡이 원단은 길이 41cm, 폭10cm로 2장 재단해서 양쪽의 시접을 2.5cm씩 중심으로 접어서 다림질한다. 2.5cm 폭이 되도록 다시 반을 접은 후 양쪽의 가장자리 부분을 상침 봉제하여 손잡이를 완성한다.

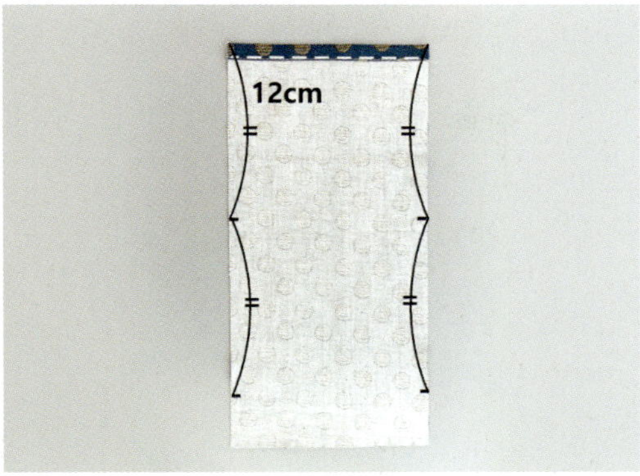

02. 안주머니의 입구를 1cm 간격으로 안으로 두 번 접어 상침 봉제하고, 입구에서부터 12cm 만큼의 위치를 표시한다.

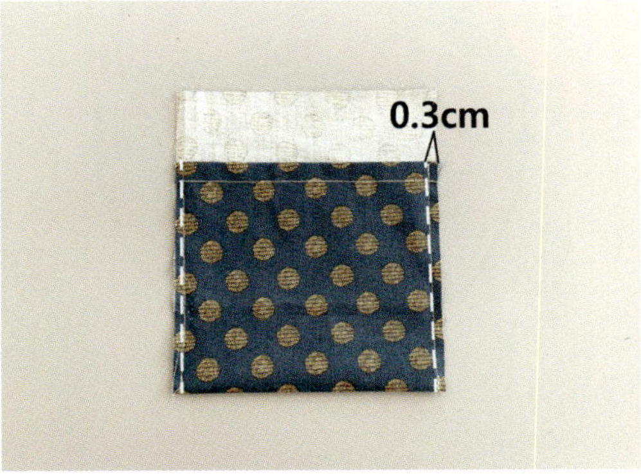

03. (통솔) 안주머니의 입구에서부터 12cm만큼 안쪽 면끼리 맞닿도록 접어놓고, 양쪽 옆 선 시접을 0.3cm로 봉제한다.

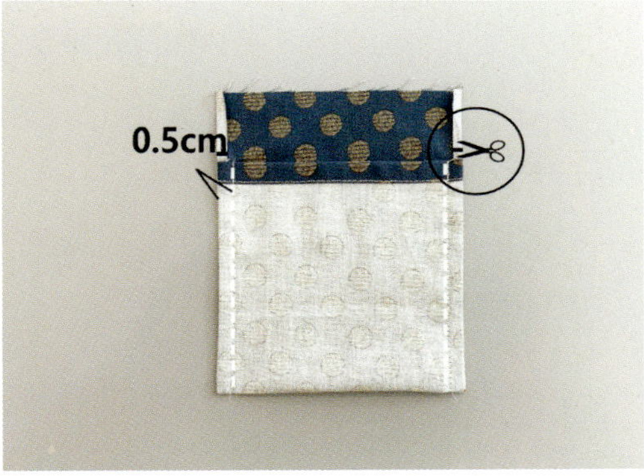

04. 주머니 감의 안쪽이 보이도록 뒤집어서 양 쪽 옆선을 0.5cm 간격으로 박음질한 다음, 입구 상단의 양쪽 옆 선 시접 솔기를 가위집을 준다. (상세 컷 참조)

04-1. 상세 사진 : 처음 박음질한 시접의 간격인 0.3cm만큼 가위집을 주고 반대편으로 접는다.

05. 주머니의 겉면이 보이도록 뒤집어 상단의 옆 시접을 안쪽으로 접어 넣고 상침 하여 마무리한다.

CHAPTER 01. 패브릭소품 제작 실기

06. 장바구니 몸판 입구를 안쪽으로 1cm, 2cm 순서로 접어 다림질 한 다음 정중앙에는 여밈 끈을 끼울 위치를 표시하고, 중심에서 5cm씩 띄운 위치에 손잡이 위치를 표시한다. 한 쪽은 입구 시접에 안주머니, 여밈 끈의 순서대로 끼우고 손잡이를 끼워 시침핀으로 고정한 다음 접은 입구 시접의 가장자리 부분을 상침 봉제한다.
나머지 한 쪽은 입구 시접의 중앙에 여밈 끈과 손잡이 위치에 손잡이를 끼워 시침핀으로 고정하고 같은 방법으로 상침 봉제한다.

07. 손잡이를 위로 향하도록 꺾어서 위에서 눌러 이중 직선 봉제한다. (상세컷 참조)

07-1. 상세 사진

08. 장바구니 몸판의 안쪽 면끼리 맞닿도록 겹쳐 두고 바닥부분의 시접을 0.3cm 간격으로 박음질한다.

09. 바닥 부분의 시접을 접어 다린 후 몸판의 겉면끼리 맞닿도록 겹친 상태에서 바닥 시접을 0.5cm간격으로 박음질한다.(통솔)

10. 케이스 원단의 겉면끼리 서로 맞닿게 포개어 바닥면의 중앙에 8cm정도 크기의 창구멍을 남기고 나머지 둘레를 모두 봉제한 다음, 시접을 다듬고 겉감이 보이도록 창구멍으로 뒤집어 준다. (뒤집은 후, 다림질하여 모양을 다듬고, 중심점과 양쪽 옆선에 높이 20cm가 되는 지점을 표시한다.)

11. 케이스의 뚜껑이 될 부분 가장자리에 리본 끈이나 레이스 끈을 겉에서 상침 봉제하여 장식을 한다. (이때, 고리를 만들어 줄 위치에서 박음질을 시작 한다.)

12. 장바구니 몸판을 길게 펼쳐 놓고 겉면에 중심점을 표시한 다음, 케이스의 뚜껑이 장바구니의 바닥 쪽을 향하도록 하여 서로 중심점을 맞추어 포개어 놓는다. 미리 표시해 둔 양쪽 20cm 지점을 시침 핀으로 고정한 다음, 케이스의 양 옆선과 바닥 둘레 가장자리를 장식 끈과 함께 몸판에 상침 봉제한다. (케이스의 고리를 만들어 줄 경우 장식 끈을 여유 있게 주어 둘레를 모두 박음질하고 여유 부분은 고리로 접고 끈의 끝부분은 케이스 감의 아래로 숨겨 박음질로 마무리한다.)

13. 장바구니 몸판의 안쪽 면끼리 맞닿도록 포개어 양쪽 옆 선 시접을 0.3cm로 박음질 한다.

14. 안쪽 면이 보이도록 뒤집은 다음, 양쪽 옆선 시접을 0.5cm로 박음질하고 시접을 접어 다림질한 후 뒤집어 준다.(통솔)

15. 완성
(장바구니를 접어서 케이스의 뚜껑 안쪽에 스냅 단추 또는 티 단추, 가시 도트를 달아준다.)

※ 장바구니 접는 순서

①

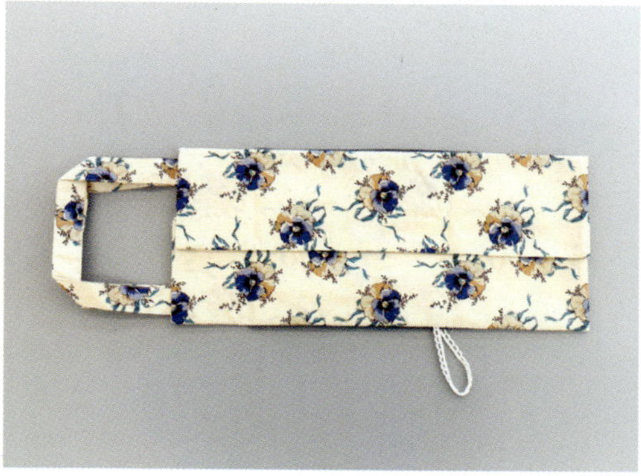

②

③

④

⑤

⑥

클러치백

완성사이즈	36cm×25cm
재 료	원단, 지퍼, D링
난 이 도	중
제 작 시 간	패턴 30분, 재단 30분, 봉제 140분
포 인 트	디자인, 사이즈, 패턴, 지퍼, 바느질 요구사항
바느질기법	겉감안감 봉제, 지퍼봉제, 핀턱주름, 겉주머니 봉제
작 업 과 제	1. 원단 두가지를 매칭하여 납작한 사각형태의 클러치백을 만든다. 2. 35cm의 일반지퍼를 사용한다. 3. 핀턱주름 기법을 넣는다.
심 화 과 정	1. 완성 사이즈 변경 2. 남성용 3. 손바느질로 간단한 이니셜 수놓기 4. 바닥이 있는 형태의 클러치백 5. 가방끈을 연결할 수 있게 만들기 6. 덮개가 있게 만들기 7. 내부에 수납칸 만들기

작업순서

재단

- 겉감: 앞판 43cm×19cm, 뒷판 38cm×19cm, 하단 38cm×18cm
- 겉주머니 15cm×22cm, D링고리 6cm×4cm, 안감 38cm×52cm, 지퍼 35cm, D링 1개

※ 핀턱주름을 넣을 부분의 원단은 필요 칫수보다 1cm 정도 여유를 두고 재단한다. (핀턱 봉제 후, 사이즈 맞춰 다시 재단)

※ 시접 1cm씩 포함한 사이즈입니다.

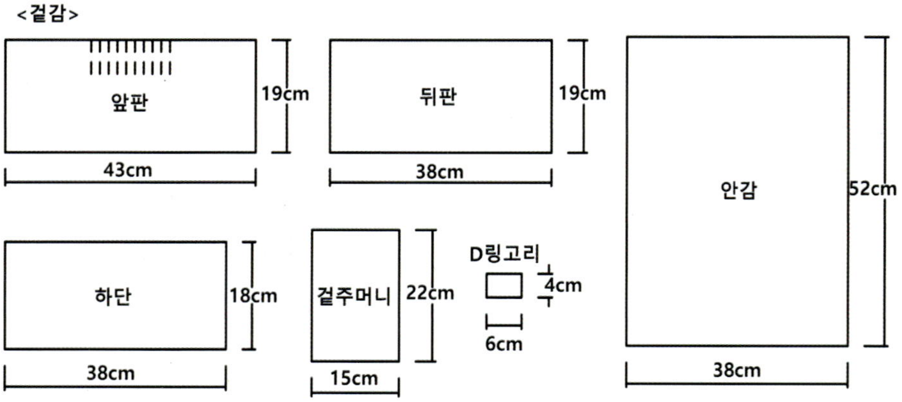

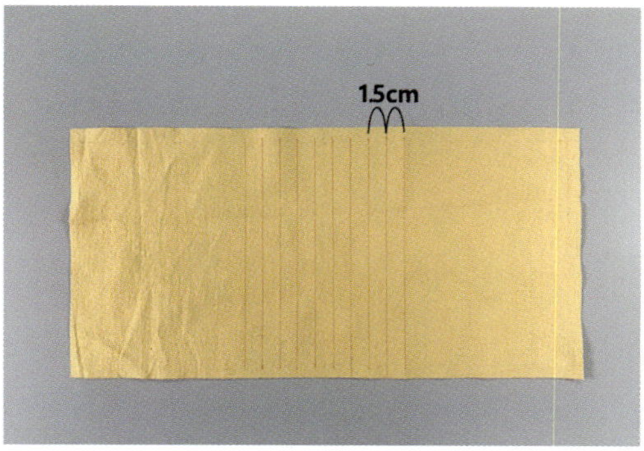

01. 겉감 앞판원단의 겉면에, 가운데에 1.5cm폭으로 선을 10개를 그린다.

02. 그려놓은 오른쪽 선부터 순서대로, 접어 0.2cm 폭으로 봉제한다.

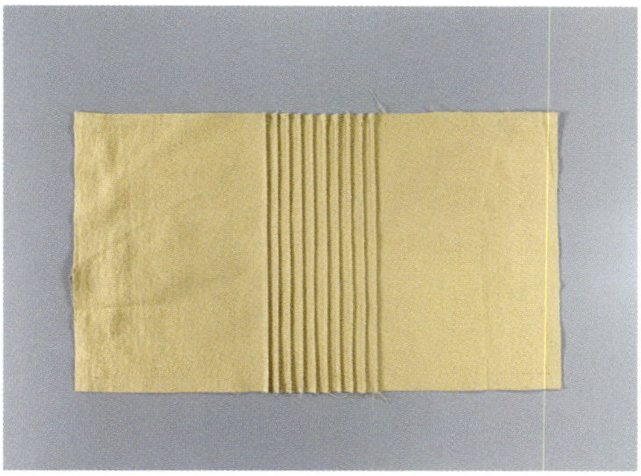

03. 10개의 선을 모두 접어서 봉제를 끝낸 후, 핀턱 주름은 같은 방향으로 넘겨 다림질한다. 이때, 제대로 펼쳐지지 않아, 사이즈가 많이 줄어들지 않도록 좌우로 당겨서 다림질한다. (가로 폭 사이즈가 나머지 한 장의 겉감과 동일하도록 사이즈를 다시 재어 선을 그린 후 재단한다.)

04. 겉감 하단원단의 위아래로 앞판, 뒷판 원단 2장을 각각 연결 봉제한다. 앞판원단의 핀턱주름은 한쪽방향으로 넘긴 채로 봉제해야한다.

05. 겉주머니용 원단은 겉면쪽으로 반을 접어, 사각의 형태로 봉제하고, 네 모서리 시접은 대각선으로 잘라준다. 이때, 한쪽 중간에 창구멍을 남긴다.

06. 겉주머니는 뒤집어 다림질로 펴준 후, 핀턱 주름이 없는 쪽 겉면 위에 올려 시침 고정한다. 겉주머니의 양 옆과 아래부분을 겉감과 함께 봉제하여 주머니를 고정한다. 양 옆 봉제선의 윗부분은 역삼각형의 형태로 박아주어야 튼튼하다.

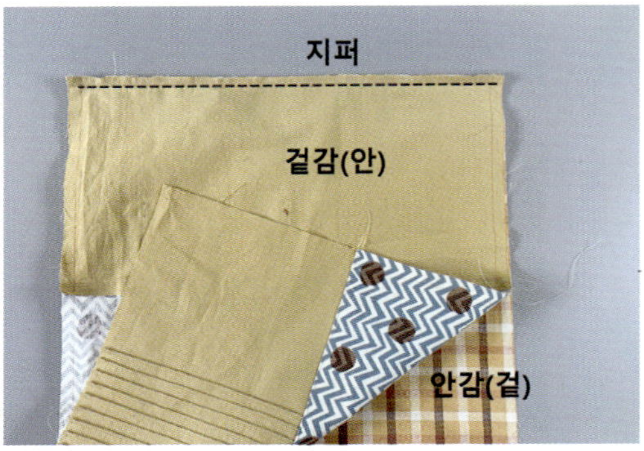

07. 안감과 겉감의 끝 도안선을 맞춰 겉면끼리 마주 닿도록 겹친 후, 그 사이로 지퍼의 한쪽 날개를 겹쳐 고정한다. 지퍼의 날개 겉면이 겉감 쪽을 향하도록 올려야 한다. 지퍼달기 노루발을 이용하여, 시접 0.7cm를 두고 박아준다. (겉감, 안감의 시접을 미리 0.7cm로 재단해놓는다.)

08. 겉감과 안감의 다른 끝 쪽 시접을 지퍼의 나머지 날개부분에 겹쳐, 고정한 후 봉제한다.

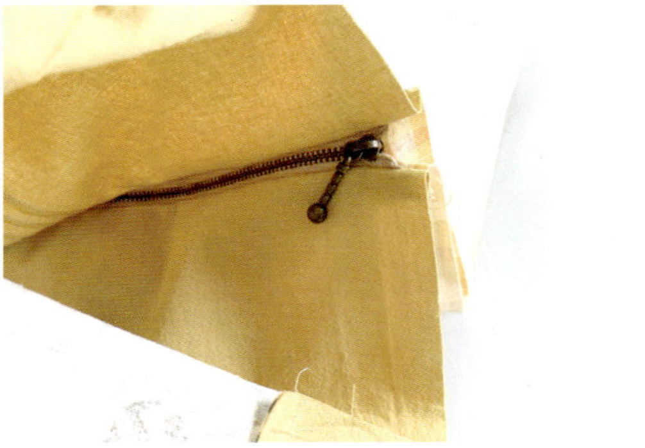

09. 지퍼를 연결할 때, 날개의 양끝은 삼각으로 접어 넣어, 끝부분이 겉으로 노출되지 않도록 해준다.

10. D링 고리용 원단은 4cm 폭 부분을 4등분으로 안으로 접은 후, 양 끝을 따라 상침 봉제한다.

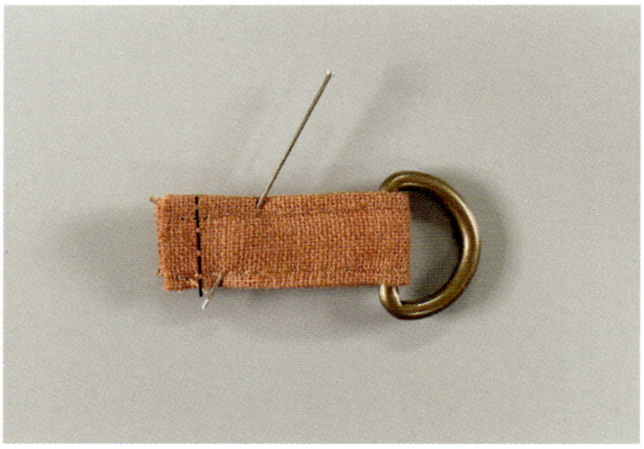

11. D링에 고리용 원단을 끼워 두 끝을 시침 봉제한다.

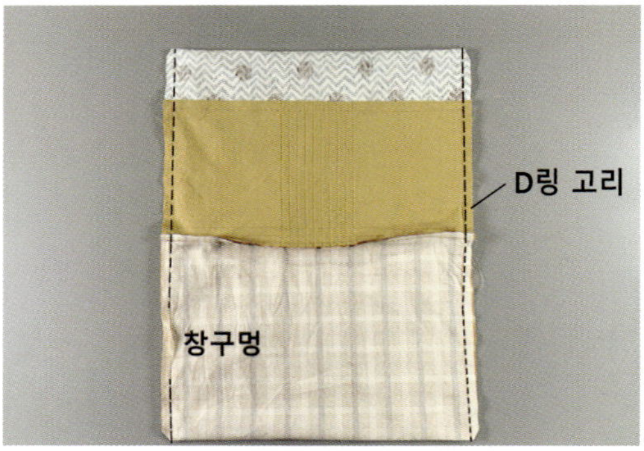

12. 지퍼를 중심으로 앞 뒤로 연결된 겉감 안감을 펼쳐, 옆 도안선을 겹쳐 시침핀으로 고정한다. 겉감의 한 옆 선에 지퍼에서 1.5cm 내려오는 위치에 D링을 겹쳐 고정한 다음, 전체의 양 옆 선을 안감 쪽 중간에 창구멍을 남기고 봉제한다.

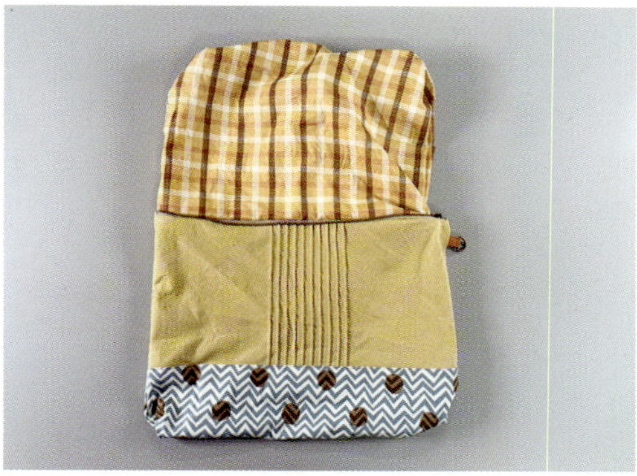

13. 창구멍을 통해 전체를 뒤집는다.

14. 창구멍은 공그르기로 막아주고, 겉감의 안으로 안감을 집어넣고, 다림질한다.

CHAPTER 01. 패브릭소품 제작 실기

07

숄더백

완성사이즈	가로 33cm×세로 31cm×바닥폭 10cm 겉 앞주머니 가로 33cm×세로 18cm 겉 뒷주머니 가로 33cm×세로 18cm 안주머니 가로 30cm×세로 16cm 어깨끈 길이 62cm×폭 3cm, 여밈고리 길이 6cm×폭 2cm
재 료	원단, 단추, 실
난 이 도	상
제 작 시 간	패턴 30분, 재단 40분, 봉제 130분
포 인 트	디자인, 사이즈, 패턴, 끈길이, 너비, 여밈, 주머니 수납
바느질기법	직선 봉제, 바닥감 만들기, 입체주머니 만들기, 어깨끈 만들기, 단춧구멍 만들기, 안주머니 봉제, 여밈고리 만들기
작 업 과 제	1. 사각형 형태의 바닥과 옆면이 있는 숄더백을 제작한다. 2. 겉감과 안감이 분리된 형태로 제작한다. 3. 겉 또는 안에 입체 주머니를 1개 이상 넣는다. 4. 여밈은 단추를 활용하여 제작한다.
심 화 과 정	1. 완성 사이즈 변경 2. 에즈닉한 디자인 3. 핀턱으로 장식 박음 4. 덮개가 있는 형태의 숄더백 만들기 5. 입구를 지퍼로 여닫을 수 있게 만들기 6. 내부에 칸막이 만들기 7. 프릴이 있는 디자인

작 업 순 서

재단

- 겉감 앞, 뒤 : 가로 35cm×세로 33cm
- 겉감 옆면 : 가로 12cm×세로 33cm (2장)
- 겉감 바닥 : 가로 35cm×세로 12cm
- 겉감 앞주머니 : 가로 39cm×세로 38cm
- 겉감 뒷주머니 : 가로 35cm×세로 22cm
- 어깨끈 : 시접 없이 길이 64cm×폭12cm (2장)
- 여밈고리 : 길이 14cm×폭 4cm (2장)
- 안감 : 가로 45cm×세로 34cm 골선(1장)–배치도 참고
- 안단 : 가로 45cm×세로 5cm (2장)
- 안주머니 : 가로 32cm×세로 20cm

※ 시접 1cm씩 포함한 사이즈입니다.

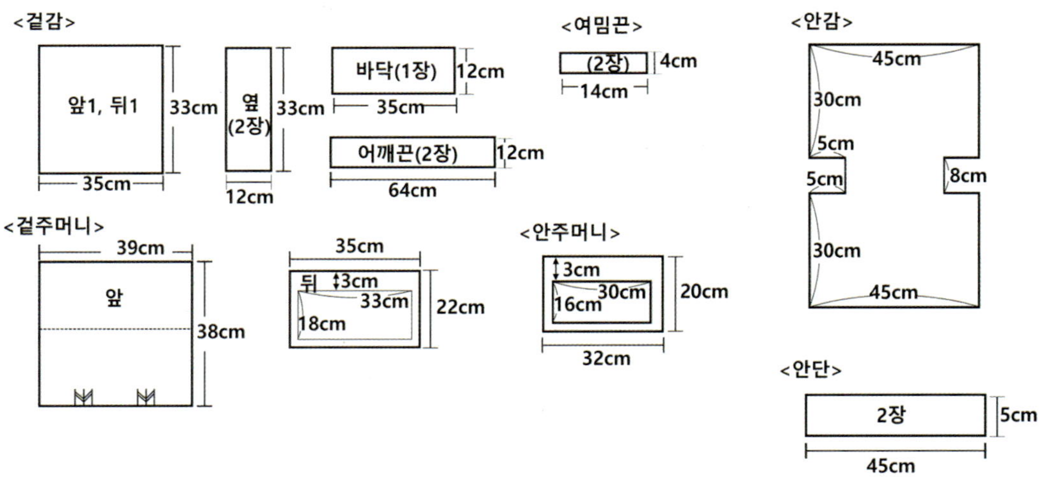

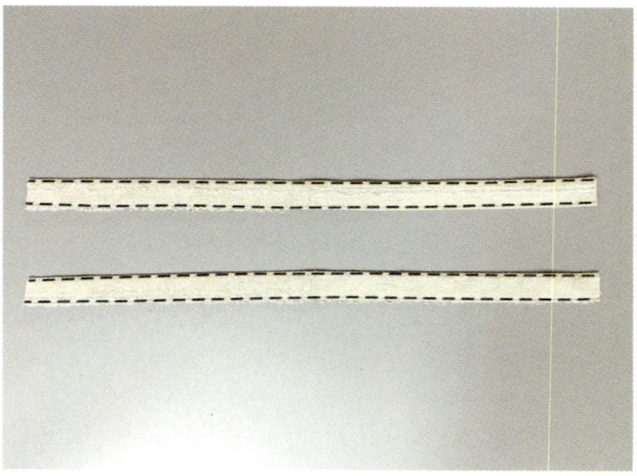

01. 어깨끈감을 길이 64cm×폭 12cm로 2장 재단하여, 양쪽 시접을 가운데로 접고, 폭 3cm가 되도록 한 번 더 반으로 접어 다린 후, 가장자리를 상침 봉제한다.

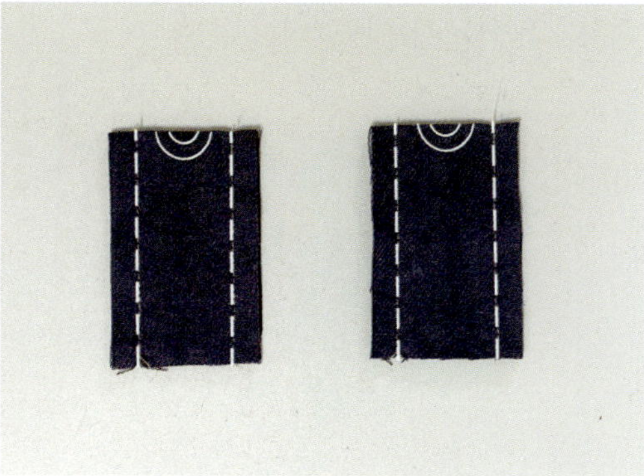

02. 여밈고리 원단은 길이 14cm×폭 4cm로 2장 재단하여 겉면끼리 맞닿게 반을 접어 양쪽 옆선을 봉제한다.

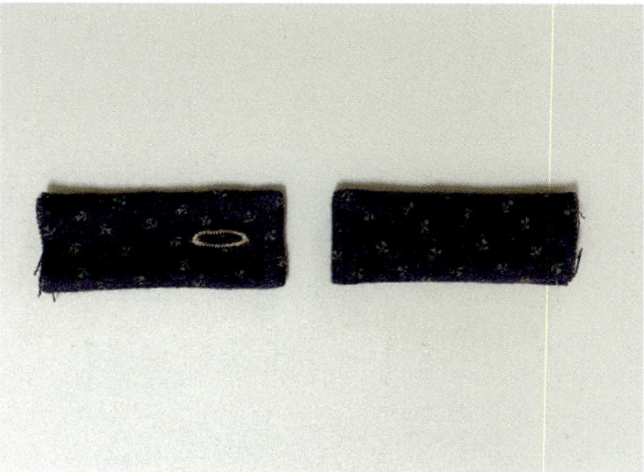

03. 시접을 다듬고 뒤집은 다음, 한 쪽 여밈끈의 끝에서 1cm 들어온 위치에서 단춧구멍을 뚫어 준다.

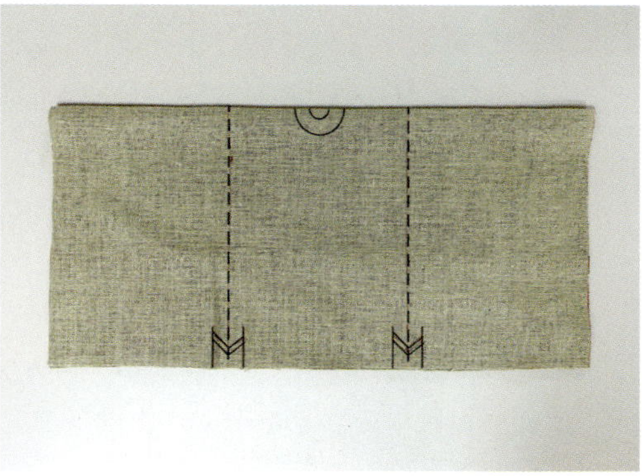

04. 앞주머니감을 길게 반 접어, 3등분 지점을 표시하고, 표시한 선을 기준으로 양쪽에 1cm 간격으로 접음선 위치를 표시한다.

05. 겉감 앞면의 겉에 앞주머니감을 올려두고 1/3 지점을 겉에서 눌러 상침 봉제 하고, 표시한 접음선의 방향으로 접어 넣어 바닥부분과 옆선을 0.5cm 간격으로 시침질한다.

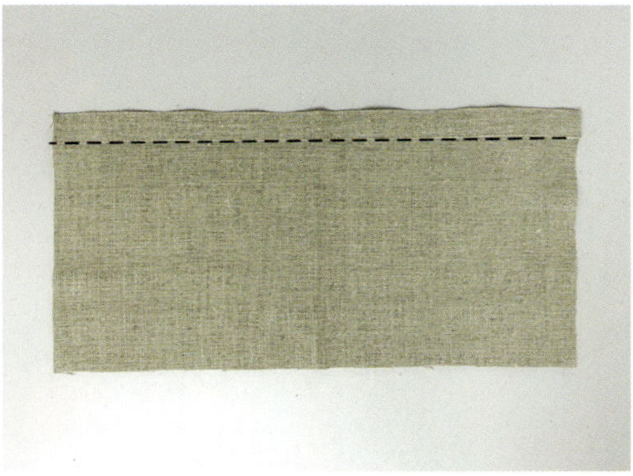

06. 뒷주머니감의 입구 부분을 안쪽으로 1cm, 2cm 접어 가장자리를 상침 봉제한다.

07. 겉감 뒷면의 겉에 뒷주머니감을 올려두고, 가운데를 겉에서 상침봉제하고, 옆선과 바닥둘레를 0.5cm 간격으로 시침질하여 고정한다.

08. 겉감 앞, 뒤의 겉면 입구 부분의 가운데 위치에서 양쪽으로 6.5cm 위치를 표시하고 바깥쪽 부분에 어깨끈을 겉이 맞닿게 놓아 시침봉제 하여 고정한다.

09. 양쪽 옆면과 바닥면을 겉끼리 맞닿아 놓고, 양쪽 옆선을 봉제하고 시접은 바닥면 쪽으로 꺾어 다린다.

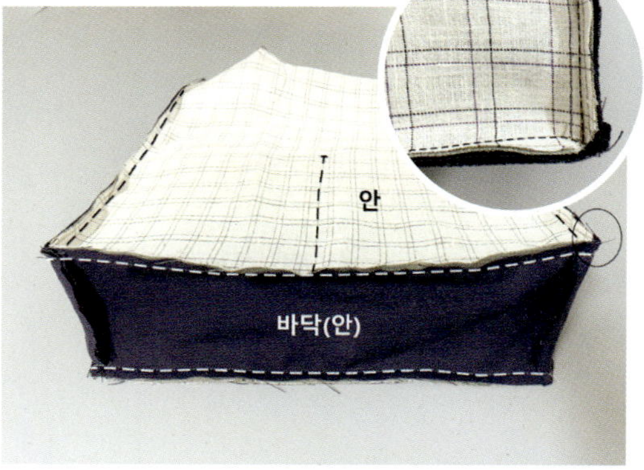

10. 겉감 앞, 뒤와 옆면, 바닥면을 겉끼리 맞닿게 놓고 둘레를 1cm 간격으로 봉제한다. 옆선을 먼저 봉제하고 앞, 뒤의 코너부분은 모서리의 시접을 삼각형 모양으로 자른 후, 꺾어 바닥부분을 봉제한다.

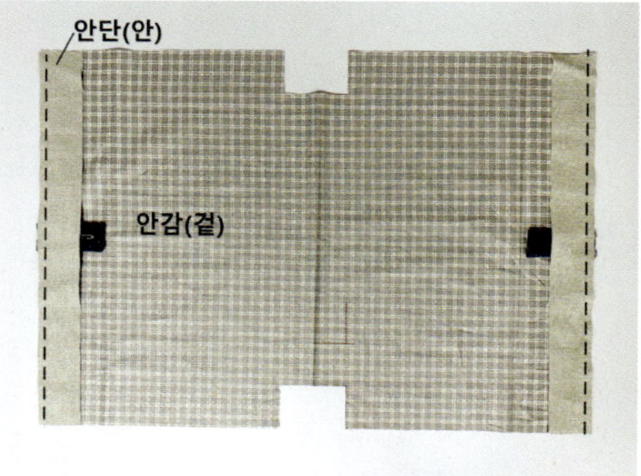

11. 안감의 겉면 중심에 여밈끈을 시침질하여 고정하고, 안감과 안단을 겉끼리 맞대어 놓고 1cm 간격으로 봉제한다.

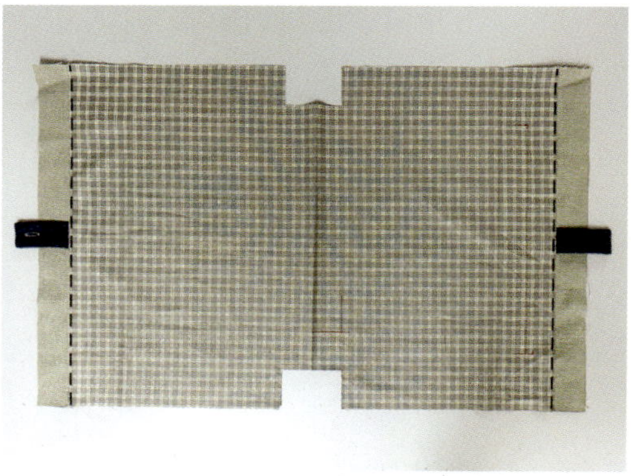

12. 시접을 아래로 꺾어 다리고 겉면에서 0.2cm 간격으로 상침 봉제한다.

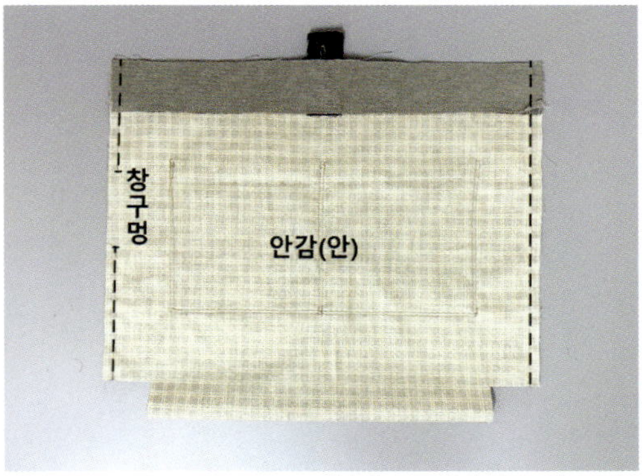

13. 안주머니 옆선과 바닥선 시접을 1cm로 접어 다리고, 입구는 1cm, 2cm로 접어 가장자리를 상침 봉제한다. 안감의 한쪽 겉면에 주머니를 놓고, 입구를 제외한 나머지 둘레를 0.2cm 상침 봉제하고, 가운데를 박음질 해 분리 칸을 만든다.

14. 안감을 겉끼리 맞닿게 포개어 양쪽 옆선을 1cm 간격으로 봉제한다. 이때, 한쪽 옆선의 중앙에 10cm 정도의 창구멍을 남긴다.

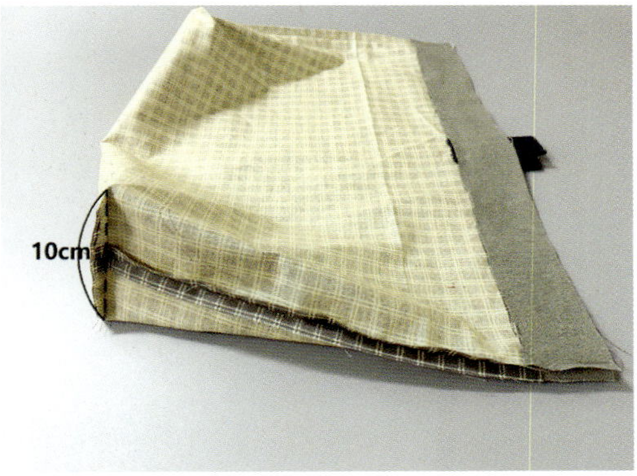

15. 옆선 시접을 가름솔하고, 바닥 모서리를 겉끼리 맞닿도록 포개어 1cm 간격으로 봉제한다.

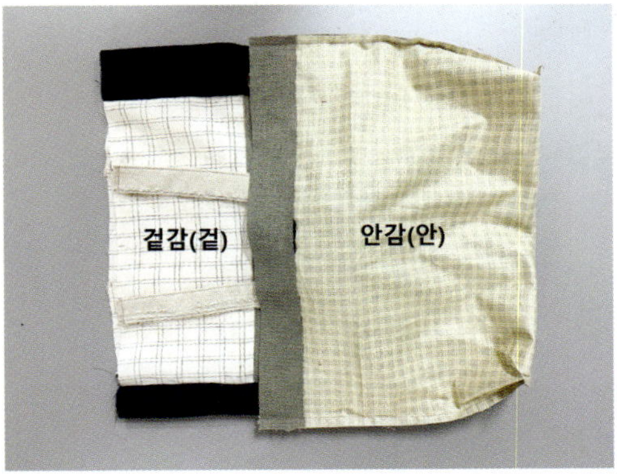

➡

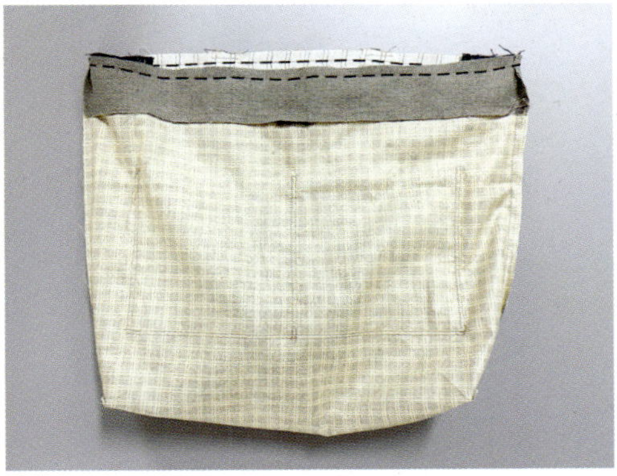

16. 겉감을 뒤집어 겉감의 겉과 안감의 겉이 맞닿도록 안감 쪽으로 끼우고, 입구 둘레를 1cm 간격으로 봉제한다.

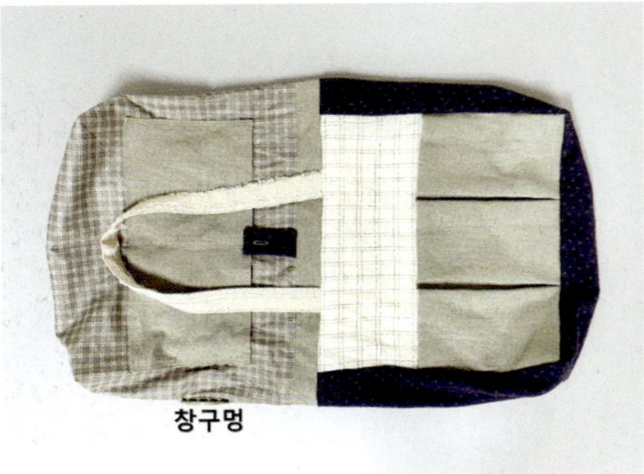

17. 창구멍을 통해 겉이 보이도록 뒤집은 다음, 창구멍의 시접을 안으로 접어 넣어 다림질 한 후 창구멍을 공그르기 한다.

18. 안감을 겉감의 안으로 넣고 입구둘레를 다림질 한 다음 0.2cm로 상침봉제 한다.

19. 완성

MEMO

08

토트백

완성사이즈	50cm×27cm×바닥 16cm
재 료	원단, 안감
난 이 도	상
제 작 시 간	패턴 30분, 재단 40분, 봉제 130분
포 인 트	디자인, 사이즈, 패턴, 핸들너비, 주머니 수납
바느질기법	겉감안감 봉제, 가방끈달기, 안주머니 봉제, 가방바닥 만들기
작 업 과 제	1. 가방끈이 노출된 형태의 토트백을 만든다. 2. 안주머니를 단다. 3. 가방끈의 겉과 안의 원단을 다르게 한다.
심 화 과 정	1. 완성 사이즈 변경 2. 여행지에서 잘 어울리는 디자인 3. 파이핑 장식 4. 옆면과 바닥면이 한 장으로 된 형태 5. 입구를 여밀 수 있게 만들기 6. 겉면에 박스주름이 있는 주머니 만들기 7. 내부에 카드 수납칸 만들기

작업순서

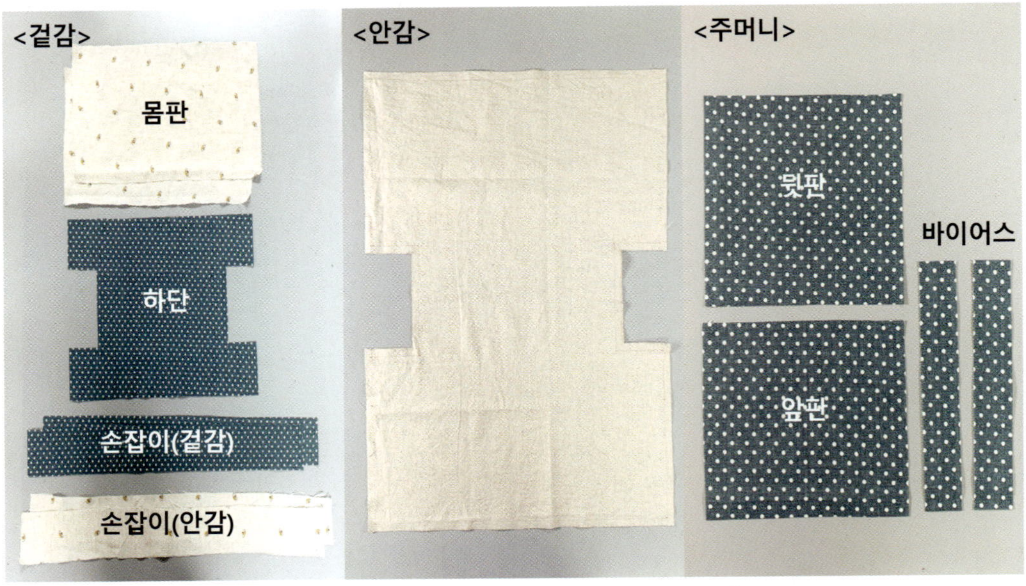

재단

- 겉감: 몸판 52cm×25cm – 2장, 하단 52cm×32cm
- 손잡이 겉감 8cm×75cm – 2장,
  손잡이 안감 8cm×75cm – 2장
- 안감 52cm×66cm,
- 안주머니: 앞판 22cm×18cm, 뒷판 22cm×20cm,
  바이어스 4cm×22cm 2장
  ※ 겉감이 윗부분에서 안으로 3cm 접어 들어가 안감과 연결되는 형태.

※ 시접 1cm씩 포함한 사이즈입니다.

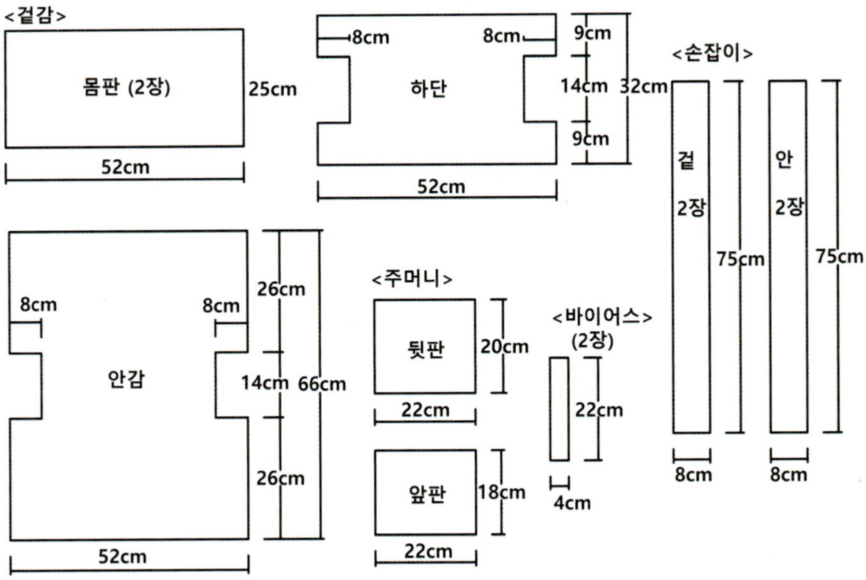

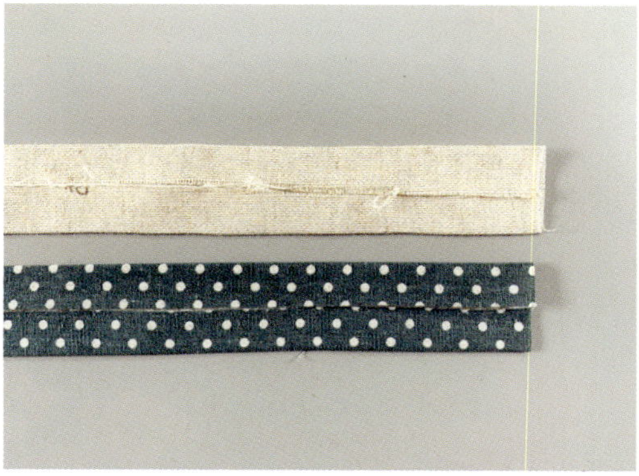

01. 가방끈용 겉감,안감 원단 4장을 각각 길게 양 옆을 안쪽 면으로 접어 4cm 폭으로 다림질한다.

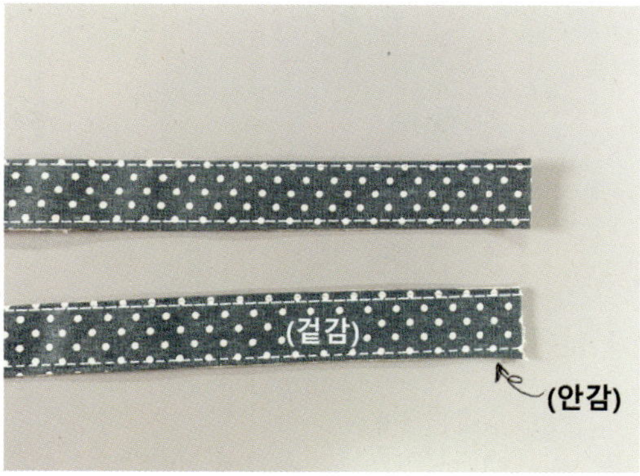

02. 가방끈 중 겉감 1장과 안감 1장을 양 옆을 접은 면 쪽이 서로 맞닿도록 겹친 후, 양 옆선을 0.2cm 안으로 상침한다.

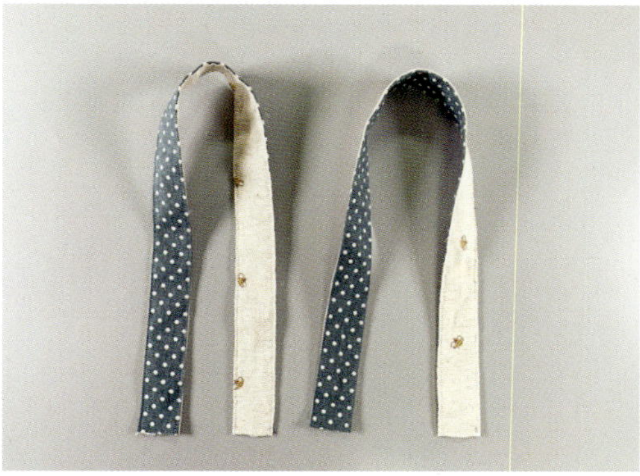

03. 겉감, 안감이 겹쳐진 상태의 가방끈 2개를 준비한다.

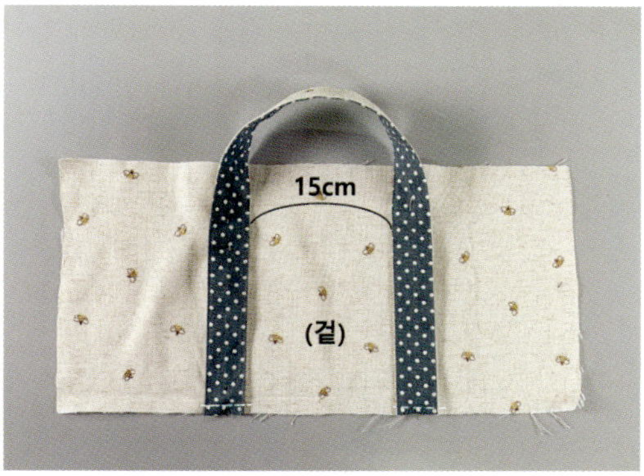

04. 겉감용 몸판 원단의 위에 가방끈 1개를 15cm 간격으로 몸판원단과 가방끈의 밑 선을 맞추어 시침 봉제한다.

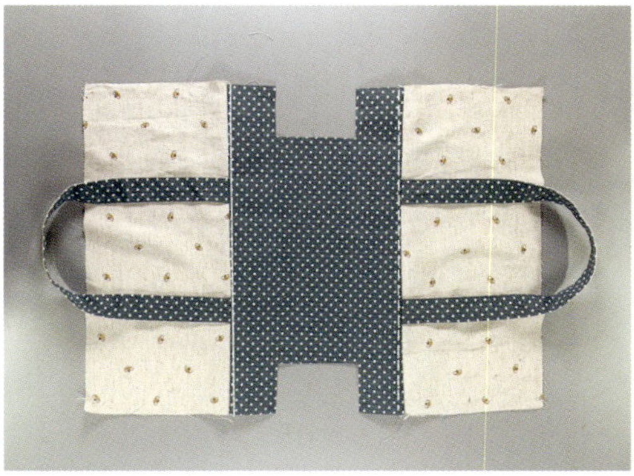

05. 가방끈을 시침 봉제한 겉 몸판원단을 겉 하단원단의 위 아래로 맞춰 봉제하고, 시접은 하단원단 쪽으로 내린 후, 하단원단 위로 상침 봉제한다.

06. 겉감을 겉면쪽으로 반을 접어 겹쳐진 양 옆선을 봉제한다.

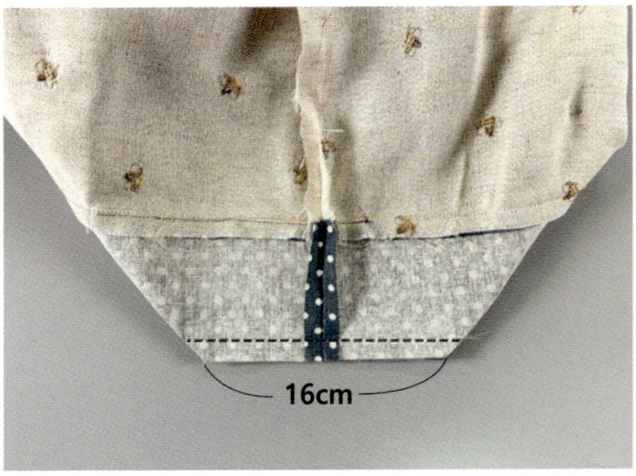

07. 하단 원단의 양 옆에서 옆선 시접을 가름솔하고, 바닥모서리를 겉끼리 맞닿도록 포개어 1cm 간격으로 봉제한다.

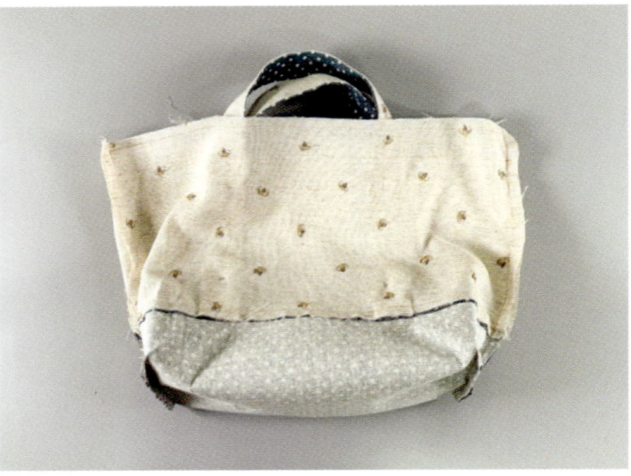

08. 하단의 양 옆을 가로폭으로 봉제하여 16cm 폭의 바닥이 생겼다.

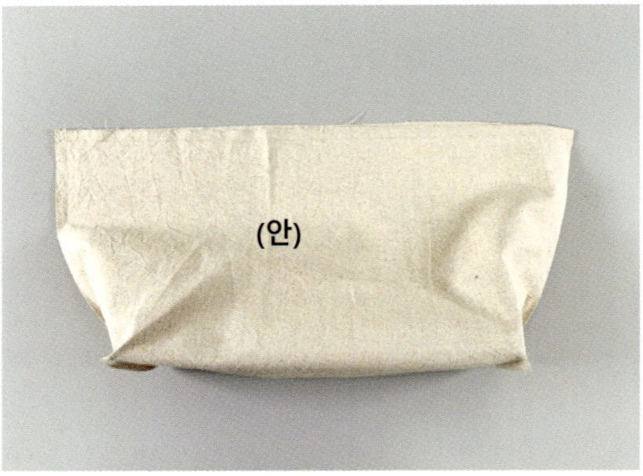

09. 안감 원단도 설명6,7과 같은 방법으로 봉제를 하여, 가방 안감을 만든다.

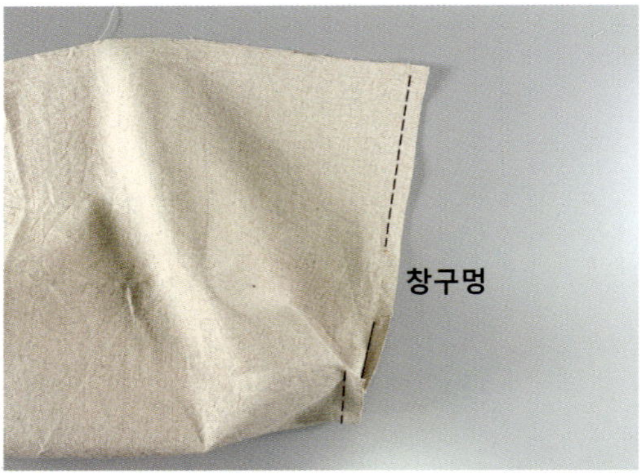

10. 안감의 경우, 옆선을 봉제할 때, 중간에 창구멍을 만들어 놓아야 한다.

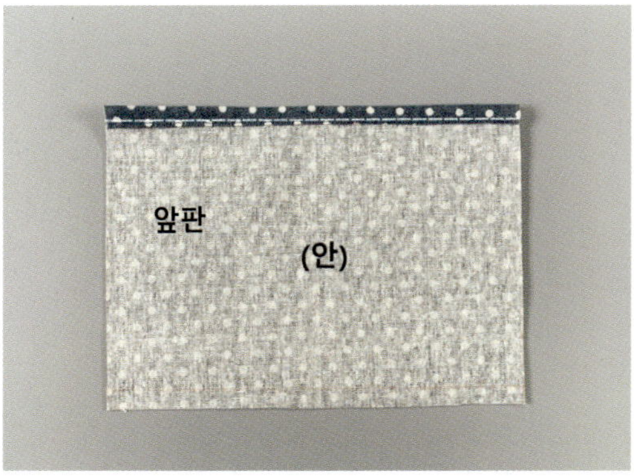

11. 주머니 앞판 원단의 윗부분을 안으로 1cm 폭으로 두번 접어 겹친 후, 접힌 아래부분을 따라 상침 봉제한다.

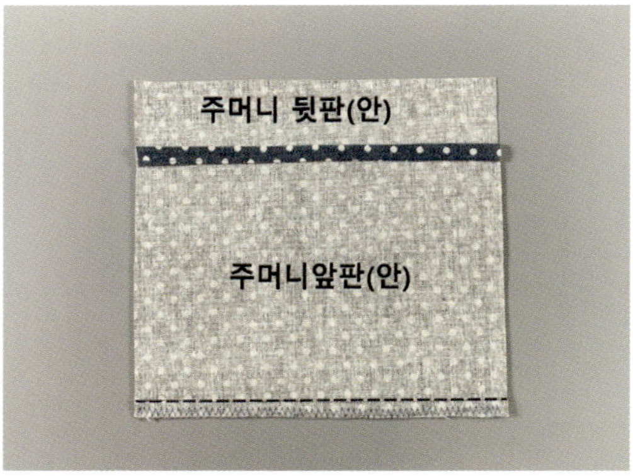

12. 주머니 뒷판 원단의 안쪽면 위에 앞판 원단역시 안쪽면이 위로 향하도록 밑선을 맞춰 올린 후, 밑 도안선을 따라 봉제 한다. 시접부분은 지그재그 봉제하거나 오버록 봉제한다.

13. 주머니 앞판 원단을 뒷판원단의 겉면쪽으로 넘겨 겹친다.

14. 주머니의 양 옆을 바이어스 원단으로 감싸서 봉제한다.

15. 안 주머니 완성

16. 겉감과 안감을 겉면끼리 마주보도록 겹쳐, 위 도안선을 맞춰 시침핀으로 고정한다. 이때, 가방끈이 겹치지 않도록 아래로 내린다.

17. 겉감과 안감 사이로 앞에서 만든 안주머니를 주머니 겉면 쪽이 겉감 쪽을 향하도록 넣어 위 도안선을 다시한번 고정한다.

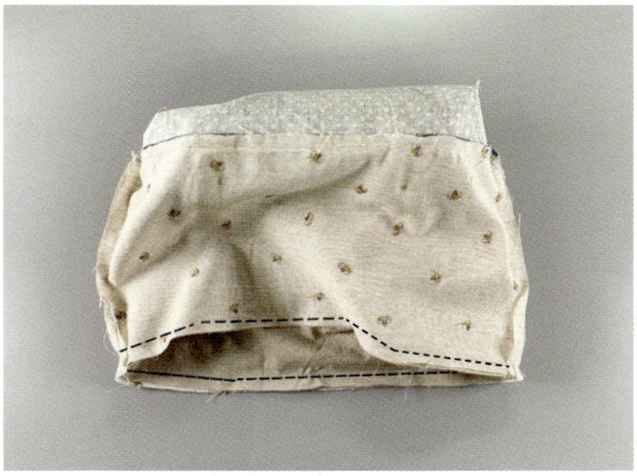

18. 위 도안선을 봉제한다.

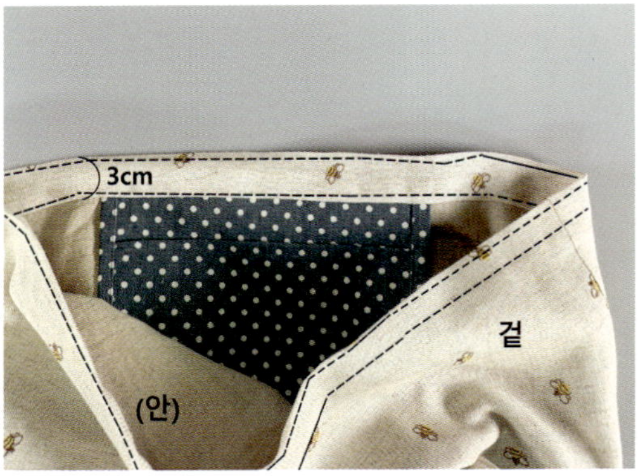

19. 전체를 안감의 창구멍을 통해 뒤집은 다음, 위 봉제선이 안감 쪽으로 3cm 내려가도록 맞춰 다림질한다. 접힌 윗부분과 3cm 내려간 봉제선의 안쪽을 상침 봉제한다.

20. 겉면위의 가방끈을 따라 양 옆을 봉제한다.

21. 가방 겉면의 끈이 끝나는 부분에 가방과 끈을 함께 네모와 십자형태로 봉제하여 튼튼하게 한다.

MEMO

주방장갑과 냄비받침

완성사이즈	주방장갑 13cm×23cm 냄비받침 17cm×17cm
재　　료	원단, 누빔솜
난 이 도	중
제 작 시 간	패턴 30분, 재단 40분, 봉제 130분
포　인　트	디자인, 사이즈, 패턴, 누빔, 바이어스, 두꺼운 원단의 봉제
바느질기법	솜 누빔 봉제, 바이어스만들기, 바이어스 달기, 조각 패치워크
작 업 과 제	1. 둥근 패턴이 앞으로 겹쳐지는 악어모양 주방장갑을 만든다. 2. 주방장갑과 냄비받침을 세트의 느낌으로 원단 매칭한다. 3. 테두리 바이어스를 사용한다. 4. 두꺼운 솜과 함께 누빔 봉제를 한다.
심 화 과 정	1. 완성 사이즈 변경 2. 유아가 있는 엄마의 외출용으로 어울리는 디자인 3. 다양한 패턴 바느질로 누빔 봉제 4. 주방장갑 한 쌍이 양 끝으로 길게 연결된 형태 5. 작은 조각이 일정한 패턴으로 연결되는 디자인 6. 고깔 모양의 주방장갑 7. 원형의 냄비받침

작업순서 – 주방장갑

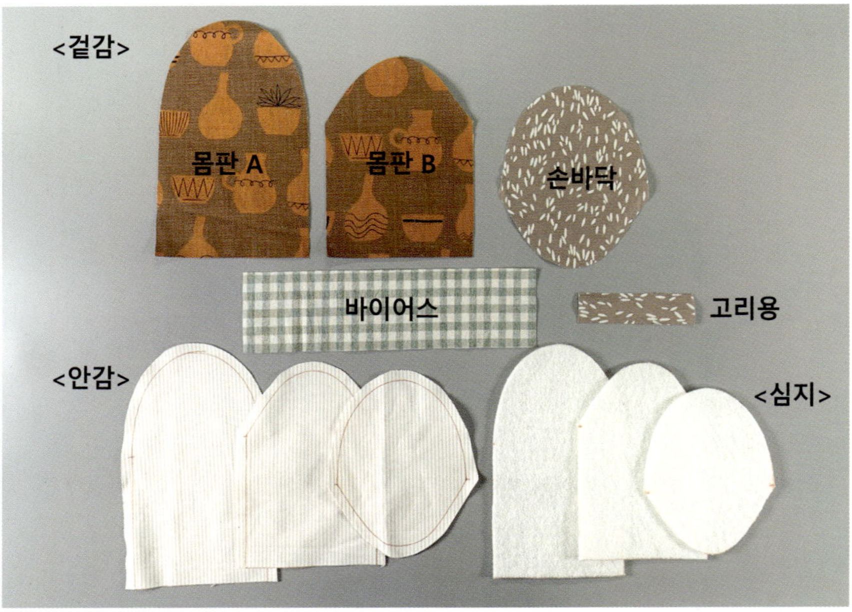

재단

- 겉감 : 몸판A 15cm×24cm, 몸판B 15cm×21.5cm, 손바닥 15cm×19cm, 고리용원단 3cm×11cm,
- 안감 : 몸판A 15cm×24cm, 몸판B 15cm×21.5cm, 손바닥 15cm×19cm, 바이어스원단 28cm×8cm,
- 접착솜 5온스 : 몸판A 13cm×23cm, 몸판B 13cm×20.5cm, 손바닥 13cm×17cm

① 도안지를 이용하여, 원단의 안쪽에 선을 그리고 시접을 주어 재단한다.
② 접착솜은 시접을 주지 않고 도안선대로 재단한다.
② 바이어스가 연결되는 장갑 입구부분은 겉감 안감 모두 시접없이 재단한다.

※ 시접 1cm씩 포함한 사이즈입니다.

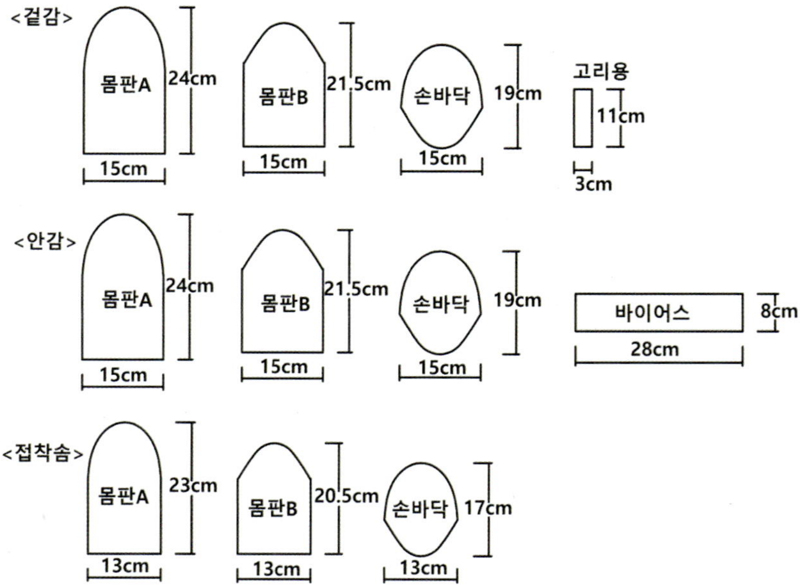

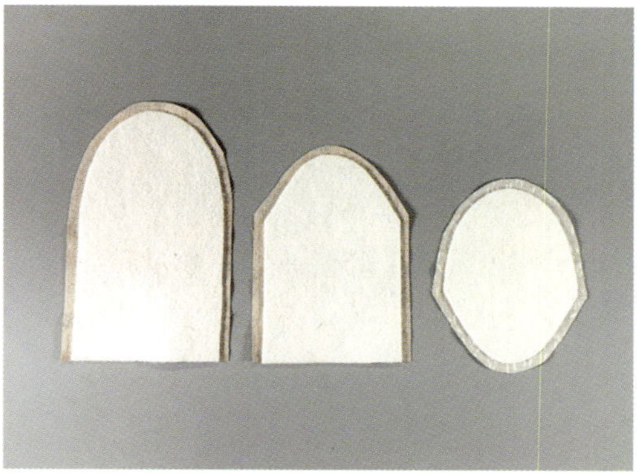

01. 겉감용 원단의 안쪽면에 각각 접착솜을 붙인다.

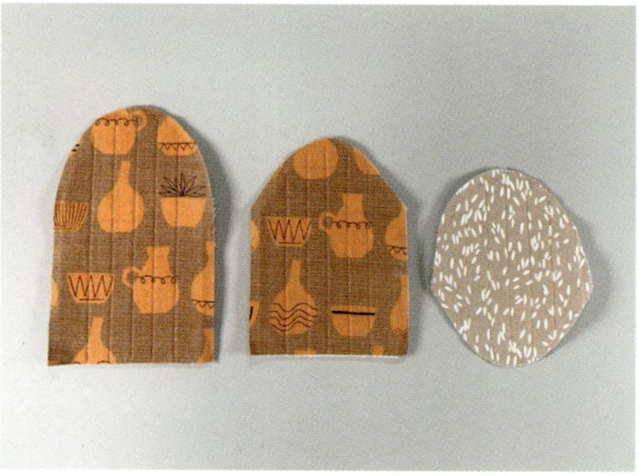

02. 솜 붙인 겉감을 2cm 간격으로 솜과 함께 누빔(퀼팅)봉제한다.

03. 겉감 몸판A와 B를 겉면끼리 마주 닿도록 겹치고 밑 선에 맞춰 시침핀으로 고정한 후, 양 옆선을 봉제한다.

04. 몸판원단의 연결이 안된 둥근 윗부분 사이로 손바닥 원단을 겉면이 안으로 향하도록 겹쳐, 둥근 둘레선을 맞춘다. 시침핀으로 고정한 후, 봉제한다.

05. 둥근 봉제선의 시접은 촘촘하게 가위집을 넣는다.

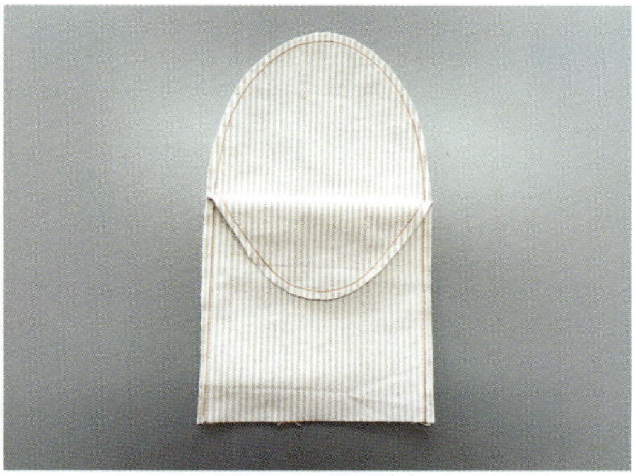

06. 안감은 앞의 겉감과 같은 방법으로 봉제를 한다. 이때, 원래의 봉제선보다 0.2cm 정도씩 안쪽으로 박아준다. 둥근 시접은 가위집을 넣는다.

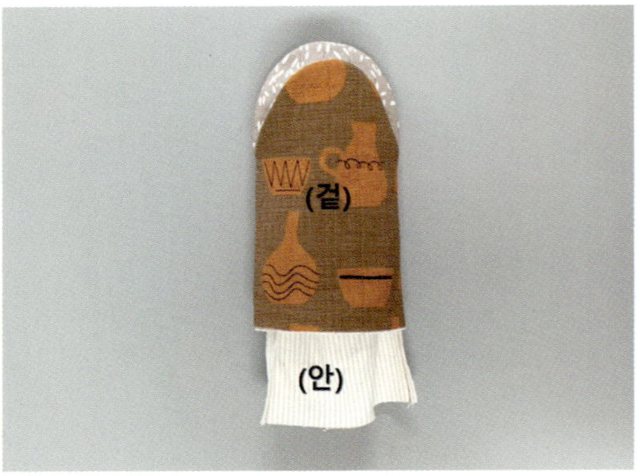

07. 겉면이 보이도록 뒤집어 놓은 겉감의 안쪽으로, 안쪽면이 보이는 상태의 안감을 집어넣어, 모양이 일치하도록 잘 겹친다.

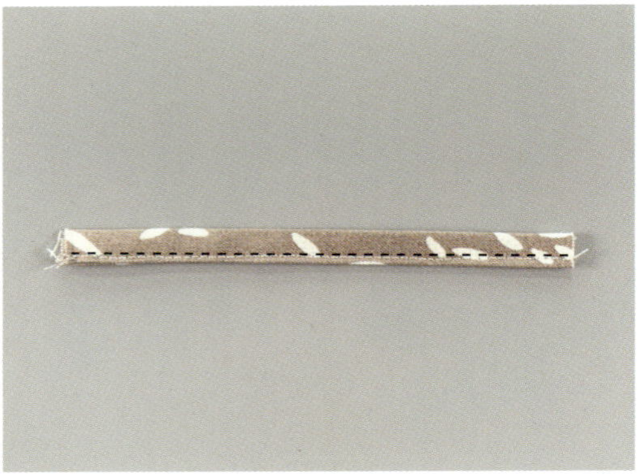

08. 고리용 원단은 4등분으로 안으로 접어 다림질한 후, 겹쳐진 쪽을 따라 봉제한다.

09. 고리 원단을 반 접어, 접은 끝이 나란하도록 장갑의 밑 선에 맞춰 위에 올린 다음, 겉감, 안감과 함께 입구 둘레를 따라 0.5cm 안쪽으로 시침 봉제를 한다.

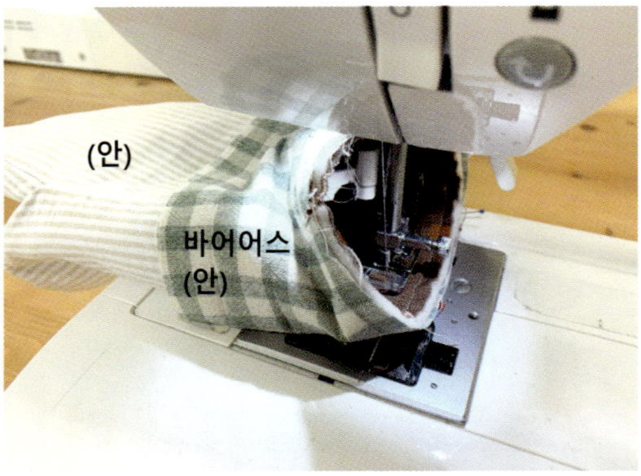

10. 바이어스용 체크원단을 반 접어 끝 선을 맞춰 봉제한 후, 뒤집어 놓은 장갑의 위로 바이어스의 안쪽면이 겉으로 보이도록 끼워 장갑의 밑 선에 맞춰 고정한다.

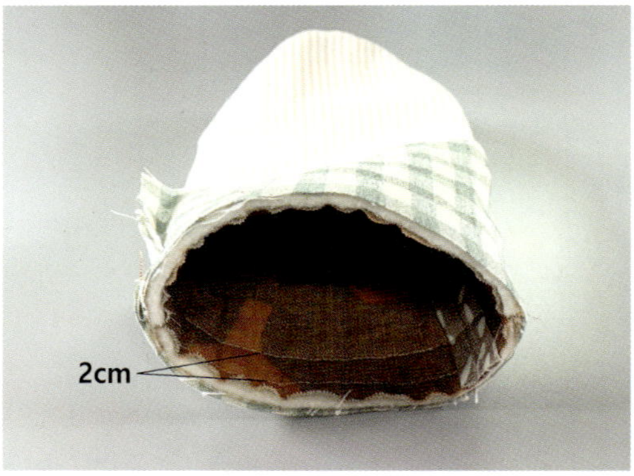

11. 겹쳐진 상태에서 밑선에서 2cm 간격의 폭으로 바이어스 함께 봉제한다.

12. 바이어스를 밖으로 빼, 장갑의 끝을 감싸듯 겉면 쪽으로 접어 2cm 폭이 되도록 접어 시침고정한다.

13. 겉면쪽 바이어스 끝을 따라 봉제한다.
(장갑의 둘레 폭이 좁으므로, 봉제는 장갑을 뒤집어 겉면이 안쪽에 있도록 하여, 노루발을 안쪽으로 끼워 박아야 한다.)

14. 완성

작업순서 – 냄비받침

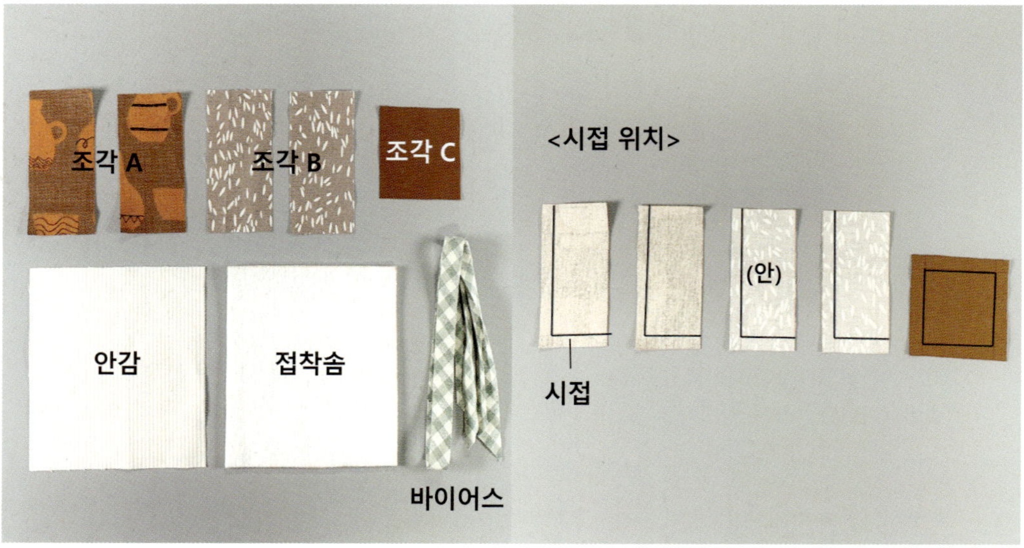

재단

- 겉감: 조각A 6.5cm×12.5cm–2장, 조각B 6.5cm×12.5cm–2장, 조각C 8cm×8cm,
- 안감 17cm×17cm, 접착솜 5온스 17cm×17cm, 사선 바이어스 4.5cm 폭×80cm 정도

※ 겉감 원단 A, B는 각각 가로와 세로 한쪽 씩만 시접을 넣는다.
(냄비받침의 가장자리는 바이어스 마감을 하여, 시접이 필요 없으므로)

※ 시접 1cm씩 포함한 사이즈입니다.

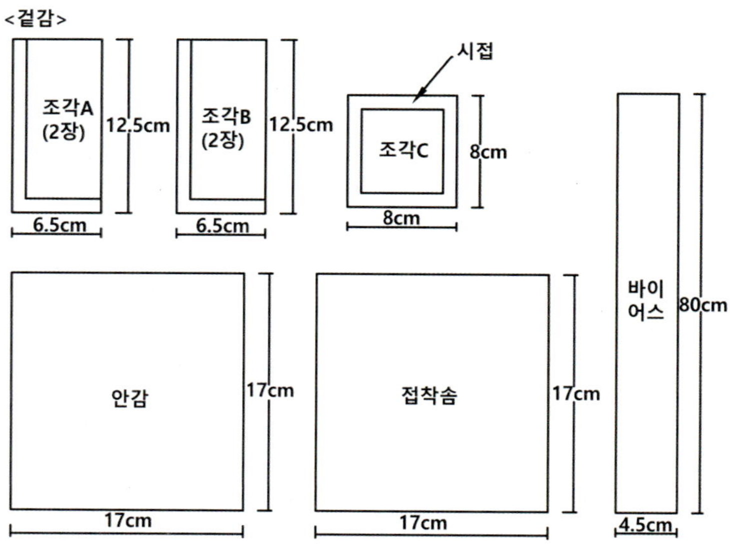

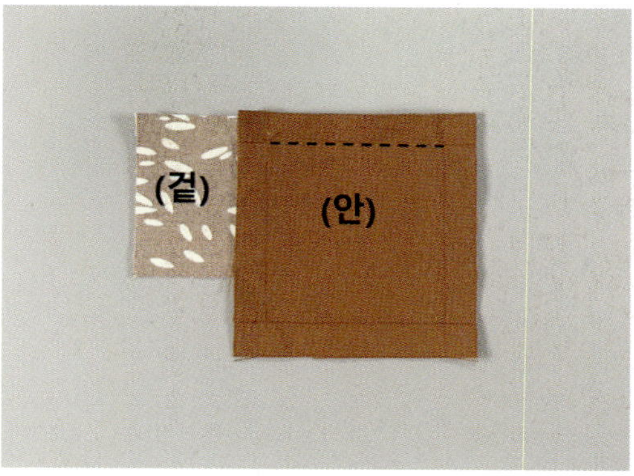

15. A원단 1장과 C원단을 한쪽 끝을 겹쳐, 봉제한다. 봉제할 때, 시접부분은 바늘땀이 넘어가지 않도록 한다.

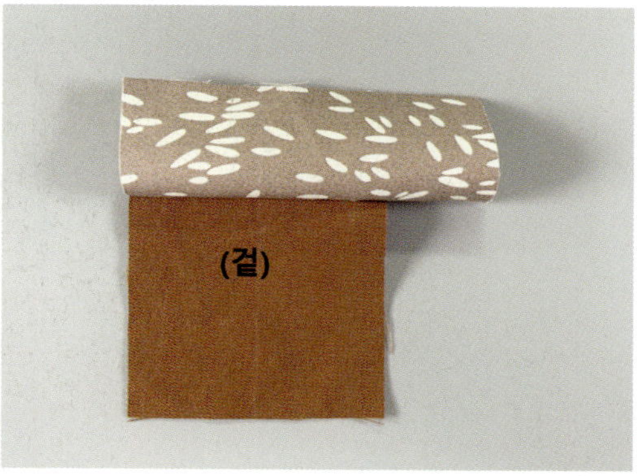

16. 원단을 펼친 후, 시접은 가름솔로 벌려준다.

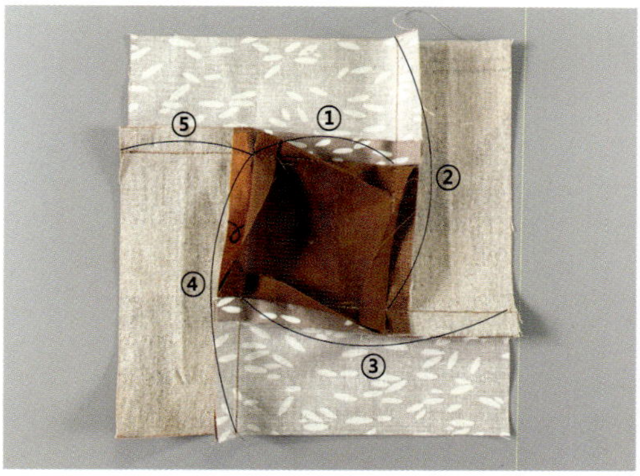

17. B원단을 설명서 16번의 펼쳐놓은 원단 위로 연결 봉제한다. 시계방향으로 원단을 순차적으로 연결하여, 조각 5개를 모두 연결한다. (번호순서 참고)

18. 안의 시접이 가름솔로 모두 벌어지도록 펼쳐 다림질한다.

19. 연결한 겉감의 안쪽면에 접착솜을 다림질하여 붙여준다.

20. 접착솜의 뒤쪽으로 안감을 겹쳐 시침 고정한다.

CHAPTER 01. 패브릭소품 제작 실기

21. 조각원단들이 연결된 봉제선을 따라 상침 봉제를 한다.

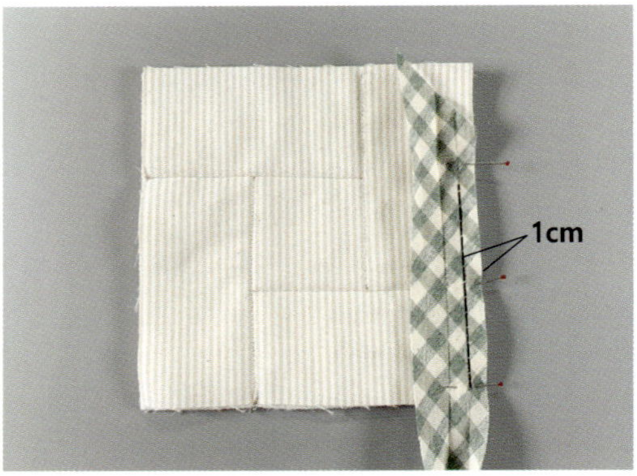

22. 바이어스 원단을 안쪽면에서부터 겹쳐서, 1cm 안의 선을 따라 봉제한다.

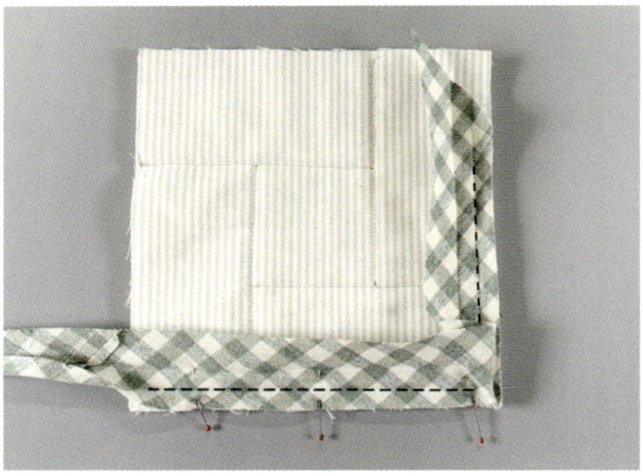

23. 바이어스가 꺾어지는 모서리부분은 끝까지 박지 않고, 바이어스가 겹쳐지는 부분을 제외하고 봉제를 한다.

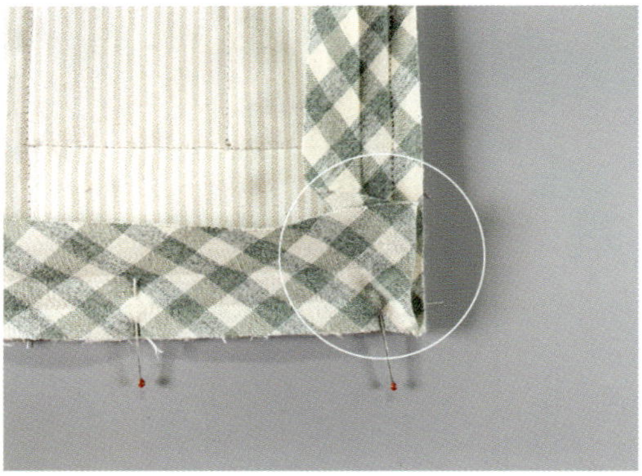

24. 모서리 부분은 바이어스를 조금 당겨서 가장 자리가 헐렁하지 않게 꺾어 접어준다.

25. 둘레를 모두 1cm 안쪽으로 봉제하고, 만나는 두 끝은 사선으로 봉제한다.

26. 모서리를 사선으로 겹쳐, 바이어스를 반대편으로 넘긴다.

27. 겉면 쪽으로 넘어온 바이어스도 역시 모서리 부분을 사선으로 접어주고, 뒤쪽의 봉제선이 가려지도록 바이어스를 안으로 접어 겹친다.

28. 겹쳐진 바이어스의 안쪽 선을 따라, 상침 봉제한다.

※ 사선 바이어스 테이프 만들기

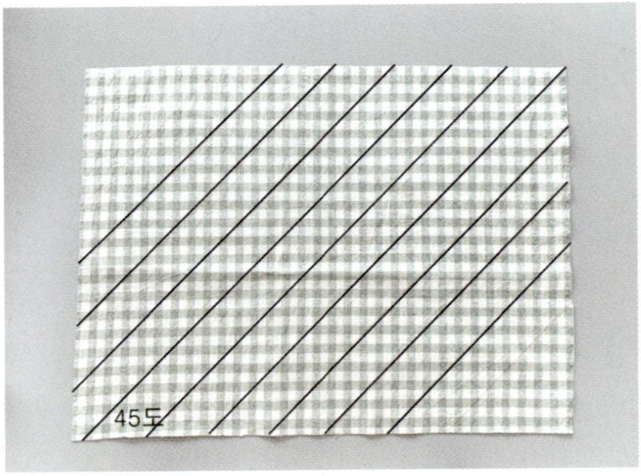

원단에 45도 각도의 대각선을 4.5cm 폭으로 그린 다음, 재단한다.

두장의 바이어스를 겉면끼리 마주닿게 90도의 각도로 겹쳐 사선 끝에서 시접을 주고 봉제한다.

연결한 바이어스를 펼쳐, 시접을 가름솔로 벌려 다림질한다.(튀어나온 시접은 잘라준다.)

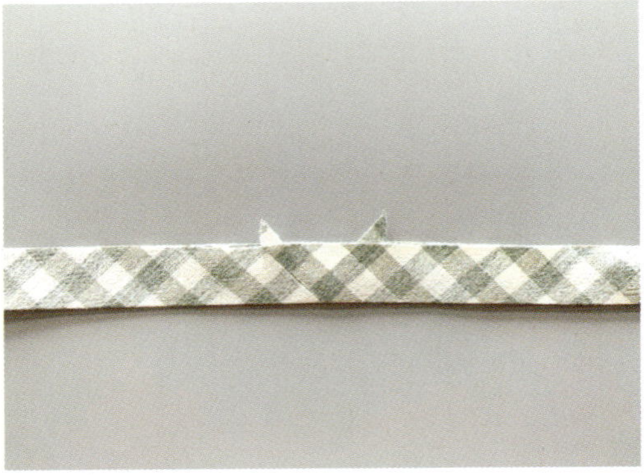

길게 반으로 접은 후, 다시 양 끝을 안으로 4등분으로 접어 사용하거나, 한쪽만 접은 후, 다른 한쪽은 선을 그려 사용하기도 한다.

MEMO

10

티코스터 & 테이블매트

완성사이즈	티코스터 : 가로 11cm×세로 11cm 테이블 매트 : 가로 42cm×세로 30cm
재 료	원단, 실, 자수용 실
난 이 도	중
제 작 시 간	패턴 20분, 재단 30분, 봉제 150분
포 인 트	디자인, 사이즈, 패턴, 가장자리 감싸기, 시접정리, 테슬 장식
바느질기법	바람개비 시접 처리, 패치워크, 손자수 장식, 액자식 바이어스 봉제
작 업 과 제	1. 주어진 조각의 원단들을 매치하여 가로 11cm×세로 11cm 크기의 티코스터와 가로 42cm×세로 30cm 크기의 테이블 매트 세트를 제작한다. 2. 접착심지를 사용한다. 3. 완성 두께 2cm 이상의 액자식 바이어스 기법을 사용한다. 4. 제공된 단추를 사용한다. 5. 5cm이상 간단한 손자수로 장식을 넣는다.
심 화 과 정	1. 완성 사이즈 변경 2. 유리로 만든 티웨어와 잘 어울리는 디자인 3. 티코스터에 한 올 박음질로 가장자리 장식 4. 다양한 모양의 티코스터 만들기 5. 휴대용 테이블매트 만들기 6. 티코스터와 테이블매트 보관주머니 만들기 7. 가장자리를 레이스로 장식

작업순서 – 티코스터

재단

- 앞A : 가로 8.5cm×세로 8.5cm 1장
- 앞B : 가로 6.5cm×세로 8.5cm 1장
- 앞C : 가로 8.5cm×세로 6.5cm 1장
- 앞D : 가로 6.5cm×세로 6.5cm 1장
- 뒤 : 가로 13cm×세로 13cm 1장
- 접착심지 : 가로 11cm×세로 11cm 1장

※ 시접 1cm씩 포함한 사이즈입니다.

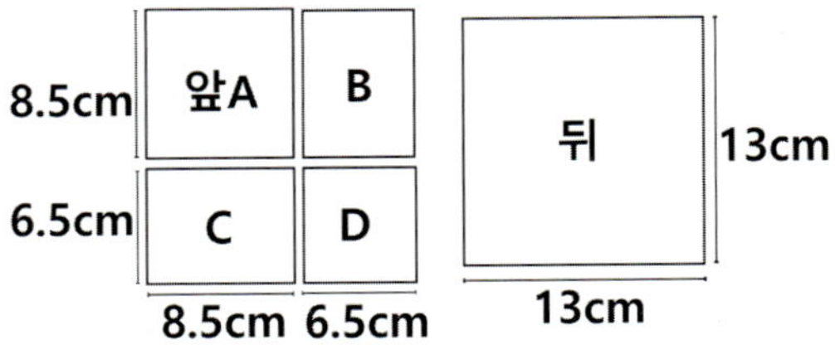

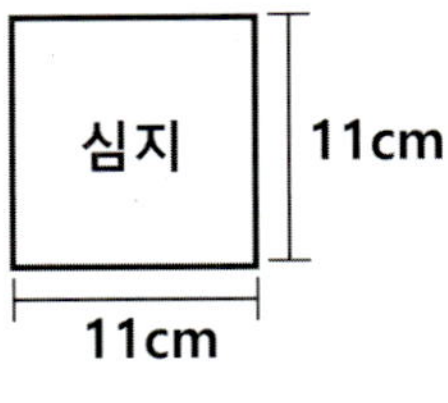

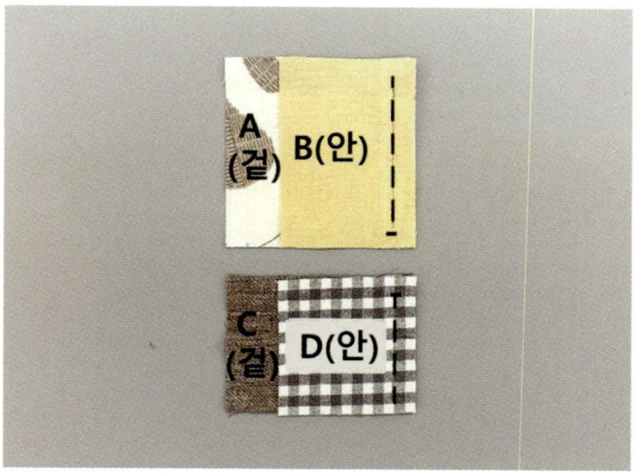

01. 앞A,B와 앞C,D 원단의 겉끼리 맞닿게 포개어 위, 아래 시접은 제외하고 나머지 옆선 부분을 1cm 간격으로 봉제한다.

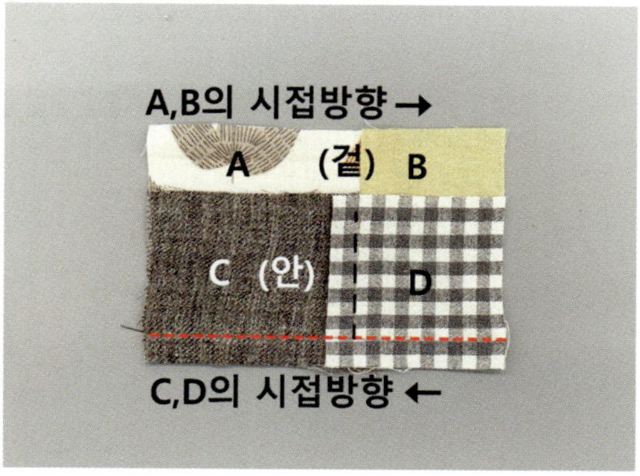

02. 앞 A, B의 겉과 앞 C, D의 겉끼리 맞닿게 포개어 (각 시접은 서로 엇갈리도록 한다.) 절개부분을 1cm 간격으로 봉제한다.

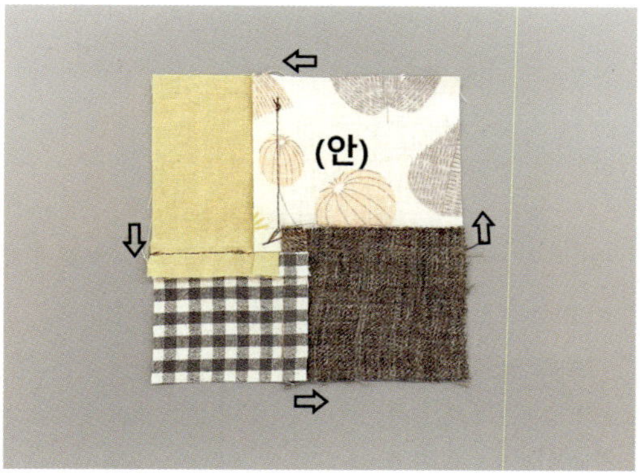

03. 안쪽 면의 시접을 바람개비처럼 꺾어 눌러 다림질 한다.

* 바람개비 시접 상세 컷

04. 손바느질로 장식스티치를 넣어준다.

05. 조각을 연결하고 바람개비 시접으로 정리 한 앞 원단의 안쪽 면에 접착 심지를 붙여준다.

CHAPTER 01. 패브릭소품 제작 실기

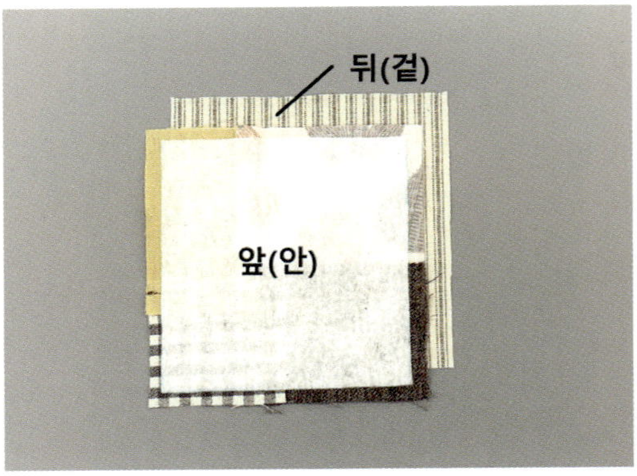

06. 앞과 뒤 원단의 겉면끼리 서로 맞닿게 포개어 놓는다.

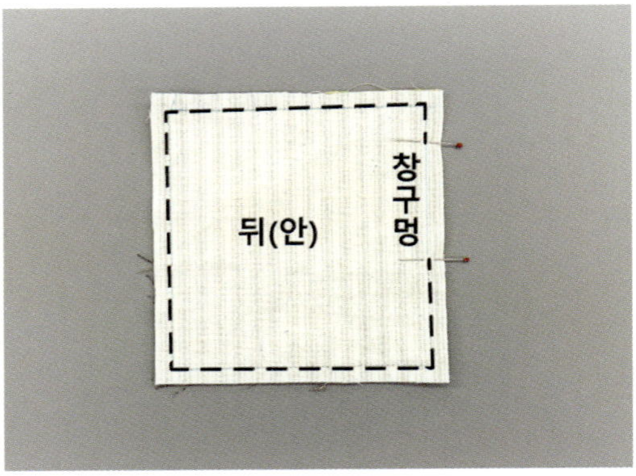

07. 옆선 한 곳의 시접에 5~6cm정도 창구멍을 남겨두고, 둘레를 1cm 간격으로 박음질 한다.

08. 모서리 시접을 잘라주고 창구멍으로 원단의 겉감이 나오도록 뒤집어 준 다음 창구멍은 공구르기 하거나 상침봉제 한다.

09. 티코스터의 한쪽 모서리에 태슬로 장식한다. (P.246~247 태슬만들기 참조)

작업순서 – 테이블매트

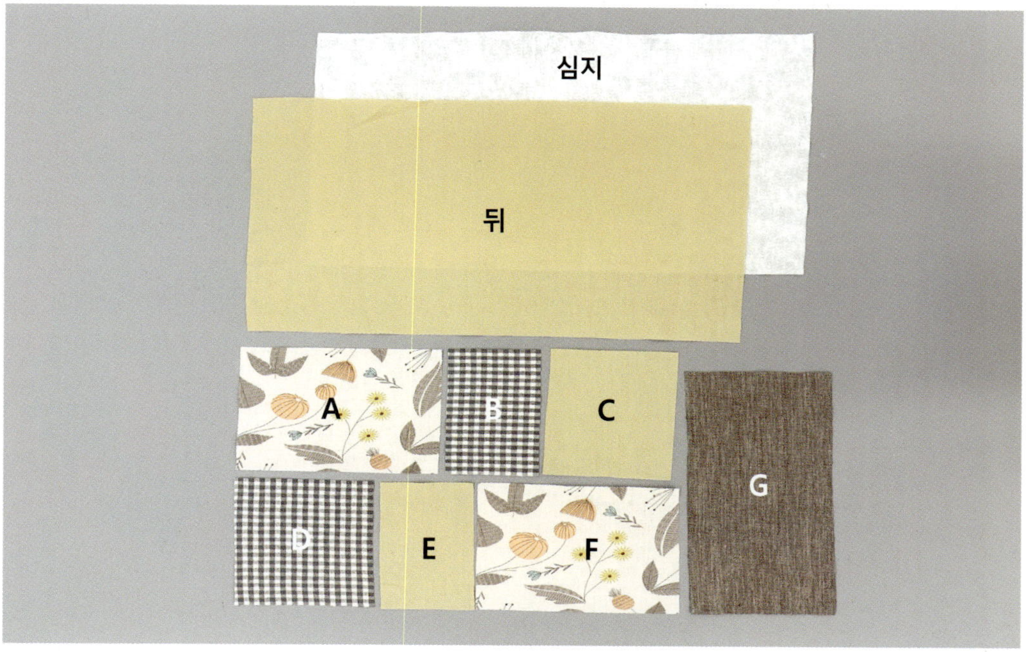

재단

- 앞 A : 가로 17.5cm×세로 16cm 1장
- 앞 B : 가로 8cm×세로 16cm 1장
- 앞 C : 가로 10.5cm×세로 16cm 1장
- 앞 D : 가로 11.5cm×세로 16cm 1장
- 앞 E : 가로 8cm×세로 16cm 1장
- 앞 F : 가로 16.5cm×세로 16cm 1장
- 앞 G: 가로 12cm×세로 30cm 1장
- 뒤 : 가로 42cm×세로 30cm 1장
- 접착심지 : 가로 42cm×세로 30cm 1장
- 바이어스감 : 폭 8cm×길이 150cm정도

※겉바이어스 기법이므로, 재단 시 바깥 둘레의 시접은 주지 않음.

※ 시접 1cm씩 포함한 사이즈입니다.

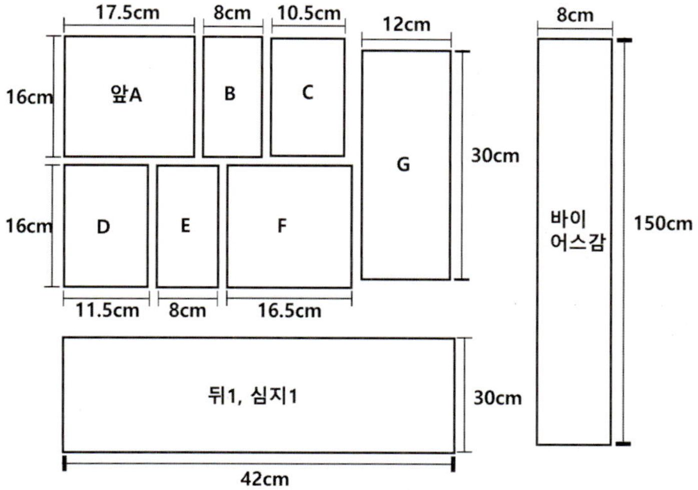

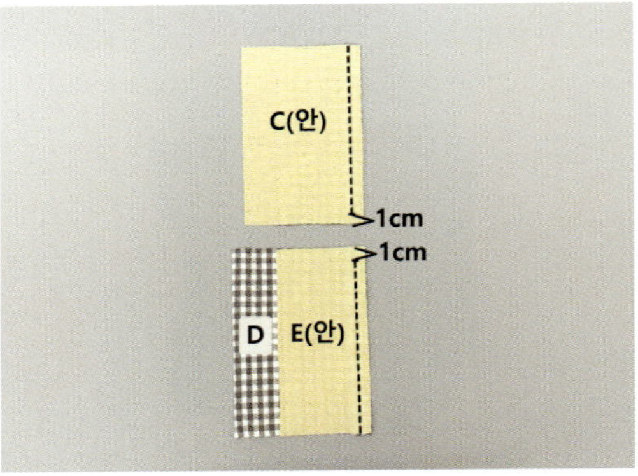

01. 앞 B, C와 앞 D, E 원단의 겉끼리 맞닿게 포개어 위, 아래 시접 1cm는 제외하고 나머지 절개선 부분을 1cm 간격으로 봉제한다.

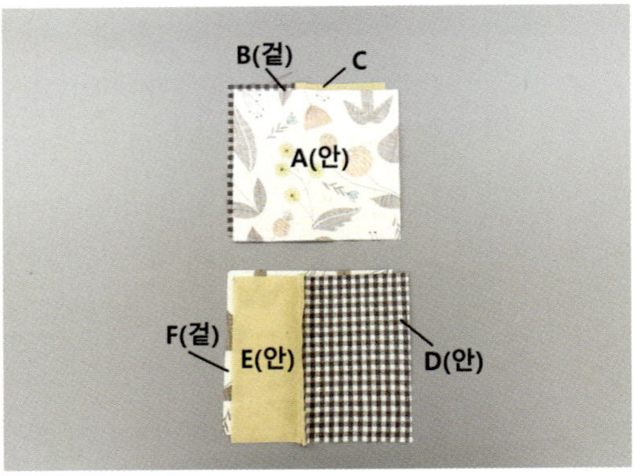

02. 앞 A와 B, C의 겉과 앞 D, E와 F의 겉끼리 맞닿게 포개어 놓는다.

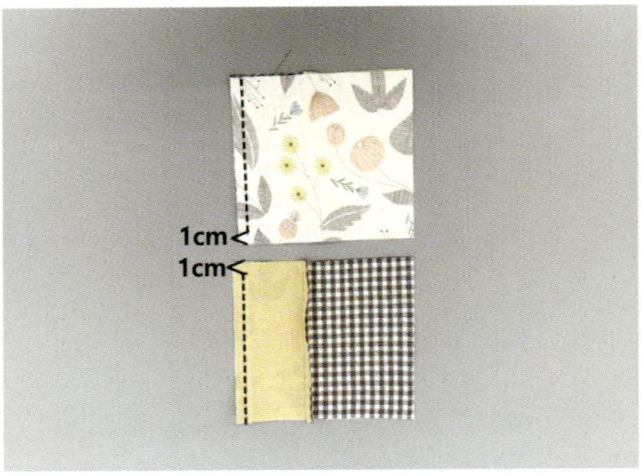

03. 마찬가지로 위, 아래 시접 1cm는 제외하고 절개 부분을 1cm 간격으로 봉제한다.

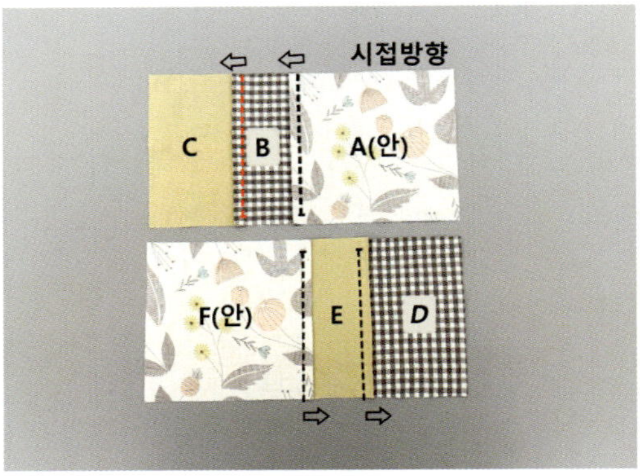

04. 상, 하단의 원단의 시접을 서로 어긋나도록 반대로 꺾어 다림질한다.(상단은 왼쪽, 하단은 오른쪽으로 다림질)

05. 상, 하단의 원단을 서로 겉끼리 맞닿게 놓고 절개 부분을 1cm 간격으로 봉제한다.

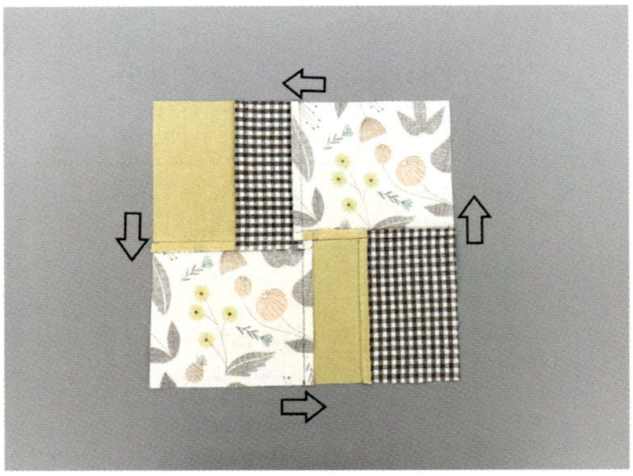

06. 시접을 바람개비의 형태로 꺾어 다림질 한다.

07. 바람개비 시접 상세 컷

08. 조각을 연결한 앞의 겉면과 앞G의 겉끼리 맞닿게 포개어 1cm간격으로 봉제한 다음, 시접을 다림질하여 눌러준다.

09. 앞, 뒤 원단의 안쪽 면끼리 서로 맞닿게 놓는다

10. 둘레를 시침질로 고정한다.

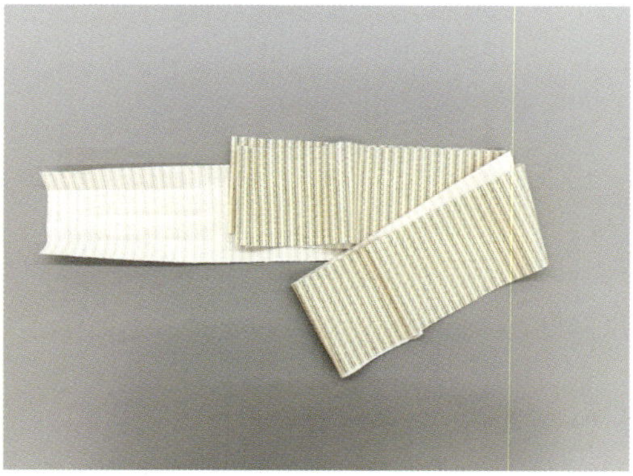

11. 바이어스감은 폭8cm×길이 150cm 정도가 되도록 연결하여 준비한다.(직선 바이어스이므로 식서 재단)가운데 반을 접었다 펴주고, 양쪽 시접을 가운데로 접어 다림질 한다.

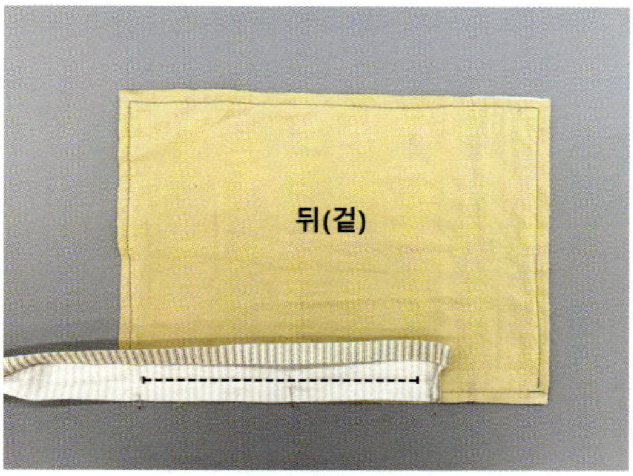

12. 뒤와 바이어스 감의 겉끼리 맞닿게 놓고 시작하는 부분의 3~5cm부분은 박음질하지 않고, 바이어스 폭의 1/4 간격으로 봉제한다. 코너의 끝까지 박음질하지 않고 바이어스 1/4 폭 지점에서 멈춘다.

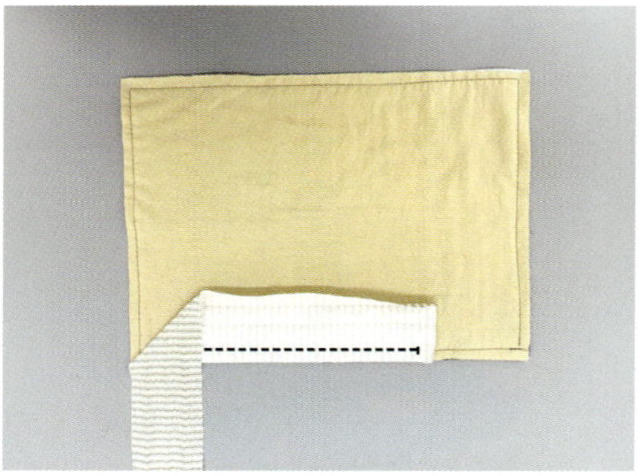

13. 바이어스감과 원단의 꼭짓점을 맞춰 바이어스를 90도 각도로 대각선으로 꺾어 접는다.

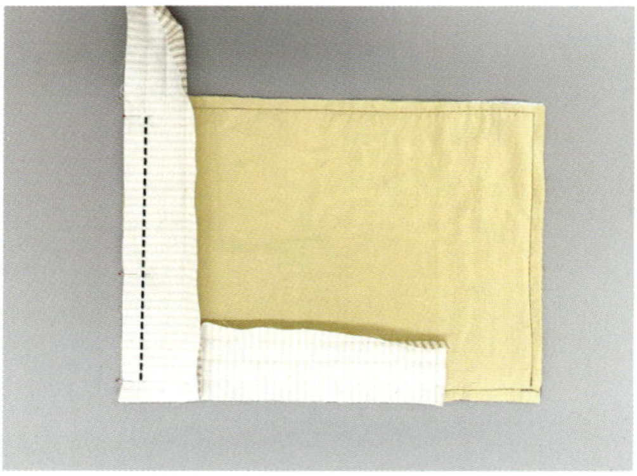

14. 모서리를 맞추어 바이어스감을 반대쪽으로 접어 올려 시침핀이나 집게로 고정한 다음, 위에서 아래로 봉제하다가 1/4 지점에서 멈춘다.

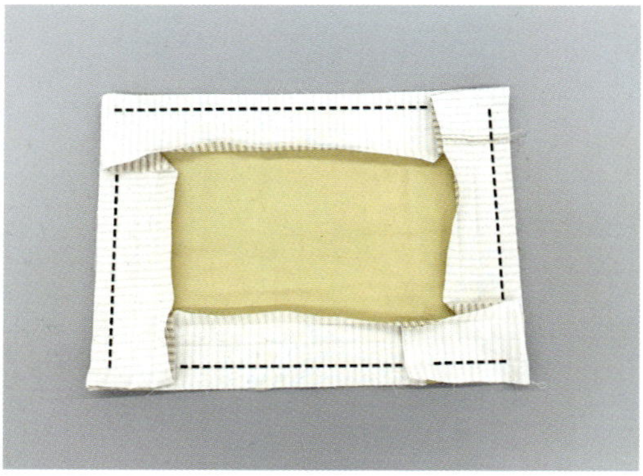

15. 나머지 둘레도 12~14의 과정을 반복해서 봉제하다가 처음 시작하기 직전까지 오면 박음질을 멈추고, 바이어스감의 시작과 끝이 서로 1~2cm 겹치도록 여유 있게 자른다.

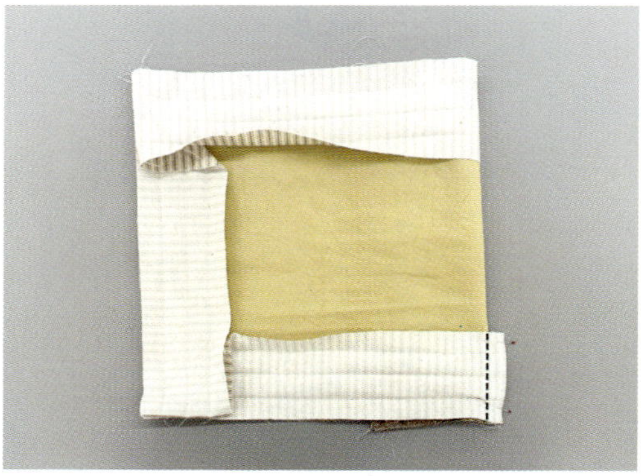

16. 바이어스감의 시작부분에서 매트를 반으로 접고 바이어스감의 시작과 끝 부분을 겉 끼리 서로 맞대어 봉제하고, 시접은 1cm정도만 남기고 잘라내어 정리한다.(바이어스감의 소재와 두께에 따라 사선으로 봉제해도 무방함.)

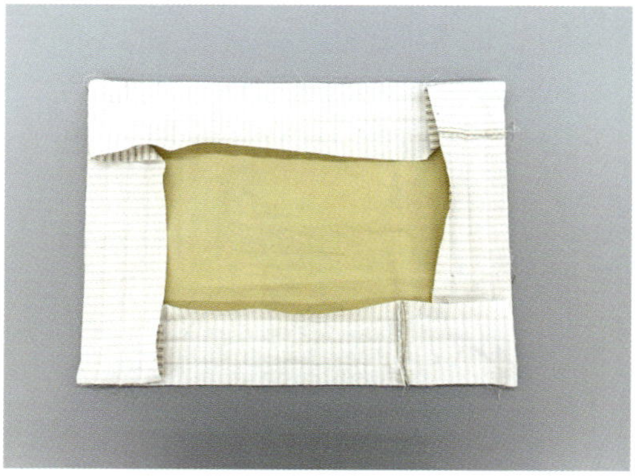

17. 연결한 부분의 시접을 가름솔하여 다린다.

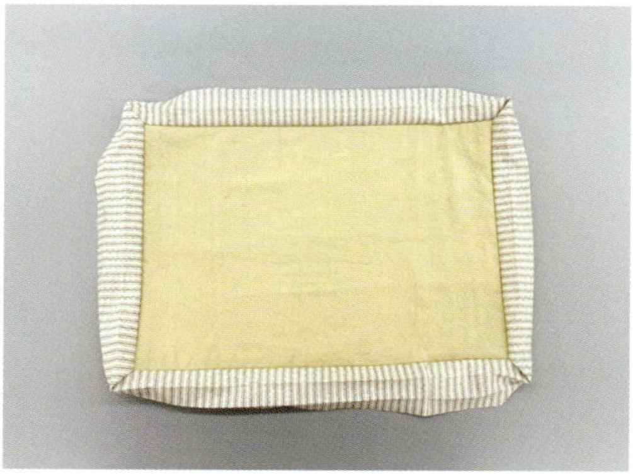

18. 바이어스 감을 겉면 쪽으로 두 번 접어 시접을 감싼다.

19. 뒷면의 코너 부분이 반듯하게 모양이 잡혔는지 확인한다.

20. 겉면 쪽으로 감싼 바이어스감을 처음 바이어스를 박음질할 때 생긴 박음선에 맞추어 놓고 시침핀이나 집게로 고정한다.

21. 매트의 겉면에서 바이어스의 가장자리에 근접하도록 전체 둘레를 상침 봉제한다.

22. 완성

11 사각프릴쿠션 & 캔디쿠션

완성사이즈	프릴 쿠션 커버 : 몸판 가로 40cm×세로 40cm, 프릴폭 : 6cm, 4cm
재 료	원단, 콘솔지퍼, 실
난 이 도	상
제 작 시 간	패턴 30분, 재단 40분, 봉제 130분
포 인 트	패치워크, 말아박기 봉제, 러플 만들기, 끈 만들기, 스트링 입구 봉제
바느질기법	디자인, 사이즈, 패턴, 콘솔지퍼, 프릴
작 업 과 제	1. 이중프릴이 들어간 가로 40cm×세로 40cm 크기의 정사각형 쿠션 커버를 제작한다. 2. 쿠션 커버의 앞면에 규칙적인 무늬를 배열하여 만든다. 3. 여밈은 콘솔지퍼를 이용한다.
심 화 과 정	1. 완성 사이즈 변경 2. 1인 가구에 어울리는 디자인 3. 가장자리를 파이핑으로 마무리 4. 원형 쿠션 커버 만들기 5. 시접을 바이어스로 감싸서 만들기 6. 베개 커버, 방석 만들기 7. 통일성 있는 디자인으로 2개 제작

작업순서 – 사각프릴쿠션

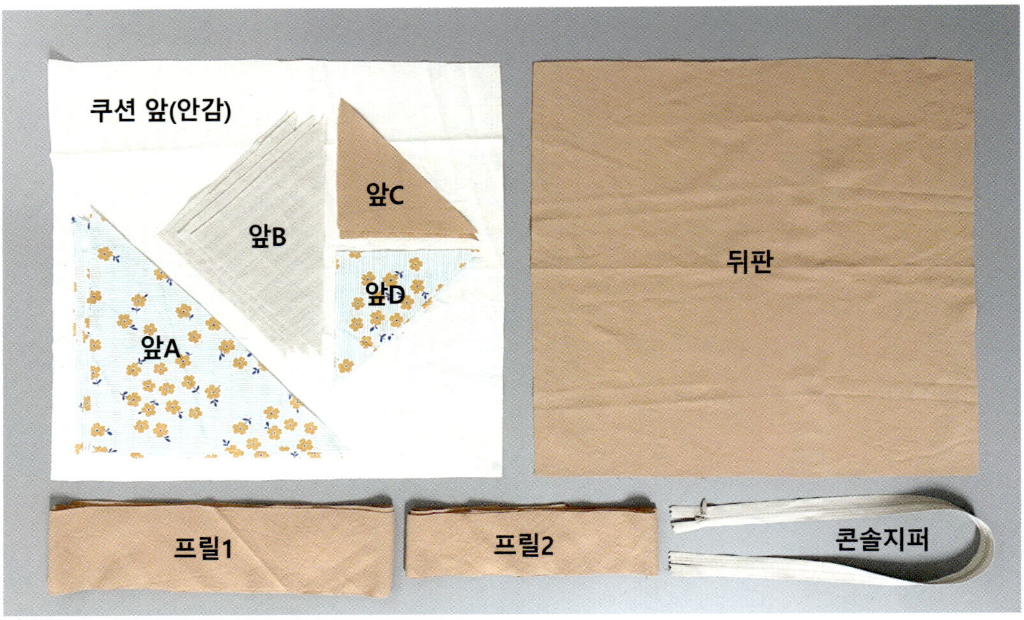

재단

- 쿠션 앞 안감, 뒤판 : 가로 42cm×세로 42cm
- 앞판 A : 밑변 23.5cm×높이 23.5cm의 직각삼각형 4장
- 앞판 B : 밑변 16cm×높이 16cm의 직각삼각형 4장
- 앞판 C, D : 밑변 12cm×높이 12cm의 직각삼각형 각 2장씩
- 프릴 1 : 폭 8cm×길이 240cm
- 프릴 2 : 폭 6cm×길이 240cm (바이어스 방향으로 재단하여 연결)

※ 시접 1cm씩 포함한 사이즈입니다.

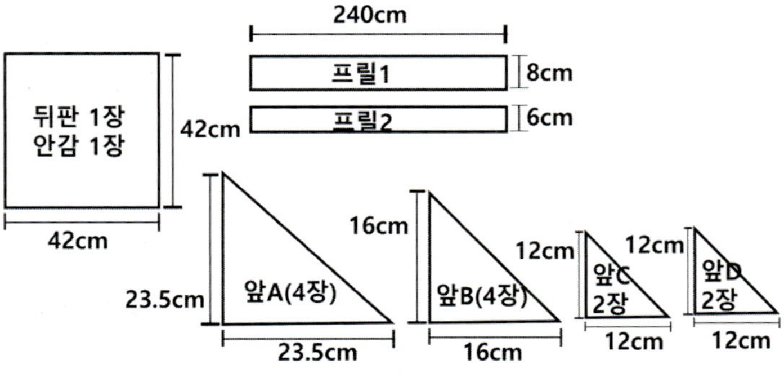

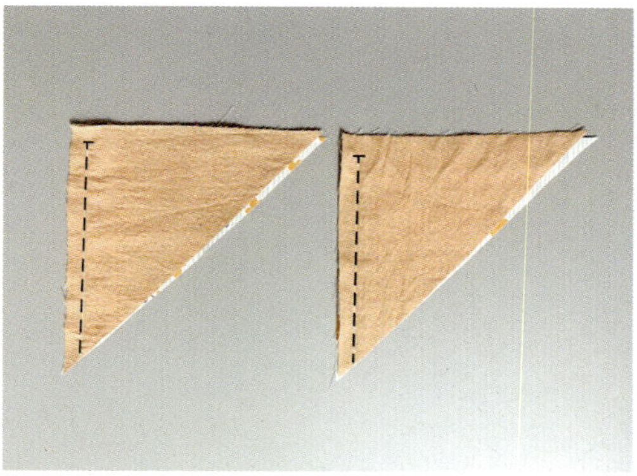

01. 몸판 앞 C, D 원단의 조각을 겉끼리 맞닿게 포개어 높이 부분을 봉합한다. 이때, 밑변 쪽의 시접을 1cm 띄우고 박음질 한다.

02. 앞판 C, D를 봉합한 두 조각의 시접을 서로 엇갈리도록 다림질 한다.

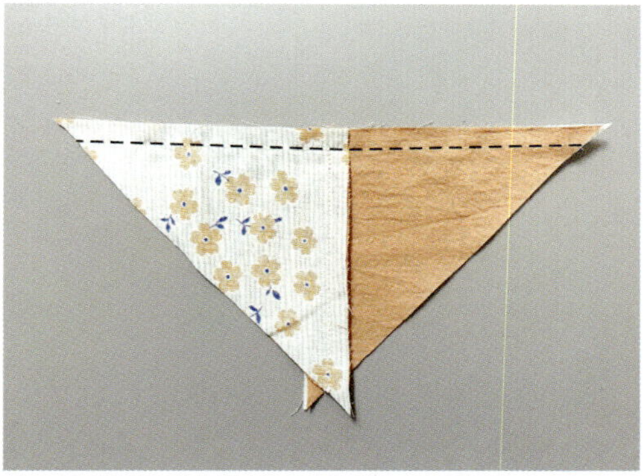

03. 앞판 C, D의 겉끼리 맞닿게 포개어 밑변 부분을 1cm간격으로 봉제한다.

04. 시접을 화살표 방향으로 꺾어 다림질 한다. (바람개비 시접)

05. 앞판 C, D와 B원단의 각 변의 중심점을 서로 맞추어 겉끼리 맞닿게 놓고, 끝 지점 1cm를 제외한 시접을 봉제한다.

06. 05에서 봉제한 원단을 겉이 보이도록 놓고, 다른 B원단의 겉면을 포개어 사진과 같이 1cm간격으로 봉제한다.

07. 같은 방법으로 한 장을 더 봉제한다.

08. 마지막 한 장을 봉제할 때에는 처음 봉제 한 조각은 박음질이 되지 않도록 끝 지점을 겉면 쪽으로 접어두고, 네 번째 조각을 포개어 봉제한다.

09. 겉면이 보이도록 펼친 후, 첫 번째 조각의 박음질 되지 않은 부분을 펴고 이어서 봉제한다.

10. 연결 후의 모습

11. 앞판 A의 연결도 B의 연결과 같은 방법 (사진 5~10 참고) 으로 봉제한다.

11-1

11-2

11-3

11-4

12. 앞판 조각을 모두 연결한 다음 앞 안감의 위에 포개어 연결된 부분을 누름 상침 봉제한다.

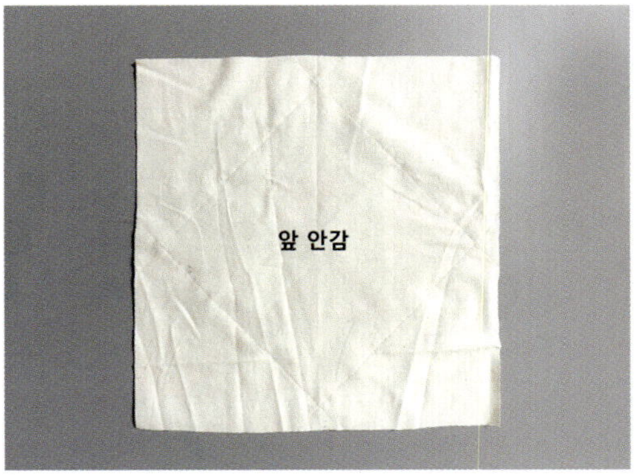

13. 상침 봉제 후의 안감 모습

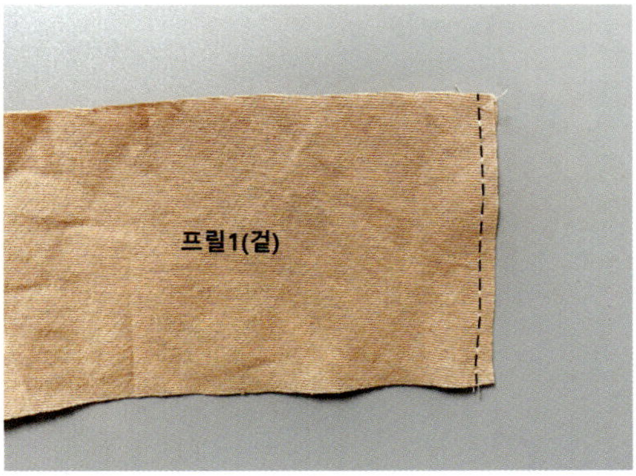

14. 프릴 단을 폭 8cm×길이 240cm, 폭 6cm×길이 240cm가 되도록 바이어스 방향으로 재단하여 양쪽 끝의 시접을 안끼리 맞닿게 포개어 0.3cm 봉제한다.

15. 겉끼리 맞닿게 뒤집어 접은 뒤 0.5cm 간격으로 봉제하여 프릴 단을 연결한다. (통솔)

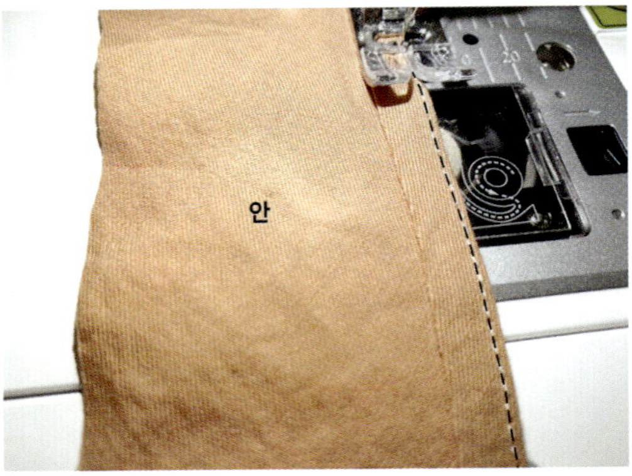

16. 프릴단의 바깥쪽 둘레 시접을 0.5cm 두께로 안쪽 면으로 접어 접혀진 가장자리 가까이에 상침 봉제한다.

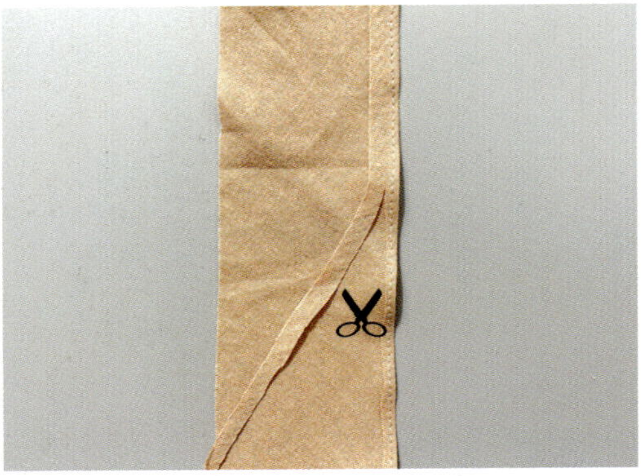

17. 박음선에 최대한 근접하도록 시접을 잘라낸다.

18. 한 번 더 안쪽으로 얇게 접어 상침 봉제한다. 같은 방법으로 프릴2도 말아박기 봉제를 한다.

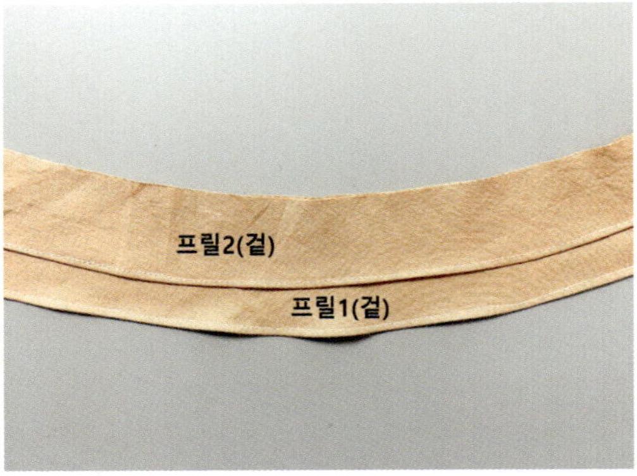

19. 폭이 더 넓은 프릴1의 겉면 위에 좁은 프릴2를 올려둔다.

20. 프릴단 둘레의 시접을 0.3cm 간격으로 두 번 봉제한다. (재봉틀의 땀길이를 가장 크게 하고, 시작과 끝부분은 되돌아 박기를 하지 않고 실을 10cm이상 길게 남겨둔다.)

21. 박음질한 부분의 밑실 두 가닥을 동시에 잡고 당겨가며 쿠션의 둘레 길이에 맞추어 주름을 잡은 다음, 쿠션 앞판의 겉면 둘레에 프릴단의 겉을 맞대어 시침봉제 한다.(밑실을 당기면 실이 잘 끊어지지 않는다.)

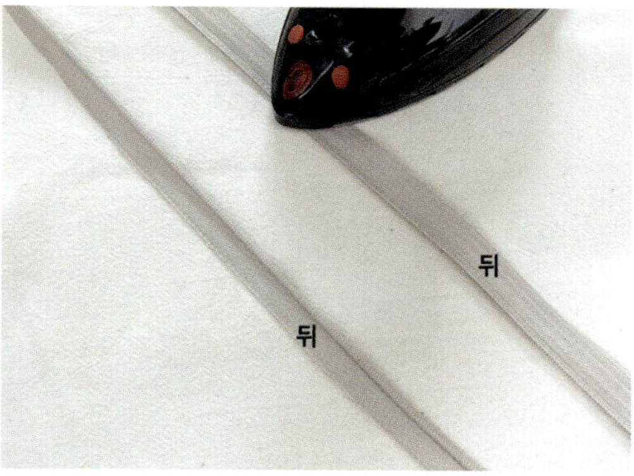

22. 콘솔 지퍼를 열어 이빨의 말린 부분을 다림질 하여 펴준다.

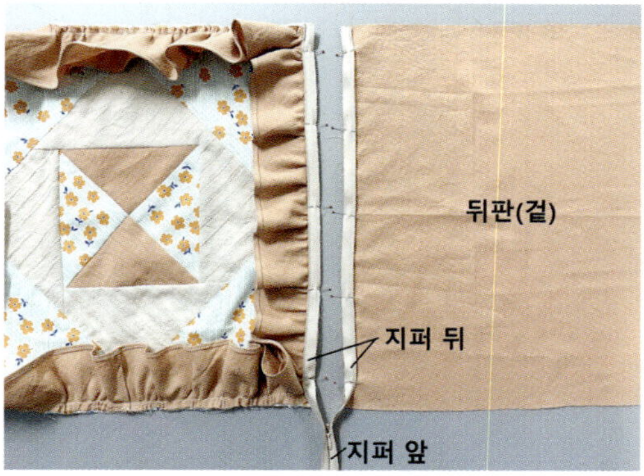

23. 쿠션의 몸판 양끝에서 3cm씩 들어온 위치에 지퍼의 시작과 끝을 표시하고, 지퍼의 앞과 쿠션 몸판의 겉면을 맞대어 시침핀으로 고정한다.

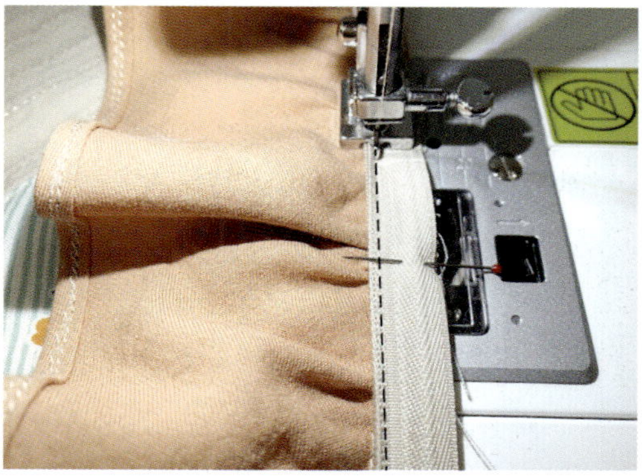

24. 콘솔 지퍼 노루발 또는 외발 노루발로 교체한 후 이빨의 가까이에 봉제한다.

25. 양쪽 모두 같은 방법으로 지퍼를 봉제한다.

26. 지퍼가 잘 열리고 닫히는지 확인한다.

27. 몸판 앞, 뒤의 겉끼리 맞닿게 놓고 지퍼의 시작과 끝 지점의 시접에서 각 3cm 씩 안쪽으로 들어오도록 봉제하고, 지퍼부분의 시접 쪽으로 꺾어 박는다.

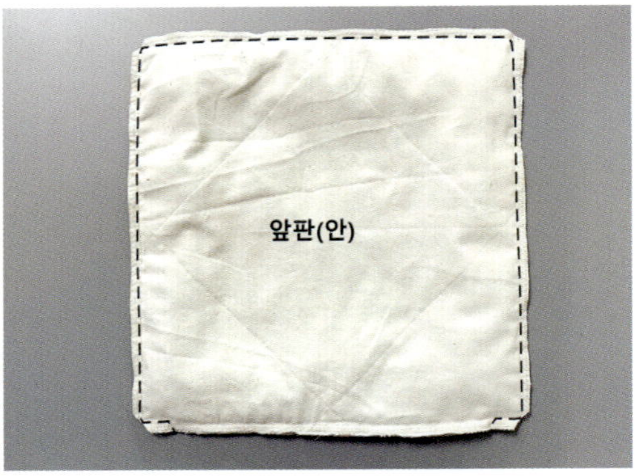

28. 나머지 둘레를 1cm 간격으로 봉제하고, 시접은 오버록 또는 바이어스로 정리한다.

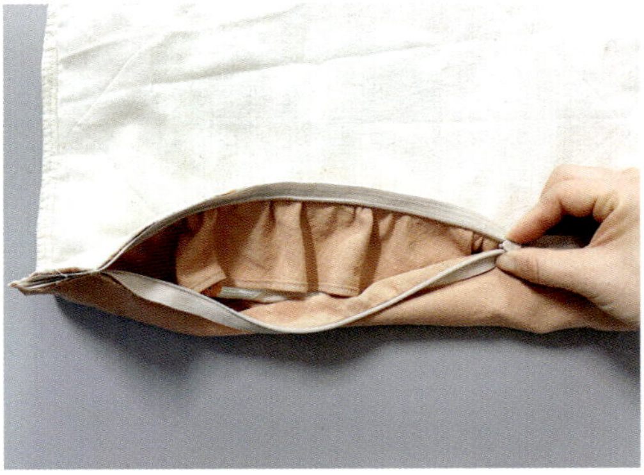

29. 지퍼를 열고 겉면이 나오도록 뒤집어준다.(슬라이더의 뒷 몸통 부분을 세게 누르면 잘 열린다.)

30. 완성

작업순서 – 캔디쿠션

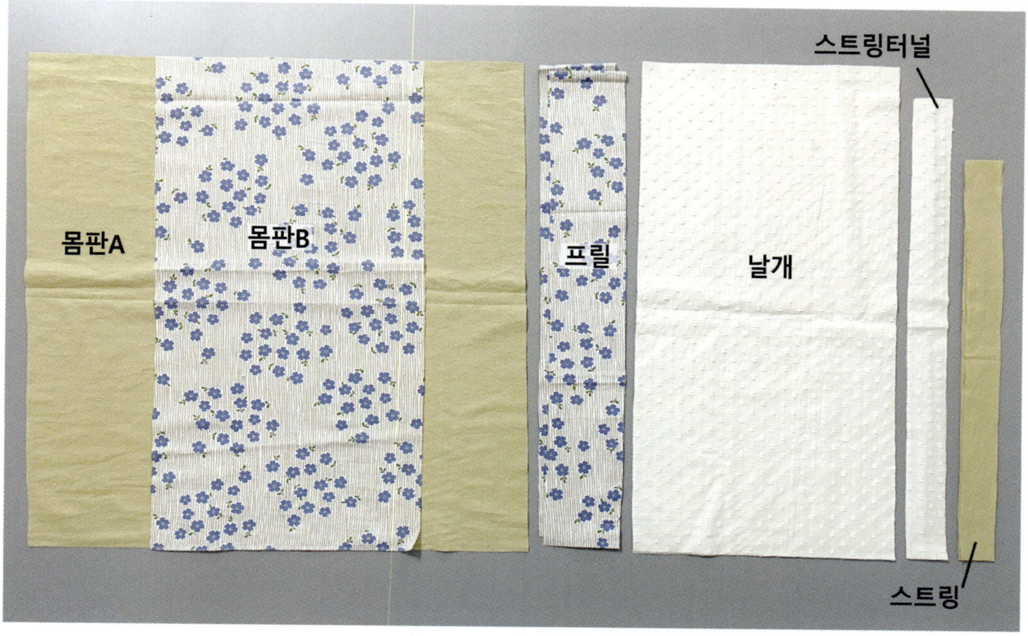

재단

- 몸판 A : 가로 62cm×세로 52cm 1장
- 몸판 B : 가로 62cm×세로 28cm 1장
- 프릴감 : 폭 8cm×길이 120cm 2장
- 날개감 : 가로 62cm×세로 27cm 2장
- 스트링 터널감 : 폭 4cm×길이 58cm 2장
- 스트링감 : 폭 3.5cm×길이 100cm 2장

※ 시접 1cm씩 포함한 사이즈입니다.

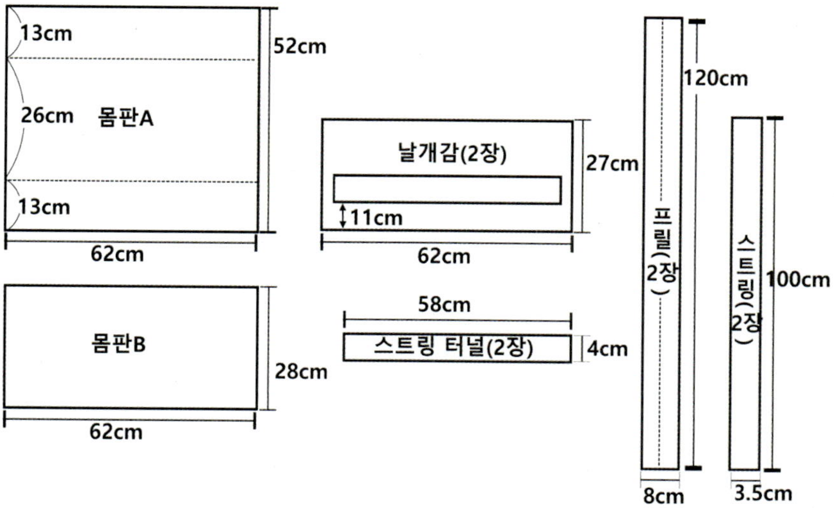

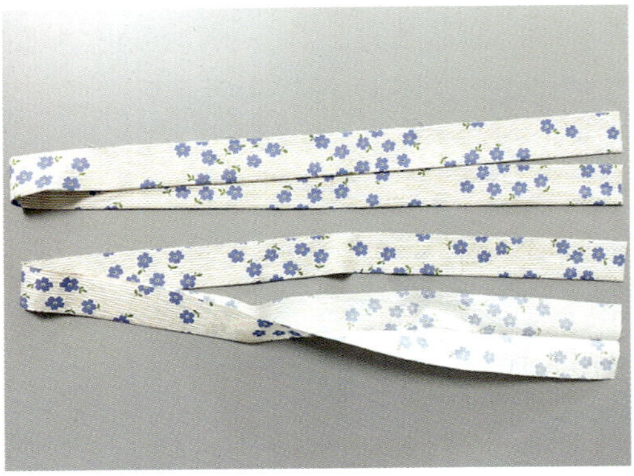

01. 프릴감을 겉면이 보이도록 길게 반으로 접어 다림질한다.

02. 재봉틀의 땀 길이를 가장 크게 설정하고, 시접의 가장자리에서 0.3cm 간격으로 두 줄 주름 봉제 한다. 이 때, 시작과 끝부분에 되돌아 박기는 하지 않고 실을 10cm 이상 길게 빼둔다.

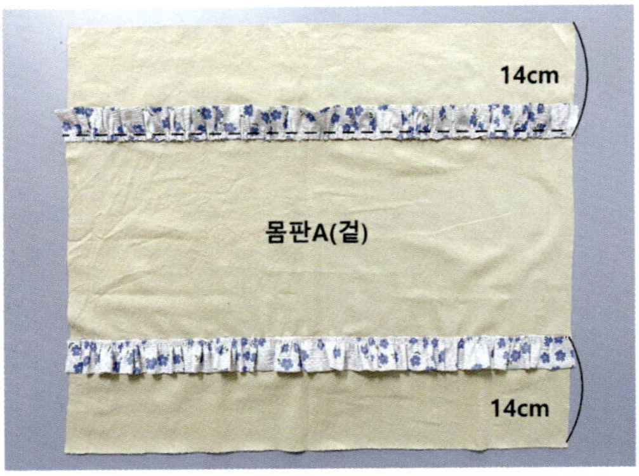

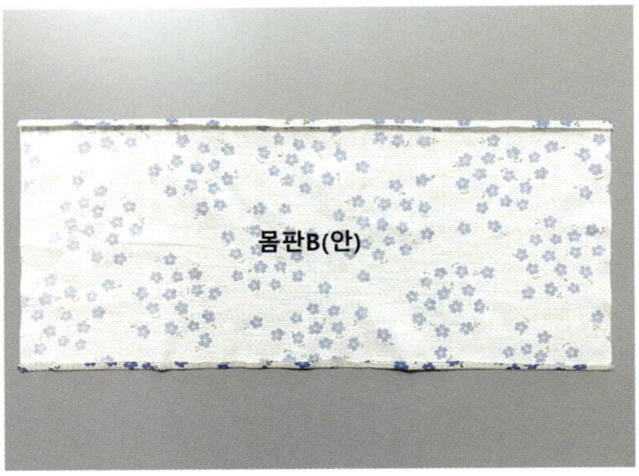

03. 밑실 두 가닥을 당겨가며 주름을 잡고, 몸판 A의 겉면의 표시된 위치에 올려두고 시접의 끝에서 1cm간격으로 봉제한다.

04. 몸판 B의 위, 아래 시접을 1cm두께로 안쪽으로 접어 다림질한다.

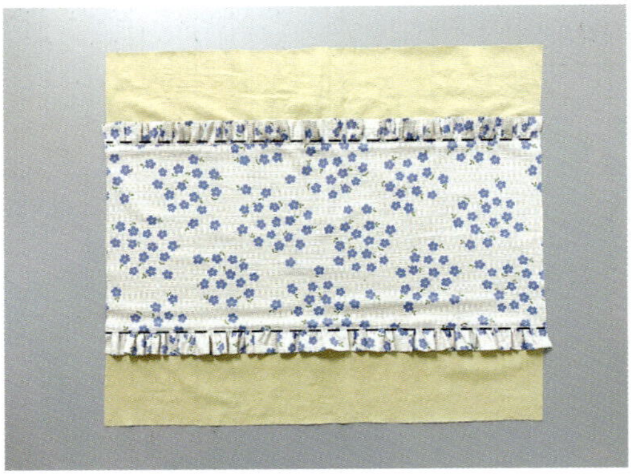

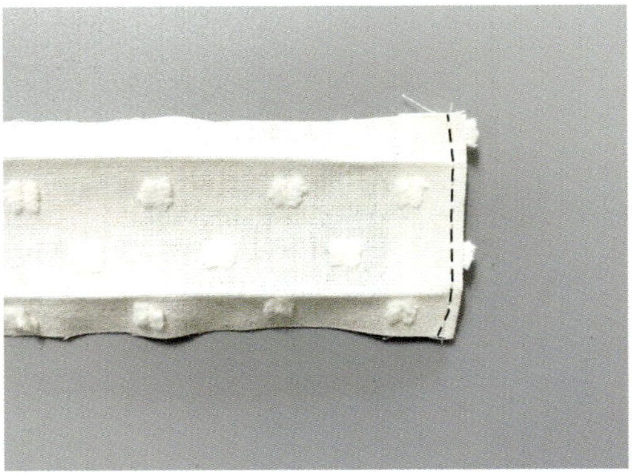

05. 몸판 A의 겉면에 몸판 B를 포개어 가장자리를 상침 봉제 한다.

06. 스트링 터널감의 양쪽 끝 시접을 안쪽으로 접어 다리고, 접힌 부분의 가장자리를 상침 봉제한다.

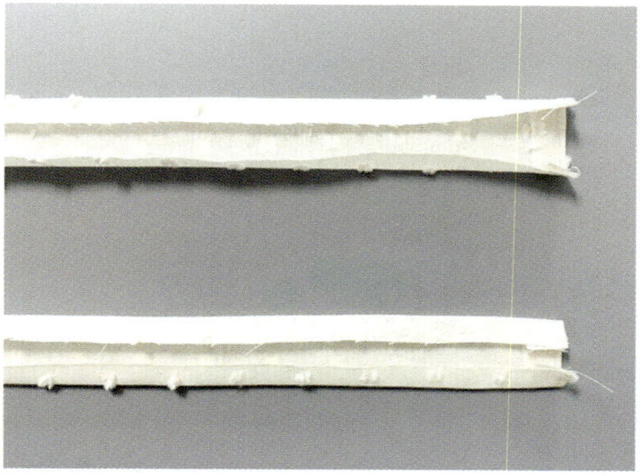

07. 터널감의 위,아래 시접을 안쪽으로 접어 다림질 한다.

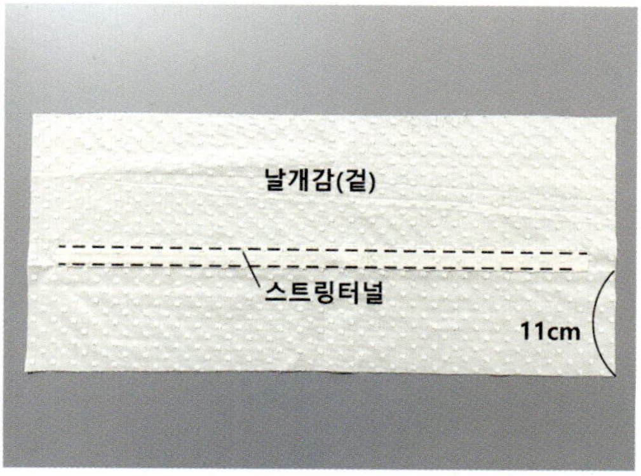

08. 날개감의 겉면 아래에서 11cm 위치에 스트링 터널감을 올려두고 위,아래 가장자리를 상침 봉제한다.

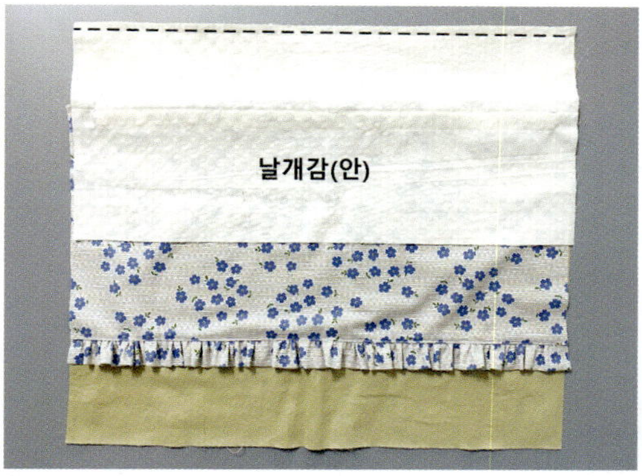

09. 몸판과 날개감의 겉끼리 맞닿게 포개어 1cm 간격으로 봉제하고 시접은 오버록한다. (날개감의 스트링 터널이 몸판과 더 가까운 쪽으로 오도록 두고 박음질한다. 양쪽 모두 동일)

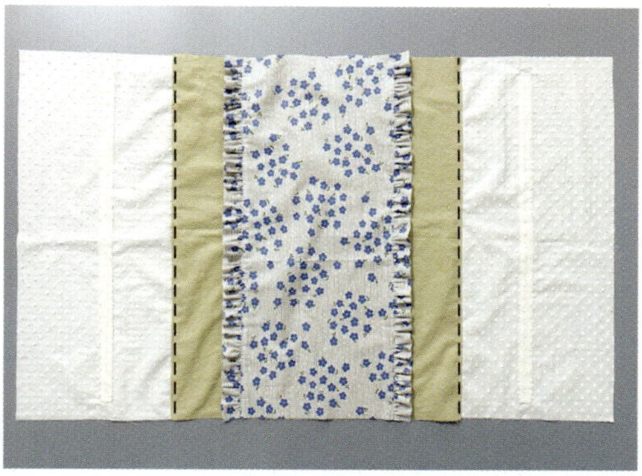

10. 날개감의 시접은 몸판쪽으로 꺽어 다림질 하고, 겉면에서 시접을 눌러 0.3cm정도의 간격으로 상침 봉제 한다.

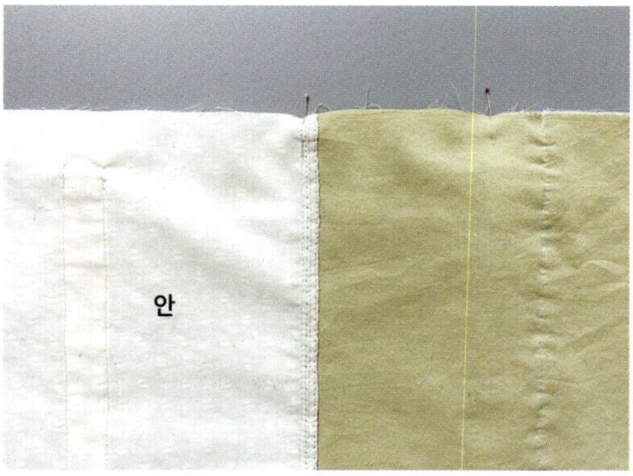

11. 몸판의 겉끼리 맞닿게 양쪽 끝부분의 시접을 포개어 시침질 한다. 이때, 박음선 끼리 잘 맞추어 준다.

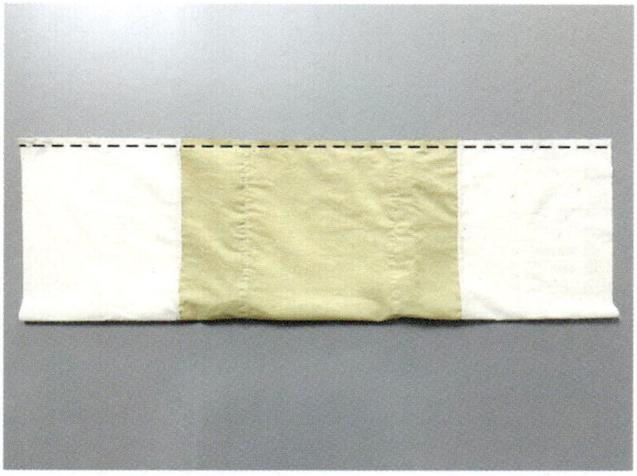

12. 가장자리 시접을 1cm간격으로 봉제한다음, 시접은 오버록 또는 바이어스로 정리한다.

CHAPTER 01. 패브릭소품 제작 실기

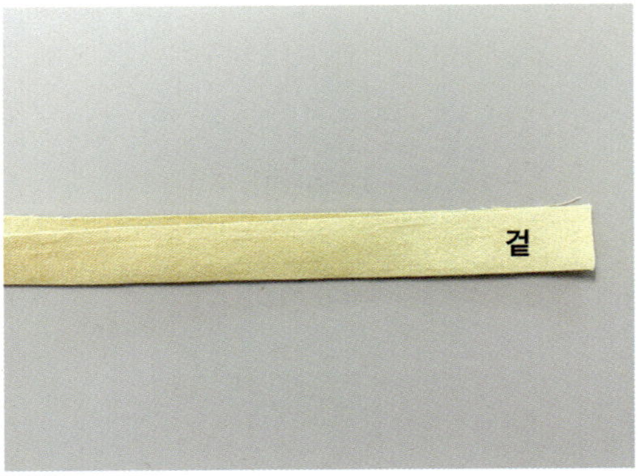

13. 스트링감을 길게 반으로 접어 다림질 한다.

14. 가운데 접은 선에 맞추어 한쪽 시접을 접는다.

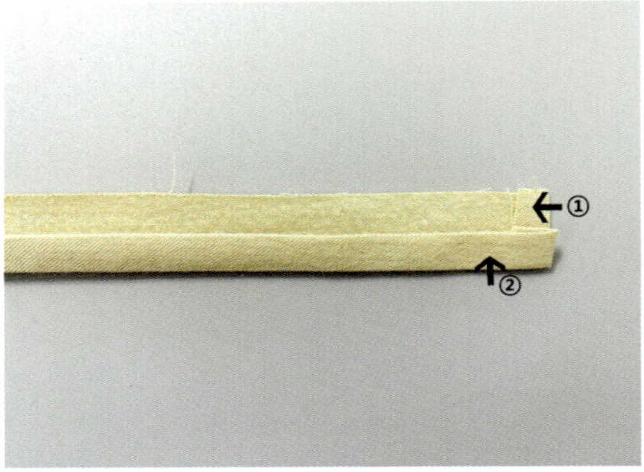

15. 양쪽 끝 시접을 1cm안으로 접어 다린다음 아래쪽 시접을 한 번 더 접어 다린다.

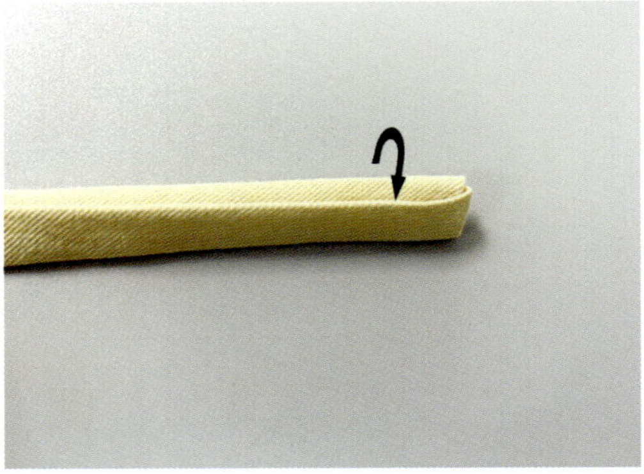

16. 남은 시접을 접어 안쪽으로 끼워 다림질 한다.

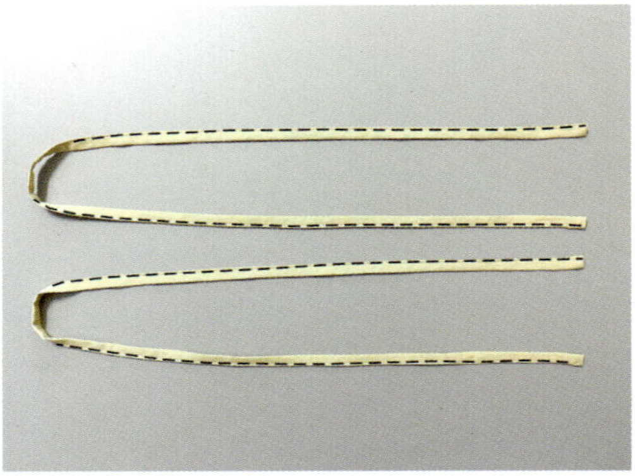

17. 스트링의 벌어진 부분을 상침 봉제하여 완성한다.

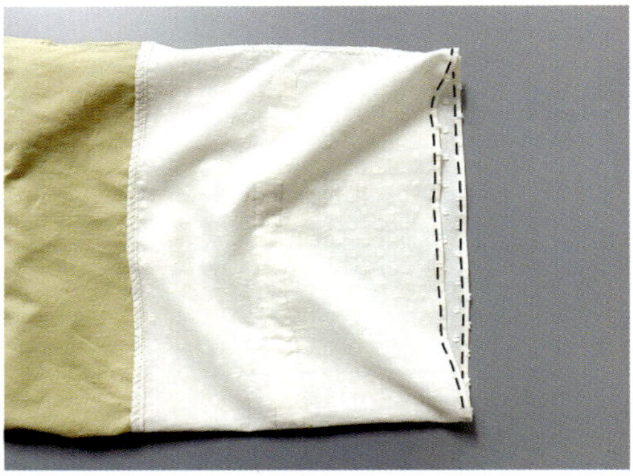

18. 날개감의 시접을 안쪽으로 0.5cm간격으로 두 번 접어 상침 봉제한다.

19. 스트링을 끼운다.

20. 완성

12

수납용 벽걸이

완성사이즈	40cm×50cm
재　　료	원단, 접착솜, 고무밴드
난 이 도	중
제 작 시 간	패턴 30분, 재단 30분, 봉제 140분
포 인 트	디자인, 사이즈, 고무밴드 주머니
바느질기법	고무밴드 넣기, 입체 주머니 봉제, 주름 계산
작 업 과 제	1. 고무밴드 입구의 주머니를 넣는다. 2. 옆면이 있는 주머니를 넣는다.
심 화 과 정	1. 완성 사이즈 변경 2. 신혼가구에 어울리는 디자인 3. 휘갑치기로 장식바느질 4. 반원 형태의 바닥이 있는 주머니 달기 5. 가장자리를 바이어스로 만들기 6. 생활비 달력형태로 만들기 7. 고리에 벨크로를 달아 만들기

작업순서

재단

- 벽걸이 판용 원단 42cm×52cm 2장, 고리용 원단 4cm×14cm 2장, 접착솜 7온스 40cm×50cm
- 상단주머니 A 50cm×30cm, 상단주머니 B 50cm×10cm
- 하단주머니 C 43cm×38cm, 하단주머니 D 43cm×8cm, 고무밴드 2cm×50cm

① 두껍고 빳빳한 접착솜을 사용한다.
② 고무밴드 주름을 풍성하게 하려면, 주머니 원단의 가로 사이즈를 더 준다.

※ 시접 1cm씩 포함한 사이즈입니다.

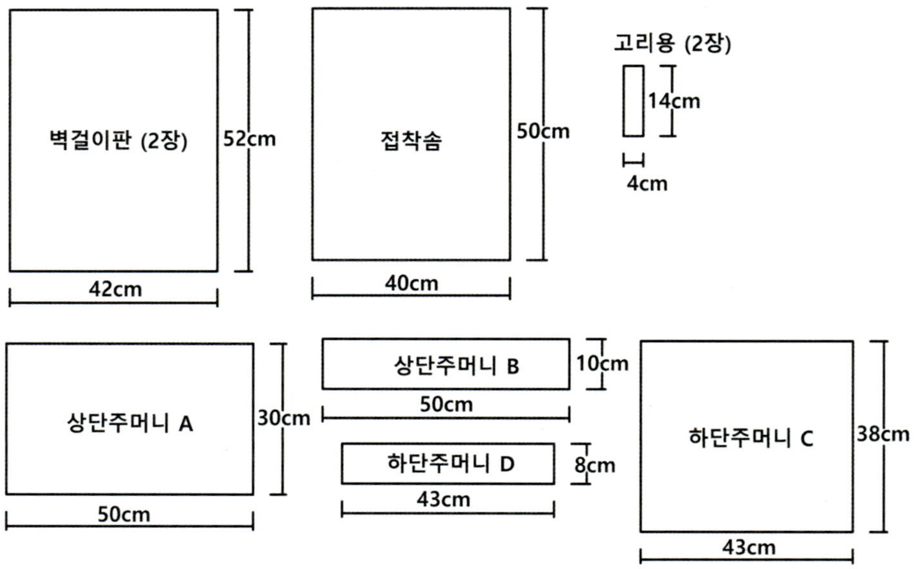

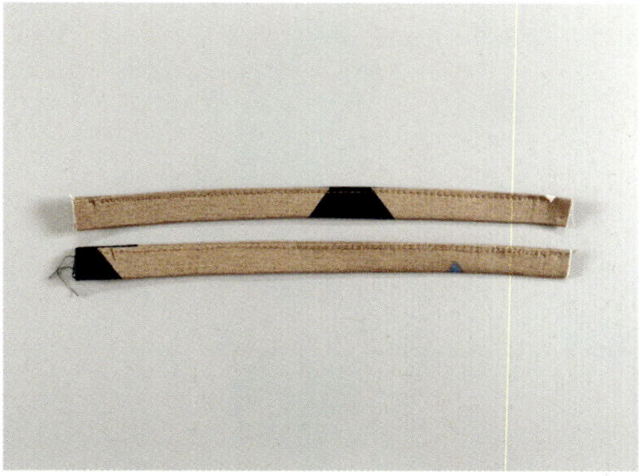

01. 고리용 원단 2장은 각각 길게 4등분으로 접어 접힌 쪽을 따라 봉제한다.

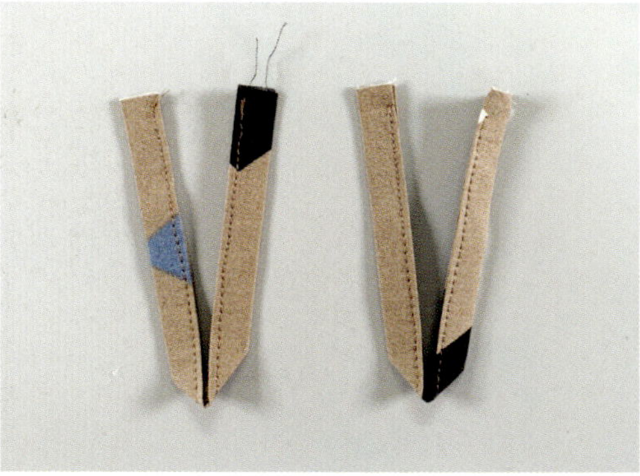

02. 만들어진 고리는 가운데 끝이 삼각이 되도록 접어 다림질한다.

03. 벽걸이판용 원단 한 장의 안쪽면에 접착 솜을 붙인 후, 두 원단 사이에 고리원단을 윗부분에 끼워 넣고, 도안선을 따라 봉제한다. 하단에 창구멍을 남긴다.

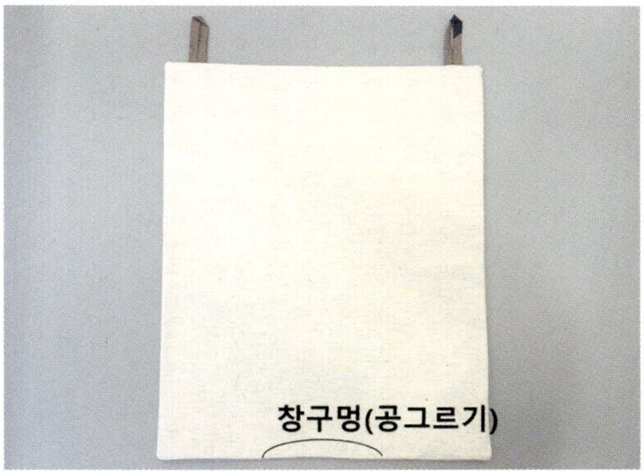

04. 전체를 창구멍을 통해 뒤집고, 창구멍은 공그르기로 마감한다.

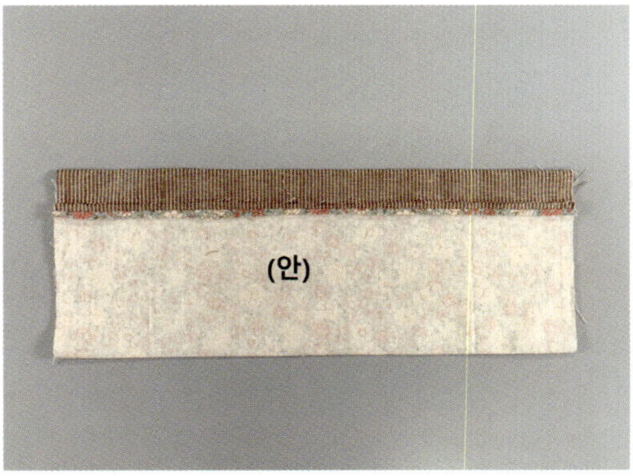

05. 상단 주머니A와 B를 길게 위아래 다 연결하여, 원통형태를 만든 후, 두 봉제선이 일치하도록 접어 시접은 가름솔로 벌려, 다림질한다.

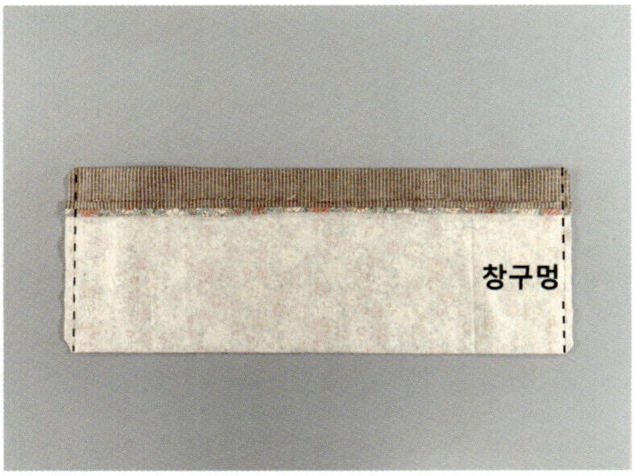

06. 양 옆선은 한쪽에 창구멍을 남기고 봉제한 후, 모서리 시접은 대각선으로 잘라낸다. 전체를 뒤집어 다림질 후 창구멍은 공그르기한다.

CHAPTER 01. 패브릭소품 제작 실기

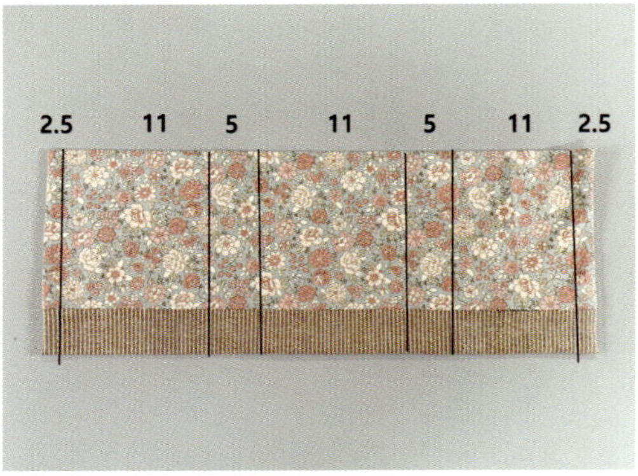

07. 주머니의 접히는 옆면은 2.5cm, 주머니 앞면은 11cm로 세개의 주머니가 나오도록 선을 표시한다.

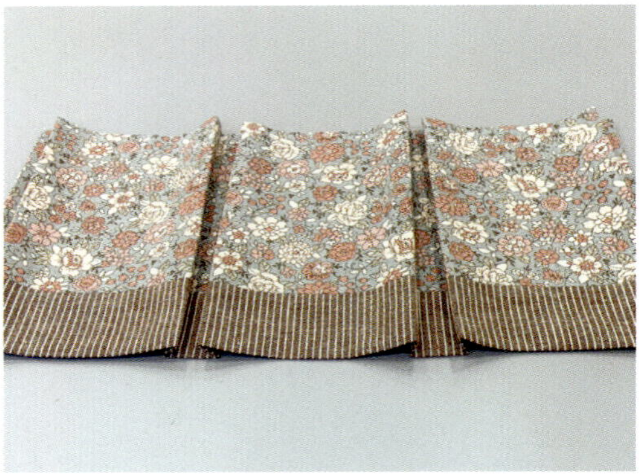

08. 표시한 선에 맞춰 주머니를 접어 다림질한다.

09. 하단주머니도 같은 방법으로 C원단과 D원단을 연결해 뒤집은 후, 두 원단을 연결한 봉제선 위로 상침 봉제한다.

10. 하단 주머니의 경우, D원단의 한쪽면은 고무밴드 구멍으로, 봉제하지 않고 남겨두어야 한다.

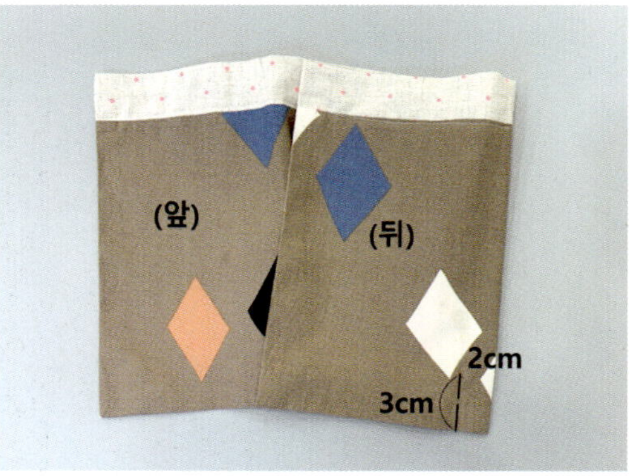

11. 하단 주머니의 C원단쪽 아래부분에 3등분하여, 두 곳에 2cm 폭으로 주름을 넣어야 하므로, 3등분한 두곳을 각각 접어 2cm 폭으로 3cm 깊이로 봉제를 한다.

12. 주름봉제선이 가운데로 오도록 두 곳의 주름을 잘 펴서 다림질한다.

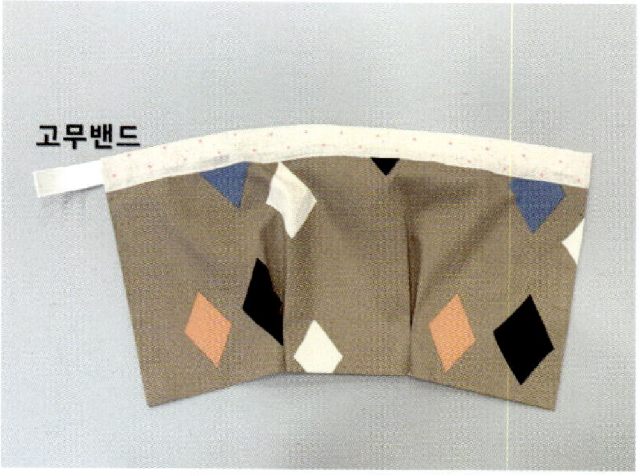

13. 고무밴드에 길이 33cm 되는 위치를 표시한 다음 밴드구멍을 통해 집어넣어, 반대쪽 끝까지 넣는다.

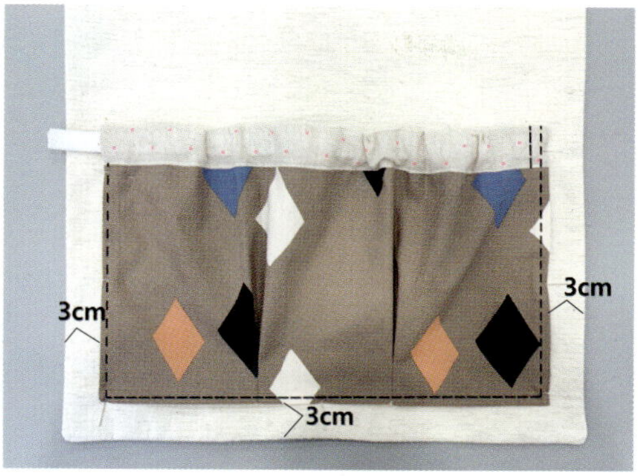

14. 하단 주머니를 벽걸이 판의 아래쪽에 좌, 우, 아래에서 3cm 간격을 띄운 위치에 올려놓고, 오른쪽부터 봉제해서 고정한다. 고무밴드 부분은 간격을 띄워 2번 봉제해서 밴드가 잘 고정되도록 한다.

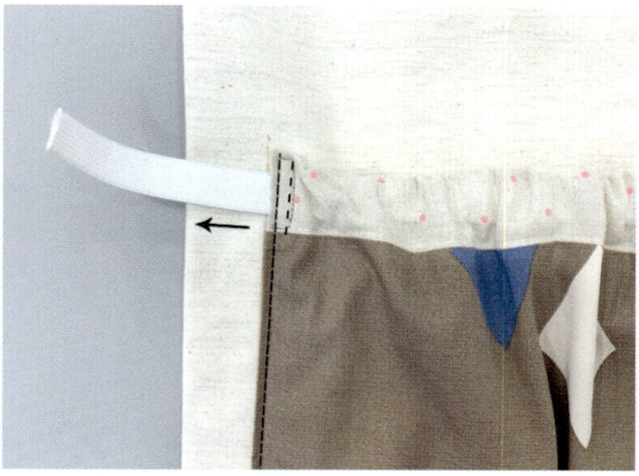

15. 고무밴드 구멍 쪽 봉제전에 밴드를 표시했던 33cm 부분까지 당겨서 봉제한 다음, 남은 고무밴드는 안보이게 잘라낸다. 이부분도 역시 간격을 두고 안쪽에서 고무밴드 부분을 한번 더 봉제한다.

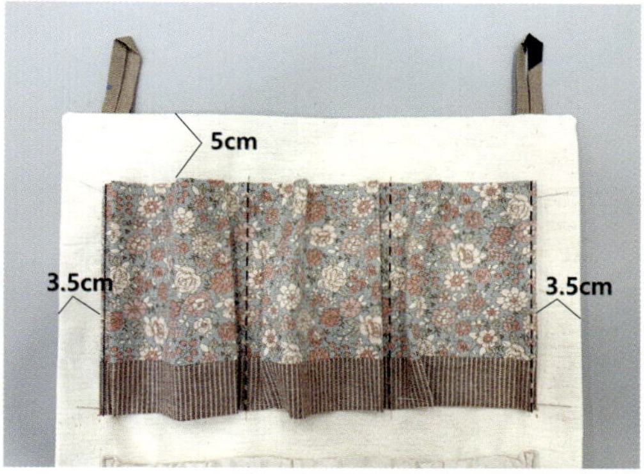

16. 상단 주머니는 벽걸이 판의 위에서 5cm, 좌우로 3.5cm 간격으로 올려놓고, 주머니의 3등분 지점과 양 끝을 따라 봉제한다.

17. 주머니를 원래의 접었던 모양 대로 다림질하고, 아래 부분을 봉제한다.

18. 주머니 아래부분의 봉제 시, 튼튼하게 하려면, 겹쳐지는 위치에 세로로 봉제를 더 해준다.

CHAPTER 01. 패브릭소품 제작 실기

13

원형바구니

완성사이즈	바닥 지름 24cm, 높이 18cm, 손잡이 : 길이 20cm×폭 2.5cm
재　료	원단, 누빔솜, 파이핑, 실
난 이 도	상
제 작 시 간	패턴 30분, 재단 30분, 봉제 140분
포 인 트	디자인, 사이즈, 패턴, 구성, 원형 바닥 박음질, 파이핑, 누빔, 손잡이
바느질기법	파이핑봉제, 누빔봉제, (곡선 시접 처리), 겉감 안감 봉제, 창구멍 공그르기
작 업 과 제	1. 작은 소품들의 수납에 용이하고 장식적인 효과도 줄 수 있으면서 손잡이가 있어 들고 옮기기도 편리한 패브릭 바구니를 제작한다. 2. 바닥이 원형인 형태의 바구니를 디자인한다. 3. 누빔솜을 이용하여 원단의 겉감을 누벼서 만든다. 4. 파이핑을 사용한다.
심 화 과 정	1. 완성 사이즈 변경 2. 파스타식당에 냅킨을 담는 용도 3. 홈질로 장식바느질 4. 바닥이 사각형인 바구니 만들기 5. 뚜껑이 있는 바구니 만들기 6. 입구를 끈으로 조일 수 있는 형태 7. 칸막이 만들기

작업순서

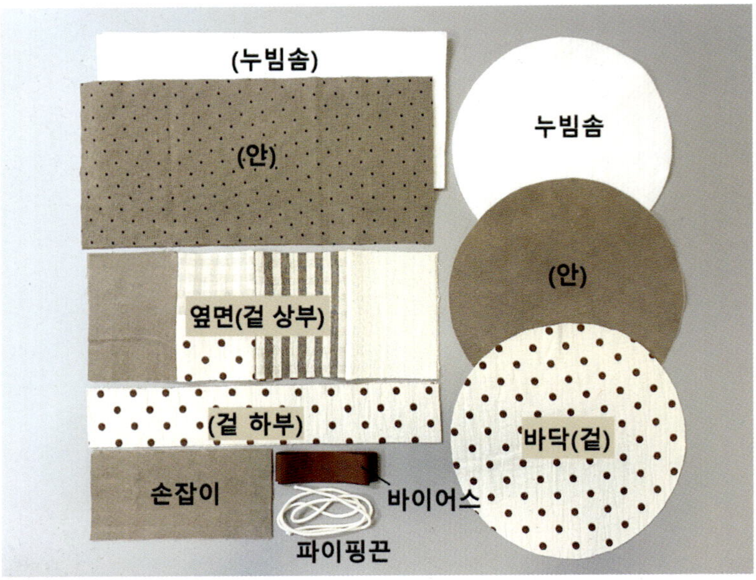

재단

- 바닥 : 겉감 1장, 안감 1장 (시접 1cm)
- 옆면 상부 : 가로 40cm×세로 15cm, 겉감 2장
- 옆면 하부 : 가로 40cm×세로 7cm, 겉감 2장
- 옆면 안감 : 가로 40cm×세로 20cm, 2장
- 누빔솜 : 바닥감 1장, 옆면 가로 38cm×세로 18cm, 2장 (시접 없이)
- 손잡이 : 가로 22cm×폭 10cm 2장 재단
- 파이핑 : 완성 폭 1cm×길이 1마 정도

① 바닥감 실물 도안을 이용하여 겉감, 안감 원단을 시접 1cm를 주고 1장씩 재단한다.
② 바닥감의 둘레를 계산 또는 측정하여 옆면의 원단을 시접 1cm를 주고 재단 한다. (겉감은 상, 하 각2장, 안감은 절개를 주지 않고 2장 재단)
③ 바닥감과 옆면의 겉감에 붙일 누빔솜을 시접 없이 재단한다.
④ 손잡이감은 2장 재단한다.
⑤ 파이핑 끈 1마, 3cm폭 바이어스테이프 1마를 재단한다.

※ 시접 1cm씩 포함한 사이즈입니다.

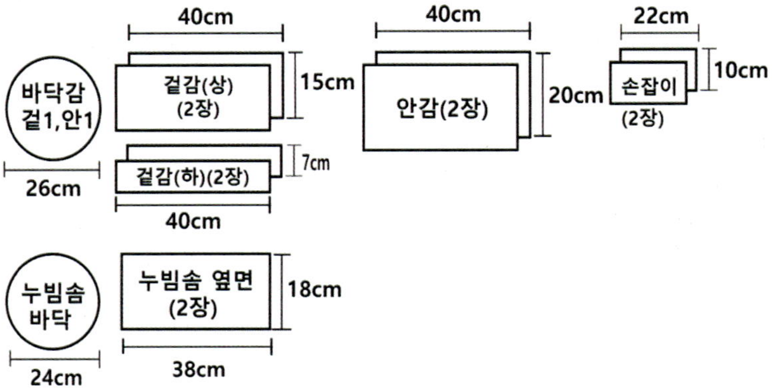

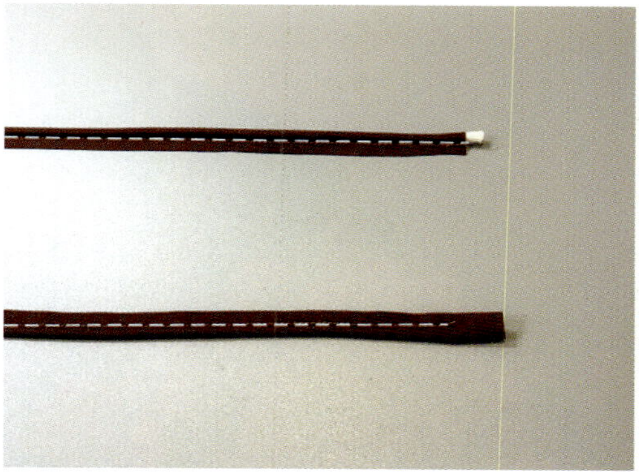

01. 바이어스 테이프를 3cm 폭으로 1마 자른 다음 파이핑용 면 스트링을 가운데 끼워 박아서 파이핑 끈을 만든다.

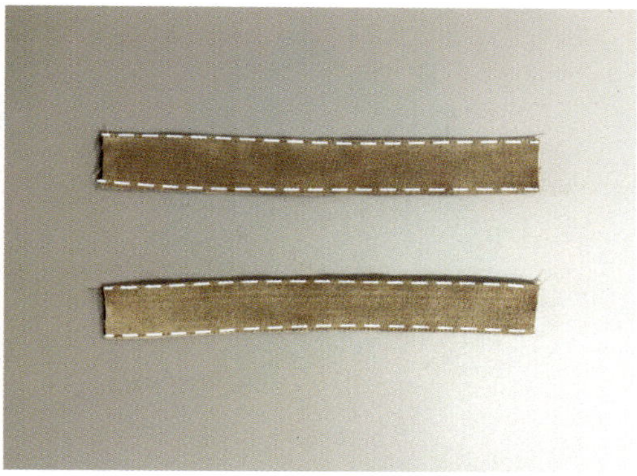

02. 손잡이는 길이 22cm×폭 10cm로 2장 재단하여 양쪽 끝 시접을 가운데로 접고, 폭이 2.5cm가 되도록 또 반으로 접어 다린 후 가장자리를 상침 봉제한다.

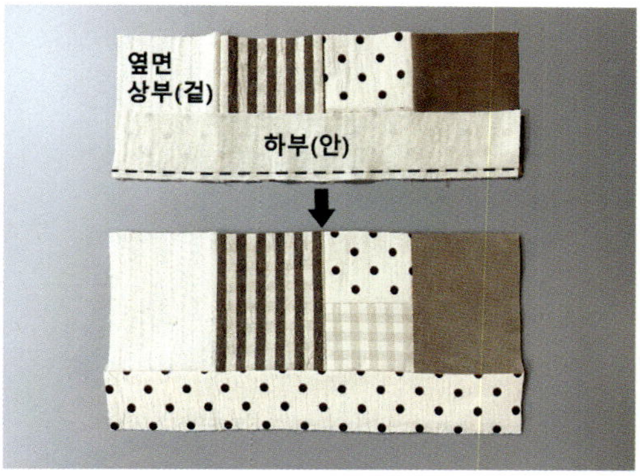

03. 겉감 옆면의 상, 하 절개 부분을 서로 겉끼리 포개어 놓고 봉제하여, 시접을 가름솔 하여 다리고 원단 안쪽에 누빔솜을 붙인다. (비 접착식의 경우 시침핀으로 고정)

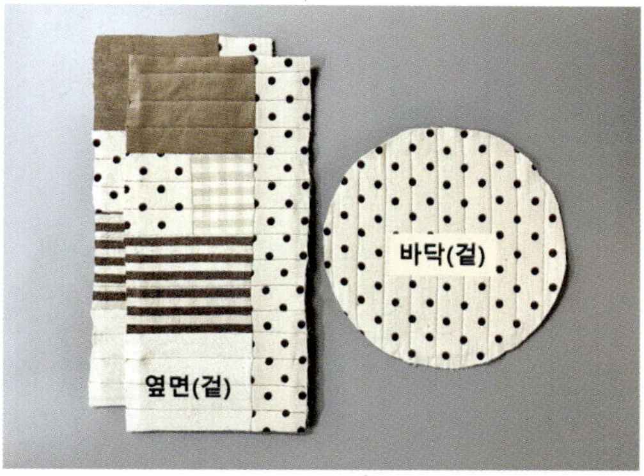

04. 겉감 옆면의 겉이 보이도록 놓고, 원하는 간격과 모양으로 원단을 누빈다. 겉감 바닥도 같은 방법으로 누빔솜을 원단에 누빈다.

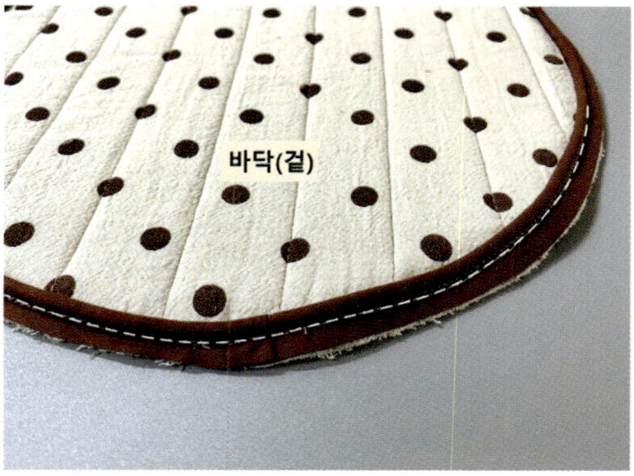

05. 겉감 바닥의 겉면의 둘레에 파이핑 노루발을 이용해 파이핑을 장식 봉제한다.

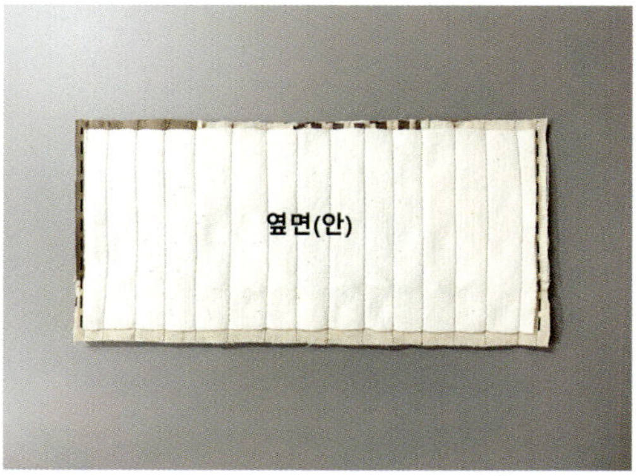

06. 겉감 옆면의 겉끼리 맞닿게 포개어 양쪽 옆선을 1cm간격으로 봉제하고 시접은 가름솔하여 다린다.

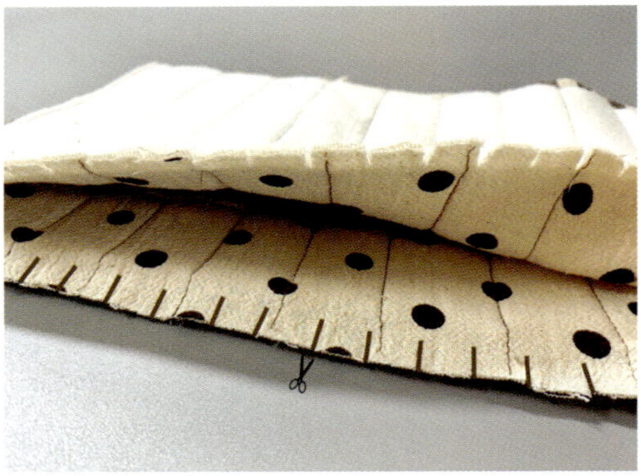

07. 겉감 옆면의 아래쪽 둘레 부분에1~1.5cm 간격으로 0.7cm 깊이의 가위집을 넣는다.

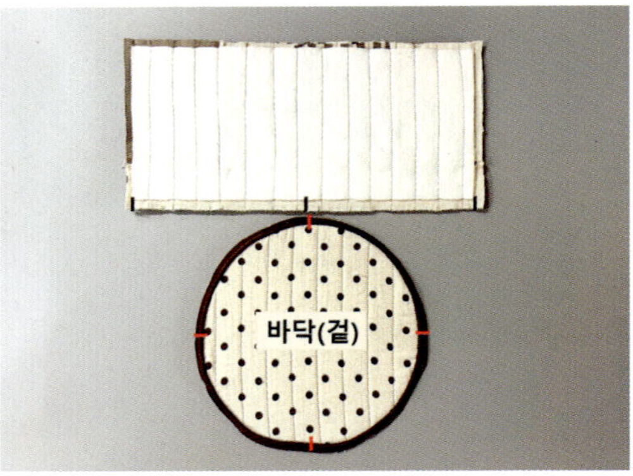

08. 도안에 표시된 바닥의 기준점(1/4지점)을 바닥 감에 표시하고, 옆면 아래에도 1/4 지점을 표시한다.

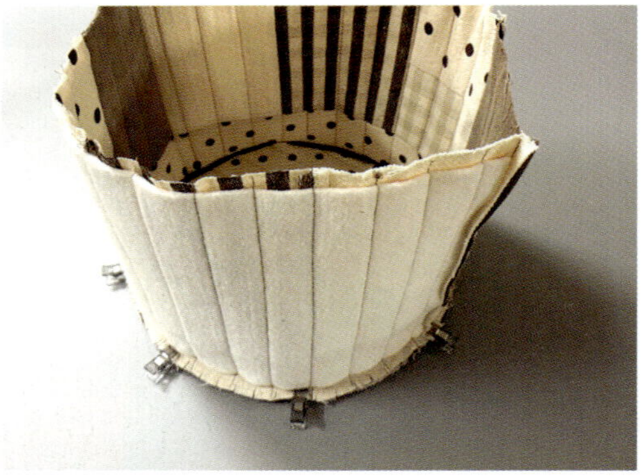

09. 바닥과 옆면의 겉끼리 맞닿게 포개어 둘레를 집게로 고정한다.

10. 바닥 둘레를 1cm 간격으로 봉제한 다음 시접을 0.5cm 정도만 남기고 잘라낸다.

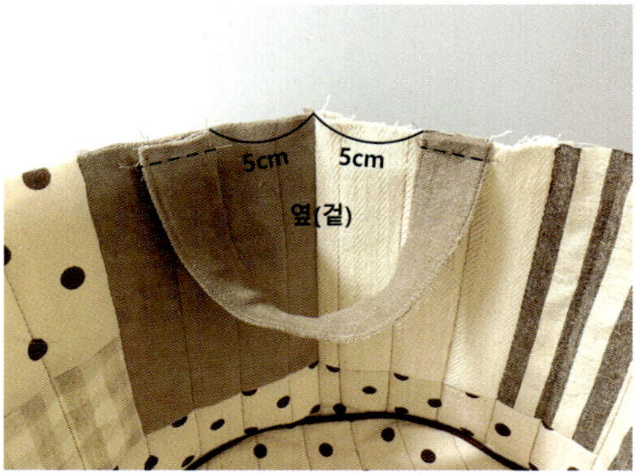

11. 겉감 옆면의 옆선 박음질 선을 중심으로 양쪽으로 5cm씩 떨어진 곳에 손잡이를 시침박음질 하여 고정한다.

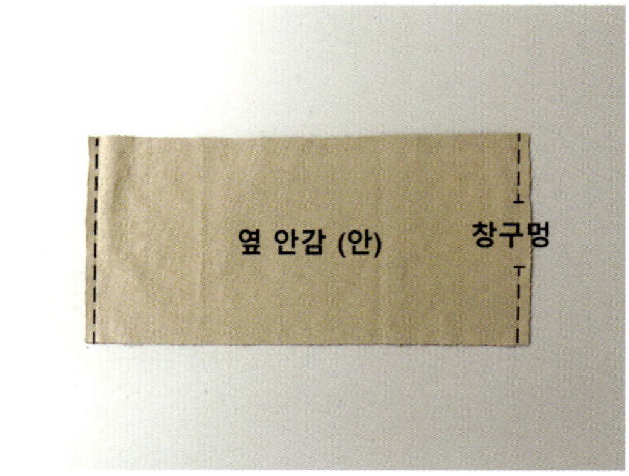

12. 안감 옆면의 원단을 겉끼리 맞닿게 포개어 양쪽 옆선을 봉제한다. 이 때, 시접은 1.2cm정도로 겉감보다 약간씩 두껍게 박음질하고, 한쪽 옆선의 가운데에 10cm 정도의 창구멍을 남긴다.

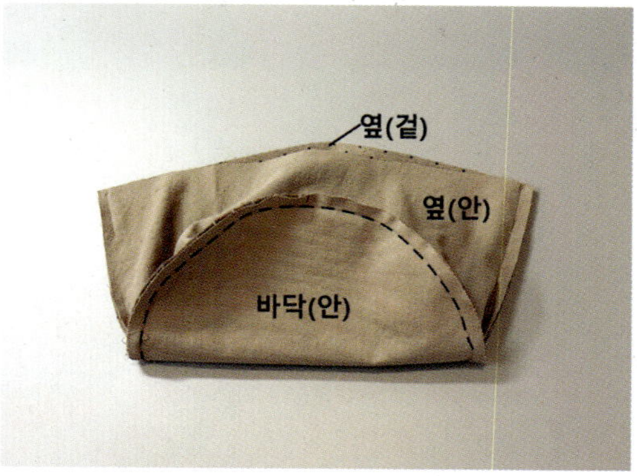

13. 겉감과 같은 방법으로 안감의 바닥과 옆면도 연결한다. (마찬가지로 시접을 1.2cm 정도로 겉감보다 두껍게 봉제한다.)

14. 겉감의 겉면과 안감의 겉면이 서로 맞닿도록 겹쳐 넣은 다음, 입구 둘레 부분을 1cm 간격으로 봉제한다.

15. 창구멍으로 겉감이 나오도록 뒤집어 바구니의 입구 둘레를 정리해서 다림질한다.

16. 입구 둘레의 가장자리에서 0.2cm 간격으로 바구니의 겉면에서 상침 봉제한다.

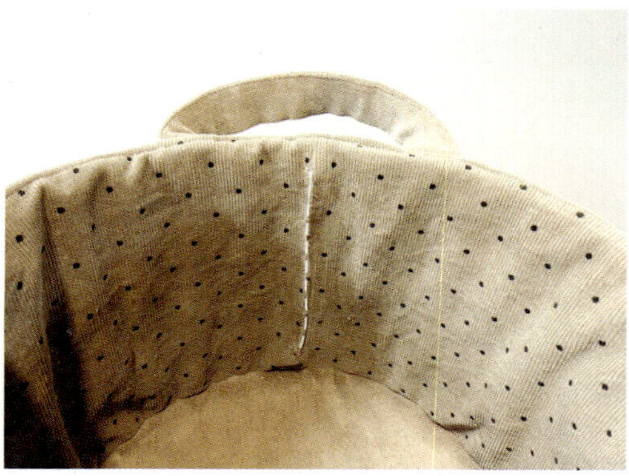

17. 창구멍은 시접을 안으로 접어 넣어 0.2cm 상침 봉제하거나 손바느질로 공그르기 하여 막는다.

18. 완성

14

아기보넷

완성사이즈	밑단 폭 단면 길이 12cm, 높이 16cm, 목 끈 길이 35cm
재 료	원단, 접착심지
난 이 도	중상
제 작 시 간	패턴 30분, 재단 30분, 봉제 140분
포 인 트	디자인, 사이즈, 패턴, 곡선 봉제, 공그르기, 끈만들기
바느질기법	챙 만들기, 끈 만들기, 곡선봉제(곡선 시접 처리), 주름 봉제, 겉감과 안감 봉제, 창구멍 공그르기
작 업 과 제	1. 제시되는 패턴을 이용하여 생후 12개월 이전의 아기에게 쓰일 수 있는 주름이 있는 사랑스러운 디자인의 형태로 제작한다. 2. 안감을 넣고, 창구멍은 공그르기로 마무리 한다. 3. 보넷의 여밈은 원단으로 끈을 만들어 묶을 수 있도록 제작한다.
심 화 과 정	1. 완성 사이즈 변경 2. 남아용 보넷 3. 챙 끝을 0.5cm간격으로 3번 장식스티치 4. 주름이 없는 디자인의 보넷 만들기 5. 여밈을 끈 대신 단추를 이용하여 만들기 6. 보넷의 목둘레를 바이어스로 마감하기 7. 끈 대신 고무줄 달기

작업순서

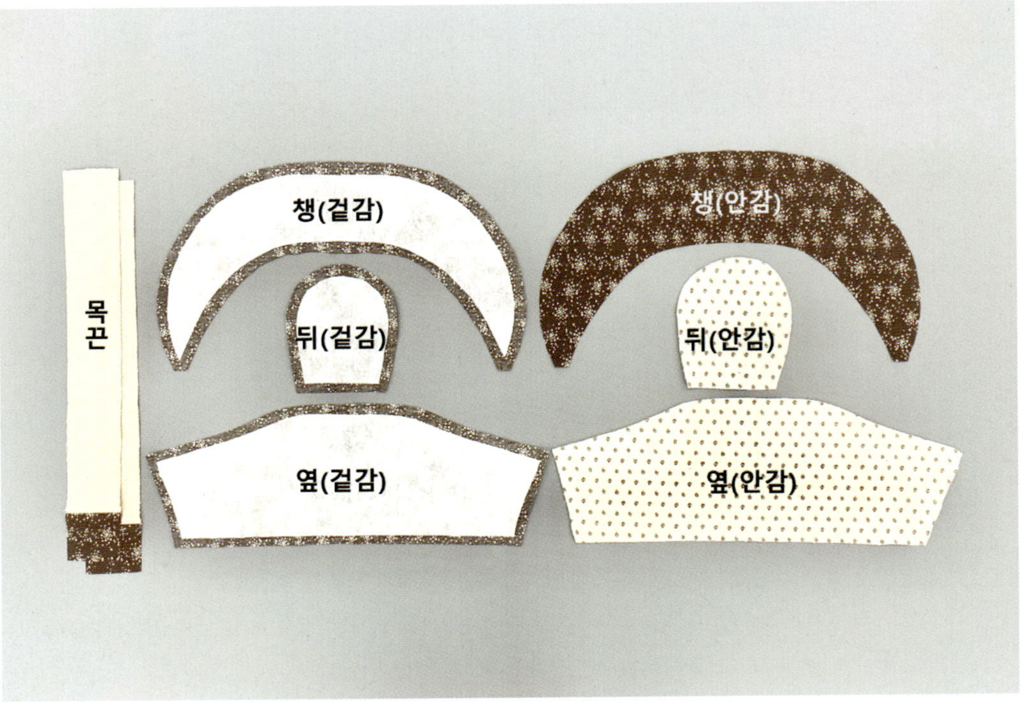

재단

- 챙 : 겉감 1장, 안감 1장, 심지 1장
- 보넷 뒤 몸판 : 겉감 1장, 안감 1장, 심지 1장
- 보넷 옆 몸판 : 겉감 1장, 안감 1장, 심지 1장
- 목 끈 : 완성사이즈 길이 35cm×폭 1cm (재단 시 길이 37cm×폭 4 cm) 2장

① 뒷면의 실물 도안을 이용하여 시접은 1cm를 주고 재단한다.
② 접착심지를 사용할 경우 심지는 시접 없이 재단하고, 겉감 원단의 안쪽 면에 붙여 준비한다.
③ 목 끈은 원하는 원단을 길이 37cm×폭 4cm의 크기로 시접 없이 2장 재단한다.

※ 시접 1cm씩 포함한 사이즈입니다.

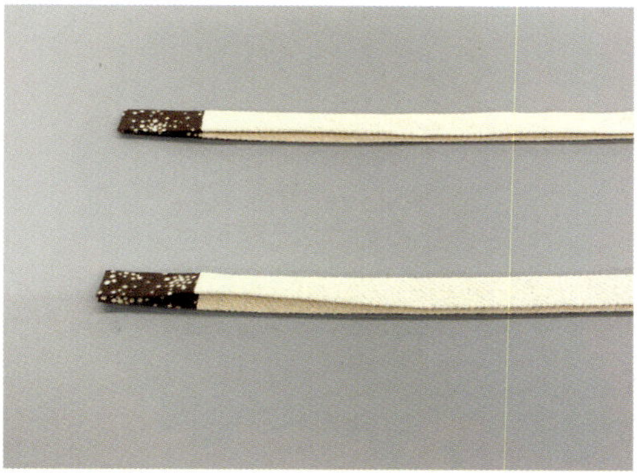

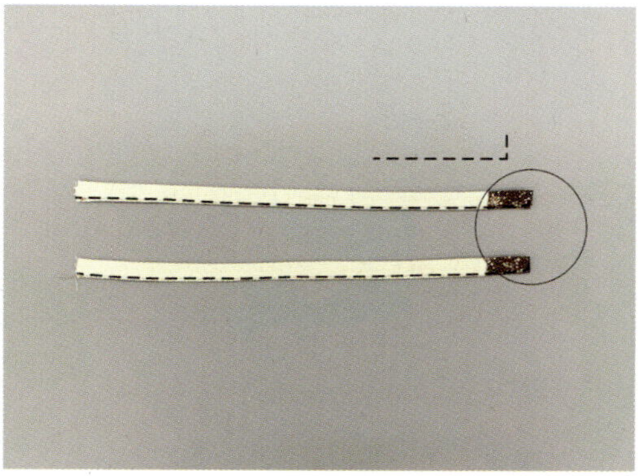

01. 보넷의 끈 감을 길게 반으로 접었다 펼친 후, 양쪽의 시접을 가운데로 모이도록 접고 다시 반을 접어 다림질한다. (이때, 한 쪽 끝부분의 시접은 접어 넣어 깔끔하게 처리 한다.)
※ 캔디쿠션커버 과정 13~16참고

02. 벌어진 가장자리 부분을 상침 박음질 하여 끈 2개를 완성 한다.

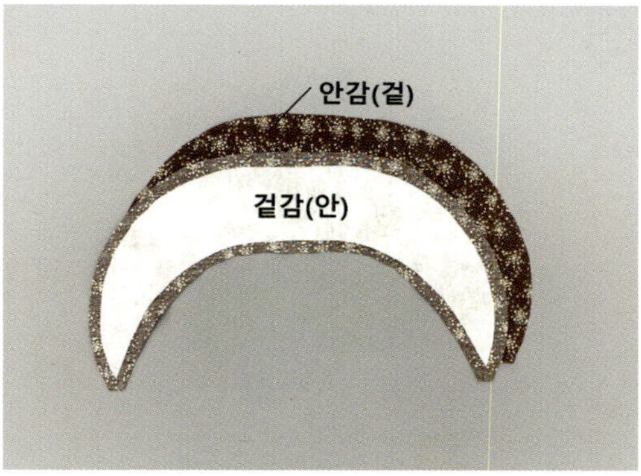

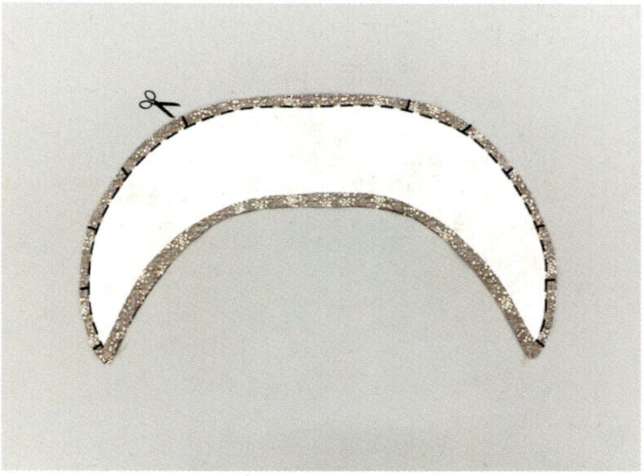

03. 챙 원단 겉감과 안감의 겉끼리 서로 맞닿도록 포개어 놓고, 바깥 둘레를 박음질한 다음 곡선 부분의 시접을 다듬고 챙의 겉면이 보이도록 뒤집는다.

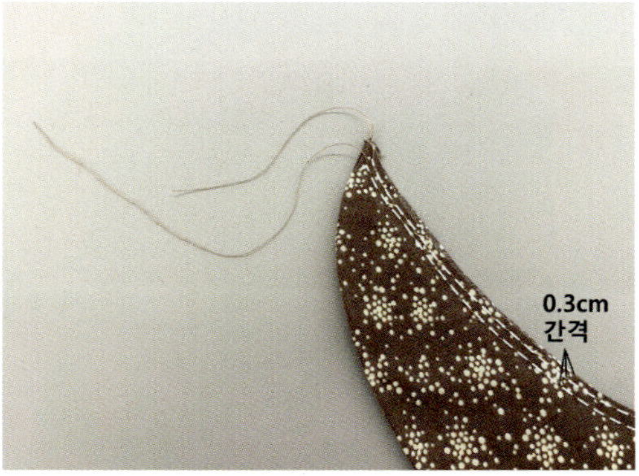

04. 재봉틀의 땀 길이를 가장 크게 설정하고, 챙의 안쪽 둘레 (주름 표시된 부분) 시접의 가장자리에서 0.3cm 간격으로 두 줄 박음질한다. 이때, 시작과 끝은 되돌아 박기를 하지 않고 실의 여유를 10cm 이상 남긴다.

05. 밑 실 두 가닥을 잡아 당겨 챙에 주름을 골고루 만들어 준다. 주름이 생긴 시접 부분을 다리미의 뾰족한 머리 부분으로 눌러 모양을 잡아 준다.

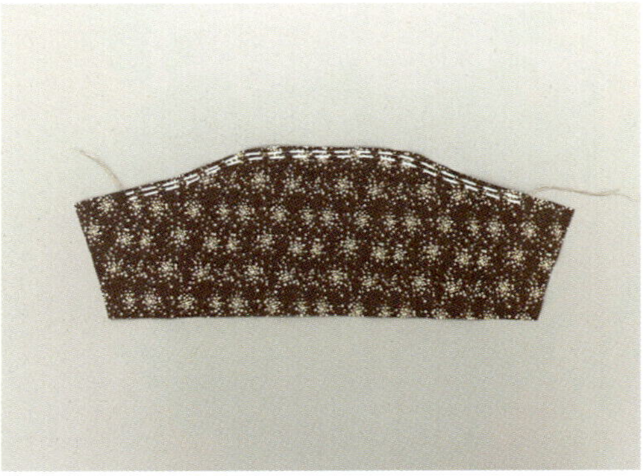

06. 보넷의 옆 몸판의 뒤 둘레 주름 부분도 같은 방법으로 두 줄 주름 박음질을 하고 주름을 잡는다.

07. 뒤 몸판과 옆 몸판의 겉끼리 맞닿게 놓고 주름이 고루 잡히도록 시침핀으로 고정한 다음, 봉제한다.

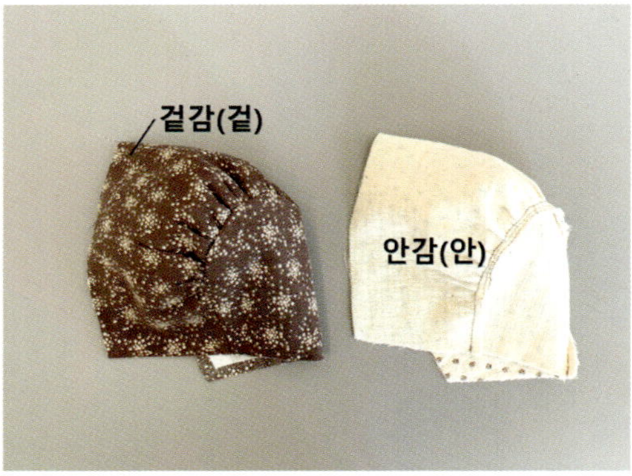

08. 안감도 같은 방법으로 완성 한다.

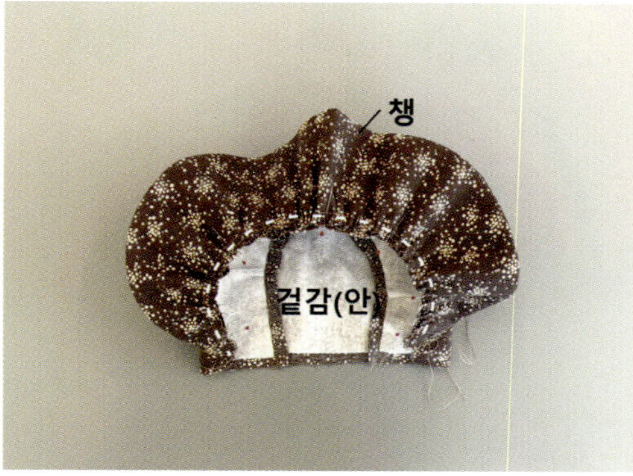

09. 챙을 보넷의 겉 몸판의 겉감에 0.5cm간격으로 시침질하여 임시 고정한다.

10. 끈을 표시해 둔 위치에 시침질하여 임시 고정하고 보넷의 겉면이 보이도록 뒤집어 둔다.

11. 보넷의 겉감은 겉이 보이도록 하고, 안감은 안이 보이도록 한다.

12. 겉감과 안감의 겉끼리 서로 맞닿게 포개어 놓고 둘레를 시침핀으로 고정한다.

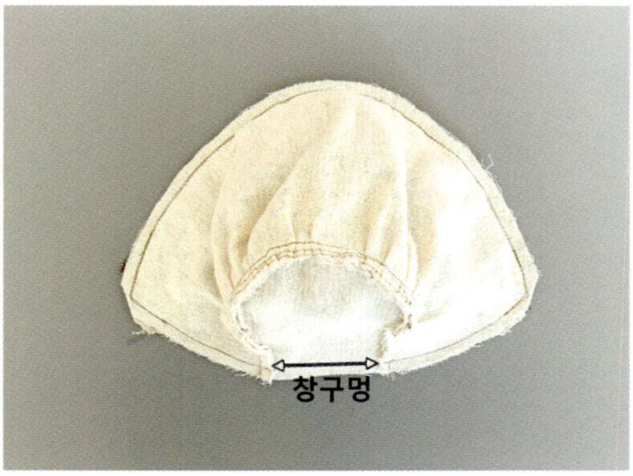

13. 창구멍을 제외한 나머지 부분의 둘레를 박음질한 다음 모서리와 둘레의 시접을 다듬어 주고, 창구멍으로 뒤집어 겉면이 보이도록 정리한다. 창구멍은 손바느질로 공그르기 하여 마무리한다.

14. 완성

MEMO

15

챙모자

완성사이즈	지름 약 39cm
재 료	원단, 심지
난 이 도	중
제 작 시 간	패턴 30분, 재단 30분, 봉제 140분
포 인 트	디자인, 사이즈, 패턴, 심지붙이기, 꼭지점 붙이기
바느질기법	곡선 봉제, 시접 처리, 심지붙이기, 끈 만들기, 모서리 모아박기
작 업 과 제	1. 성인용 빳빳한 챙이 달린 모자 2. 기본 제시되는 패턴을 이용하여 만든다. 3. 양면으로 사용 가능하며, 스트링 끈을 달아준다. 4. 7개의 조각의 꼭지가 반듯하게 모이도록 봉제한다.
심 화 과 정	1. 완성 사이즈 변경 2. 주어진 원단을 모두 활용하여 만들기 3. 모자 안쪽을 실고리로 3군데 이상 고정하기 4. 챙과 크라운이 분리되어 있는 형태로 만들기 5. 끈을 모자 둘레에 감아 리본으로 묶어주는 형태 6. 겉감, 안감 각각 6조각의 모자로 만들기 7. 아동용 모자를 만들기

작업순서

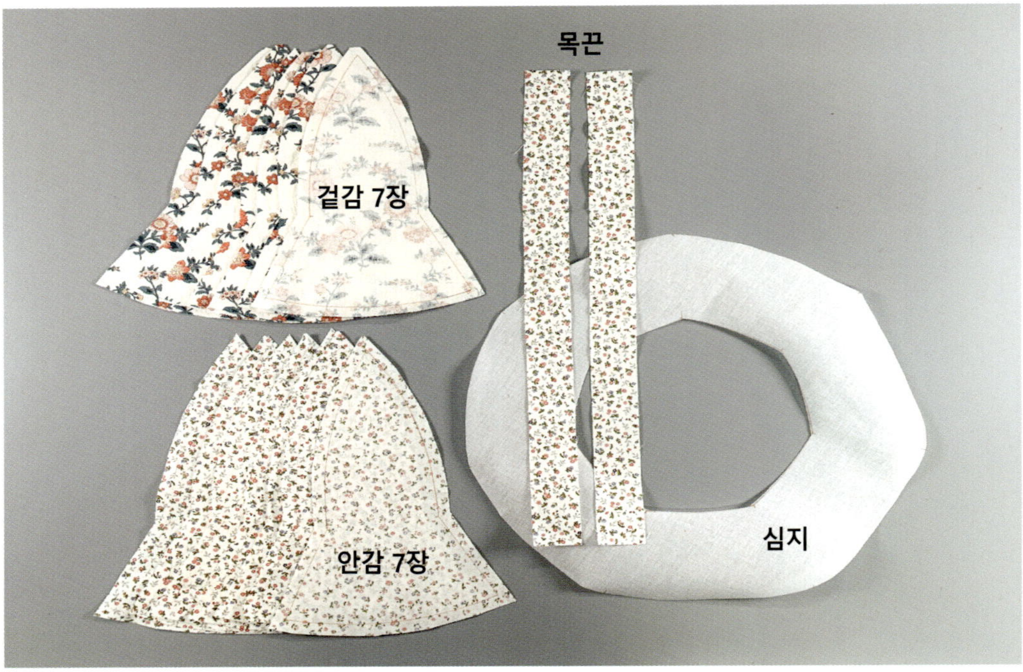

재단

• 겉감 1/2마, 안감 3/4마, 모자 심지 1/4마

① 모자 머리와 챙 부분 도안 붙여 겉감, 안감 각각 7장씩 도안 선을 그리고, 시접주어 재단한다.

② 목 끈은 안감원단을 50cm×4cm의 사각형태로 도안선을 2장 그려 시접 없이 재단한다.

③ 모자심지에 챙 부분 도안을 옆으로 연속으로 7번 붙여 그려, 원형태의 도안선을 그려 시접없이 재단한다.

※ 시접 1cm씩 포함한 사이즈입니다.

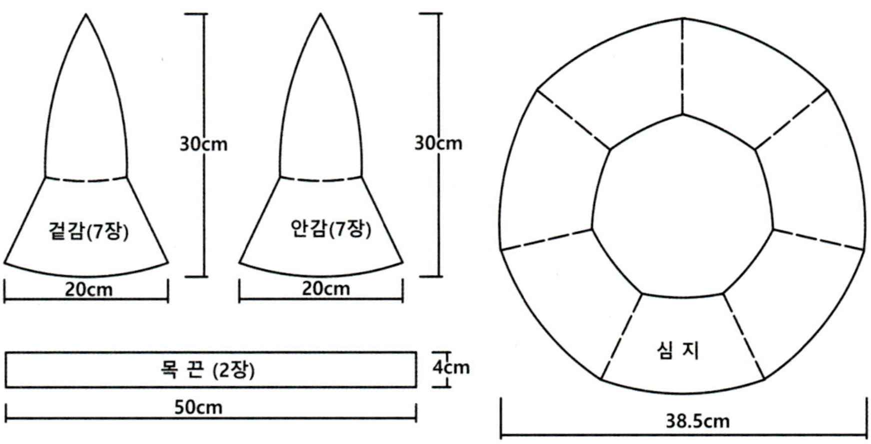

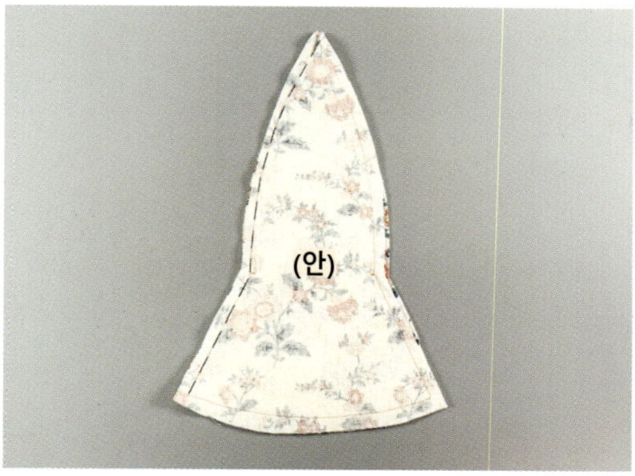

01. 겉감 조각 두 장을 도안선에 맞춰 겉면끼리 겹친 후, 한쪽 옆선만 봉제한다.

02. 두장씩 연결한 두세트를 다시 겉면끼리 겹쳐, 한쪽 옆선을 박는다. 가운데 봉제선의 시접은 가름솔로 벌려 준 후 봉제한다.

03. 다른 한세트에는 한 장의 조각을 연결하여, 3장을 연결한 세트와, 4장을 연결한 세트를 준비한다.

04. 두세트를 겉면끼리 겹쳐, 양 옆 선을 모두 박아, 빙 둘러 7조각이 모두 연결된 상태를 만든다. 모서리가 뾰족하게 잘 만나도록 섬세하게 봉제한다.

05. 안감 조각 역시 겉감과 같은 방식으로 7조각을 모두 박아서 연결한다. 이때, 옆 선 하나의 챙 부분 중간에 창구멍을 만든다.

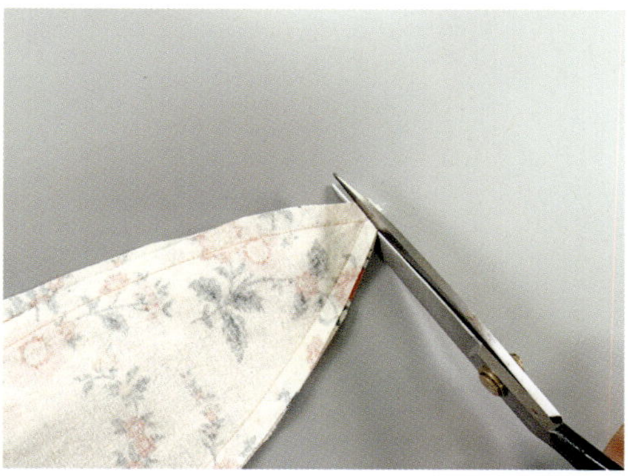

06. 윗 모서리 부분의 시접은 잘라내고, 꼭지부분에 구멍이 없도록 잘 모아 준다.

7. 둥근 옆선의 시접부분은 모두 가위집을 내준다.

8. 챙부분의 시접은 모두 가름 솔로 벌려 다림질한다.

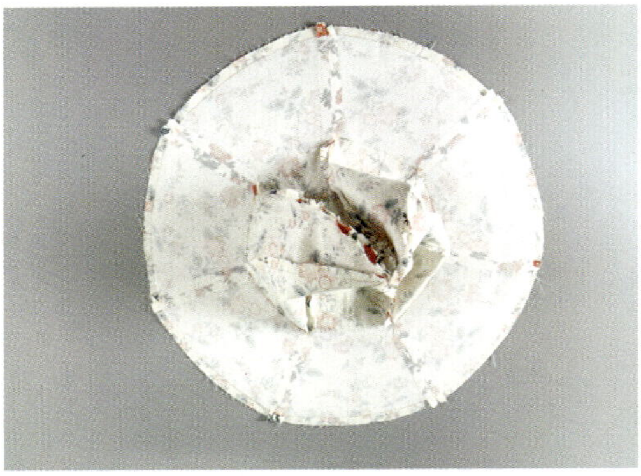

9. 모자의 챙 부분 심지는 겉감의 안쪽 면 도안선에 맞춰 다림질로 붙여준다.

10. 겉감모자와 안감모자를 겉면끼리 마주 닿도록 겹쳐 챙의 끝 가장자리를 따라 시침 핀으로 고정한다.

11. 겉감, 안감을 겹친 상태의 가장자리 도안선을 따라 봉제한다.

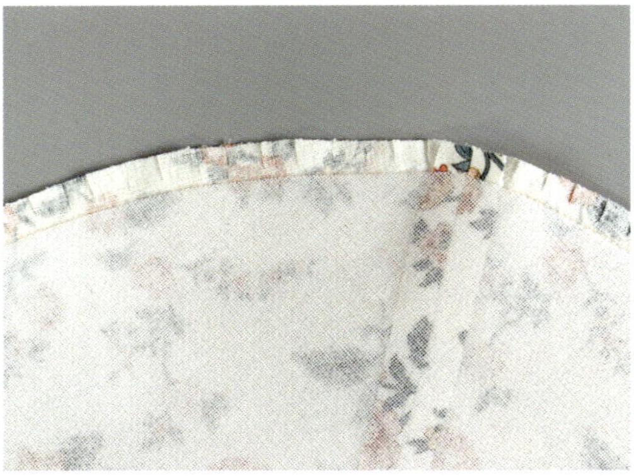

12. 챙 가장자리 둥근 시접은 폭을 0.5cm 폭으로 잘라내고, 가위집을 넣는다.

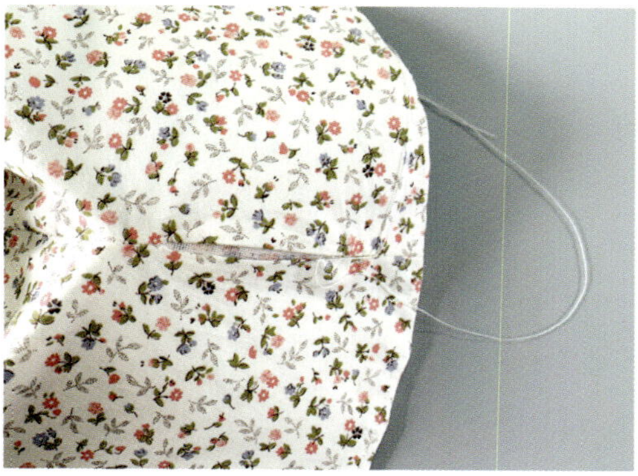

13. 전체를 안감 쪽 창구멍을 통해 뒤집은 다음 모양을 잘 잡아 다림질한 후, 창구멍은 공그르기로 막아 준다.

14. 가장자리를 따라 상침 봉제를 한다.

15. 목끈 용 원단 2장은 각각 4등분으로 안으로 접은 후, 긴 방향의 한쪽 끝을 0.5cm 안으로 접는다. 이때, 접은 시접이 노출되지 않도록 예쁘게 접어 넣는다.

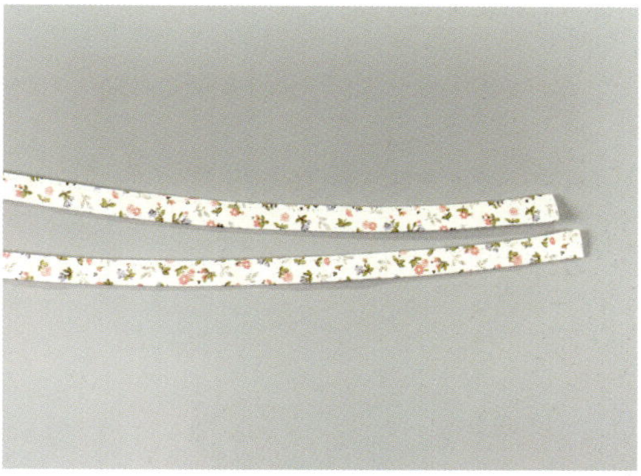

16. 끈 2장을 각각 ㄱ자 형태로 박는다.

17. 안감 면에서 모자의 챙이 끝나고, 머리부분이 시작되는 위치의 양쪽에 끈을 접어서 봉제해서 고정한다.

18. 완성

「소잉 TIP」

TIP 1 손바느질 아플리케 기법

아플리케는 장식 기법으로 바탕 천 위에 조각천을 올려, 윤곽을 실로 꿰매 붙이는 바느질법으로 손바느질 방법은 공그르기로 꿰매어 바늘땀을 감추는 방법과, 가장자리에 따라 일정한 땀으로 감싸듯 감침질하는 방법이다.

작업순서

01. 원단의 안쪽면에 도안선을 그린 후, 도안선 밖 시접부분을 따라 홈질한다.

02. 안쪽으로 도안지를 넣고 홈질한 실을 당겨, 시접이 접힌 상태로 다림질하여 원단이 도안 모양이 되도록한다.

03. 안의 도안지를 뺀 후, 모양 원단을 바탕천 위에 올려 시침 고정한 후 가장자리 접힌 선을 따라 공그르기 한다.(사이에 솜을 넣거나, 심지를 붙여 두께감을 주어도 좋다.)

04. 모양 펠트지를 위치에 올려, 색실로 가장자리를 감침질하여 고정한다.(가장자리 선에 직각이 되도록 땀을 넣어야 깔끔하게 마무리된다.)

05. 완성

TIP 2

머신 아플리케 기법

재봉기로 조각원단 가장자리를 따라 지그재그 봉제나 다양한 패턴으로 밑원단에 봉제하여 고정한다.

TIP 3 변형 핀턱 기법

간격에 맞춰 핀턱 봉제를 하고 한방향으로 다림질을 한 다음, 일정간격으로 턱의 방향을 바꿔 가며 가로 봉제를 한다.

기본 핀턱 기법

변형 핀턱 기법

CHAPTER 01. 패브릭소품 제작 실기

TIP 4 태슬만들기

(tassel : 쿠션,가방 등의 소품과 옷에 꾸밈 장식으로 다는 술)

산란실, 자수실, 털실, 천, 가죽, 끈 등을 재료로 사용하여 간단한 방법으로 다양한 크기와 디자인으로 만들어 포인트를 줄 수 있다.

작업순서

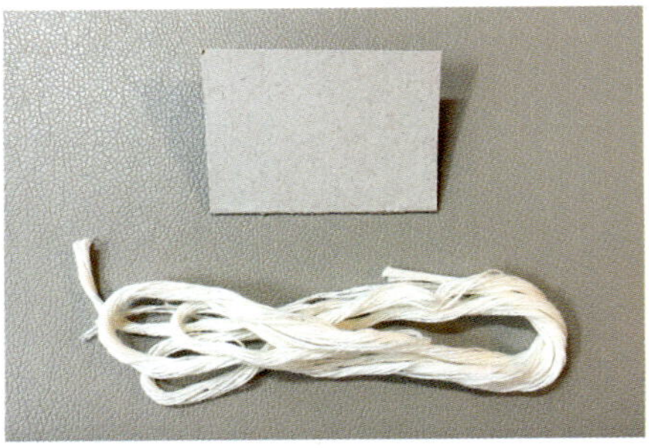

01. 두꺼운 종이를 이용하여 만들고자 하는 태슬의 길이보다 1~2cm 더 길게 높이를 잡고 사각형으로 자른다.

02. 실을 잘라 놓은 종이판에 원하는 두께만큼 세로로 감아준다.

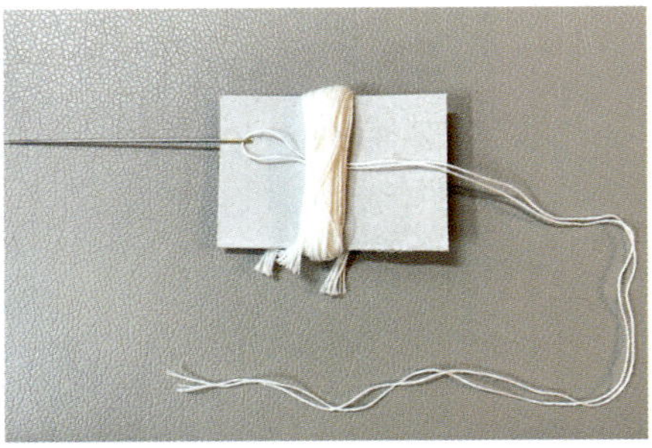

03. 길이 20cm 정도로 새로운 실을 잘라 감아놓은 실의 중간으로 넣어 매듭이 풀리지 않도록 2번 묶는다.

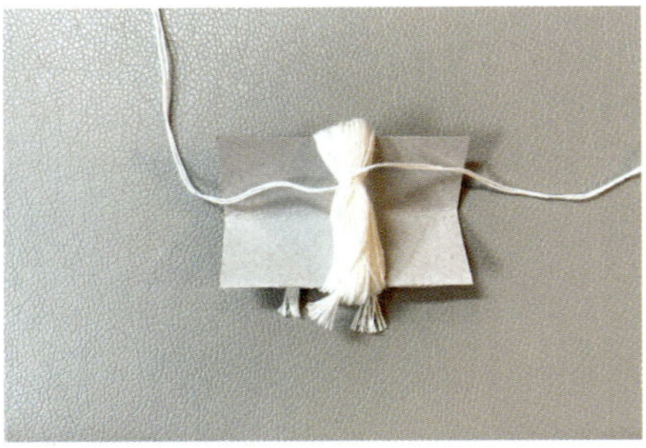

04. 종이판을 살짝 구부려 실에서 빼준다.

05. 길이 30cm정도의 새실을 준비하여 사진과 같이 고리를 만들어 태슬의 아래에 둔다.

06. 고리를 만든 실을 태슬실의 위에 놓고 잡은 상태에서 오른쪽 뒤에 있는 긴 실을 태슬기둥의 둘레에 5번 정도 감는다.

07. 긴 실은 고리 안으로 넣고 아래로 잡아 당겨 준다. 윗 실과 아랫실을 같이 잡아 당기고, 윗실과 아랫실을 번갈아 잡아 당겨주면 안쪽으로 매듭이 지어진다.
남은 윗실과 아랫실을 바짝 자른다.

08. 태슬의 아래부분을 반으로 나누어 자르고 튀어나온 부분은 아랫실을 잡아당겨 가며 모양을 잡아준다.

소잉디자이너
자격 1급 패브릭소품 실기시험
문제 유형

20　　년도　일반검정 제　　　회

등 급	종 목	수험번호	이름
소잉디자이너 1급	패브릭소품		

※시험시간 : 표준시간 4시간, 연장시간 : 없음

※시험문제지와 작업지시서는 작품과 반드시 같이 제출하여야 합니다.

실기시험문제(예시)

1. 요구사항

※ 지급된 재료를 이용하여 기하학적 느낌의 북커버를 제작하시오.

(요구사항이 많으니 잘 읽어주시기를 바랍니다.)

가. 제시된 주제에 알맞은 작품을 디자인하여 제작하시오.
(지급받은 원단의 겉면과 안면(표면과 이면)은 수험자가 알아서 판단하시오.)

나. 디자인의 컨셉과 작품의 의도(사용자 연령, 환경...), 도식화를 문제지에 첨부된 작업 지시서에 작성하여 제작한 작품과 함께 채점용으로 제출하시오.
(도식화는 간단한 사이즈와 그림 또는 도면으로 설명이 가능합니다.)

다. 책의 크기는 (국판) 가로 14.8cm×세로 21cm×두께 1.5cm입니다.

라. 겉감과 안감이 있게 만드시오.

마. 창구멍은 고운감침질로 마감하시오.

바. 연필이나 펜을 꽂을 수 있게 하시오.

사. 카드나 메모지를 수납 할 수 있는 칸을 만드시오.

아. 지급된 벨크로를 이용하여 닫을 수 있게 하시오.

자. 제시된 고무줄을 반드시 사용하시오.

차. 겉면에 15cm 이상 장식스티치 하시오.

카. 제시되지 않은 치수는 디자인에 맞게 적절히 제작하시오.

타. 반드시 6종의 원단을 디자인에 적절히 반영하시오.

파. 패턴을 제출하시오.

2. 수험자 유의사항

가. 수험자는 지정된 공구와 시설 외 본인 지참 재봉용구만을 사용하고, 수험장 내에서는 이동을 금하며 이동할 때에는 시험위원의 승인을 받아야 하고, 반드시 정숙을 유지하여야 합니다.

나. 지급재료는 시험 전 확인하여 이상이 있을 경우 시험위원으로부터 조치를 받고 시험 도중에는 재료의 교환 및 추가 지급을 하지 아니함에 유의하시오.

다. 작품은 표준시간 내에 완성하여야 하며, 표준시간을 초과할 경우에는 채점대상에서 제외됩니다.

라. 다음과 같은 작품은 채점 대상에서 제외됩니다.

1) 표준시간 이후에 제출한 작품이거나 미완성 작품

2) 지정된 시설이나 **지급된 재료 이외의 재료를 사용한 작품**

3) 패턴의 제도가 미완성이거나 생략된 작품

4) 제시된 디자인과 도면이 맞지 않은 작품

5) 요구사항과 맞지 않은 작품

6) 변형이 심하여 외관이 극히 불량한 작품

7) 기능도가 극히 불량한 작품

가) 봉제 상태가 좌·우 상이한 작품

나) 봉제 상태가 잘못되어 사용할 수 없는 작품

마. 작업이 끝난 수험자는 완성된 작품, 문제지와 작업지시서 및 남은 지급 재료를 함께 제출하고, 정리 정돈을 잘한 후에 퇴장합니다.

20 년도 일반검정 제 회

등 급	종 목	수험번호	이름
소잉디자이너 1급	패브릭소품		

작업지시서(예시)

시험 시간	4시간	과제명	북커버

◆ 도식화 (도식화는 간단한 사이즈와 그림 또는 도면으로 설명이 가능합니다.)

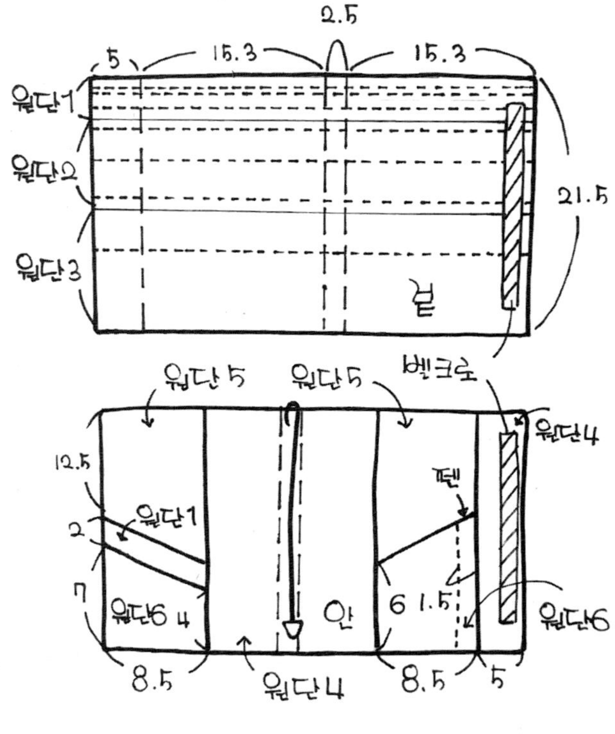

◆ 디자인 컨셉과 작품의 의도

독서를 좋아하는 20~40대 여성을 위한 북커버로 사용자의 세련되고 지적인 이미지가 느껴지도록 겉면은 면분할을 최소화하면서도 박음선의 반복과 변화로 기하학적 이미지를 주었다. 안쪽은 사용자의 편의를 위해 책을 읽을 때 필요한 메모지와 펜을 꽂을 수 있게 하였다. 책이 벌어지지 않게 하기 위하여 지급된 벨크로로 여닫을 수 있게 하였고 고무줄이 책갈피 역할을 하도록 만들었다.

겉면의 장식 박음선이 좁은 간격에서 넓은 간격으로 변화하면서 책을 읽으면서 세상을 보는 시각이 넓어짐을 표현하고자 하였다. 그에 따라 바탕의 색도 변화함으로써 변화되는 세상을 시각화하였다. 아울러 반복된 박음선이 오래 사용하여도 튼튼할 수 있도록 원단의 힘을 보강하는 역할도 하도록 의도하였다.

반달파우치

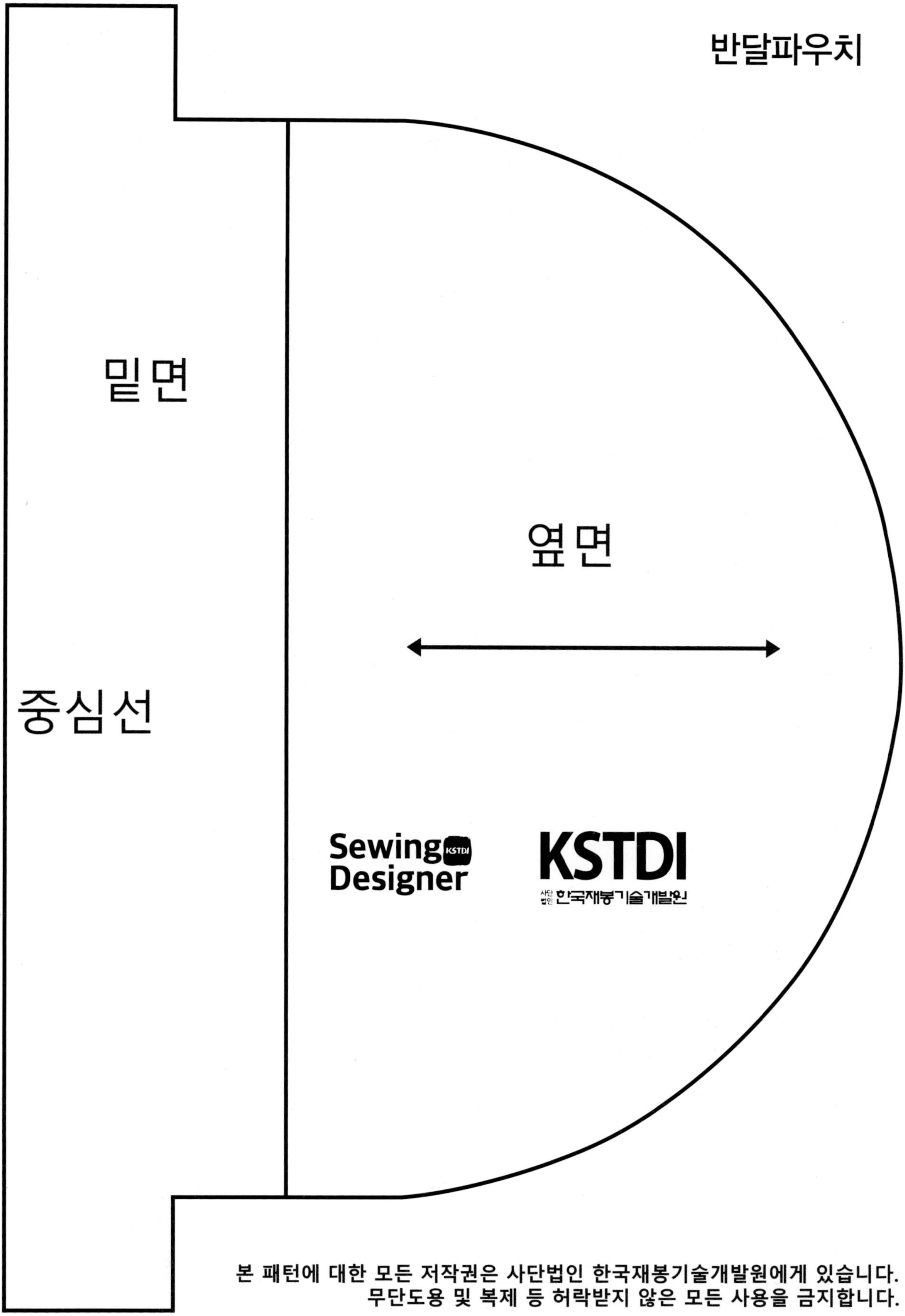

원형바구니

바닥

주방장갑

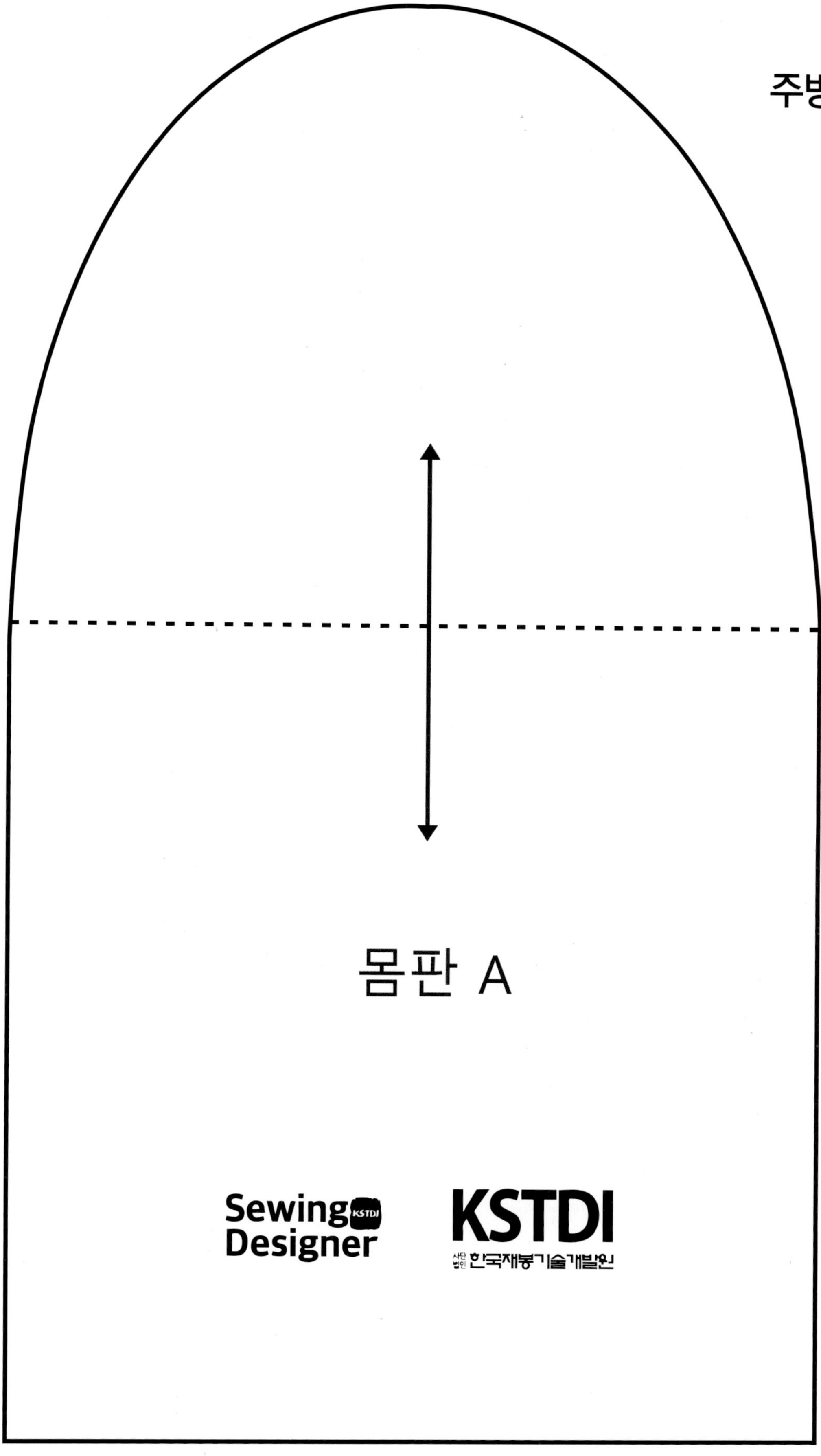

주방장갑

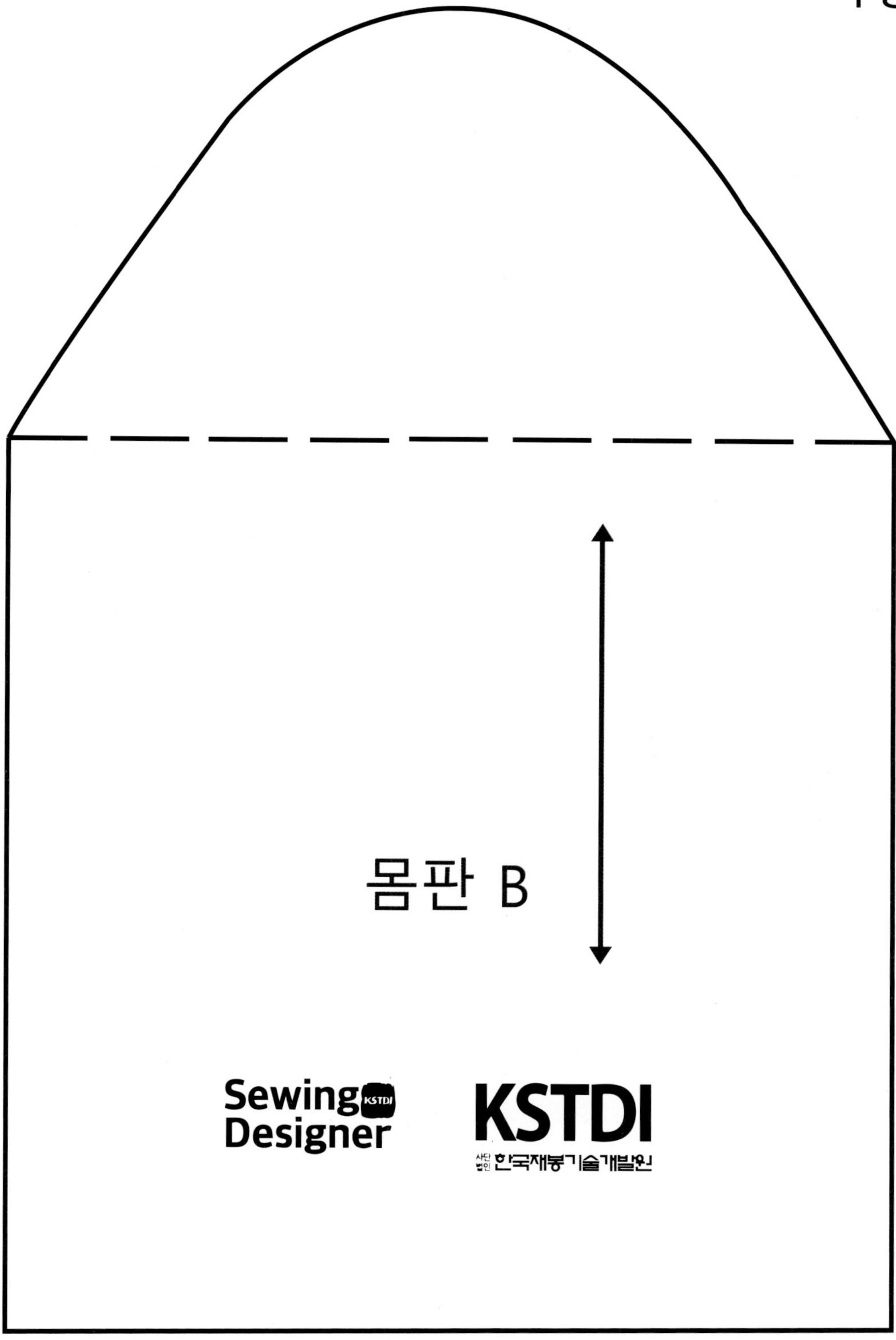

주방장갑

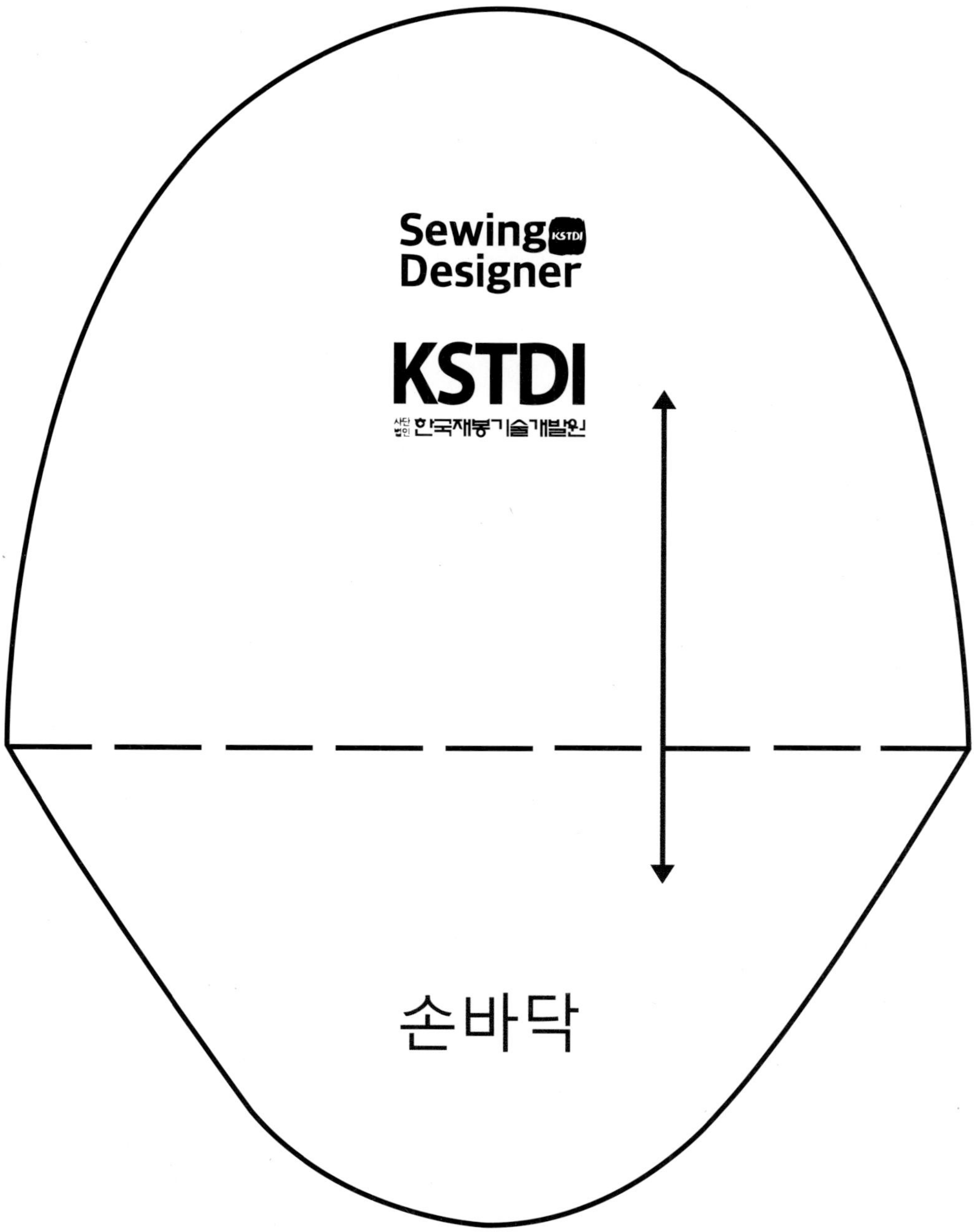

챙모자

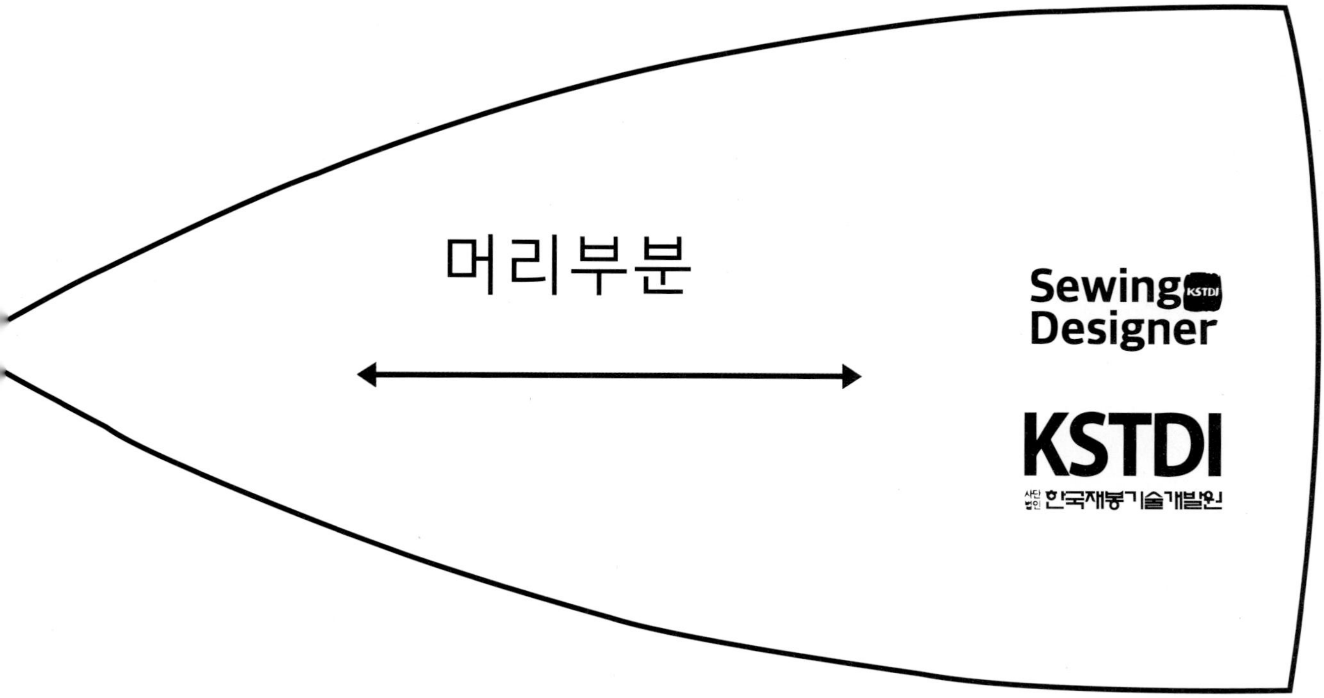

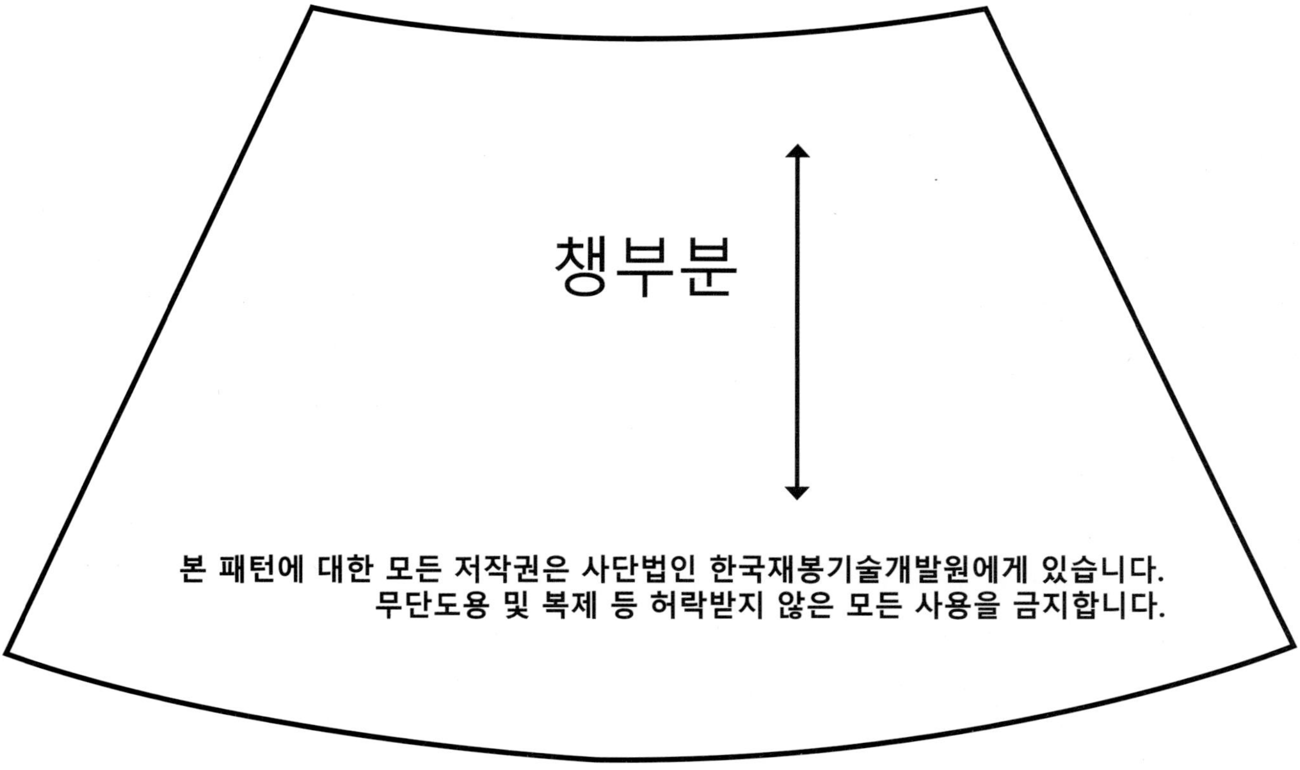

장지갑

아기보넷

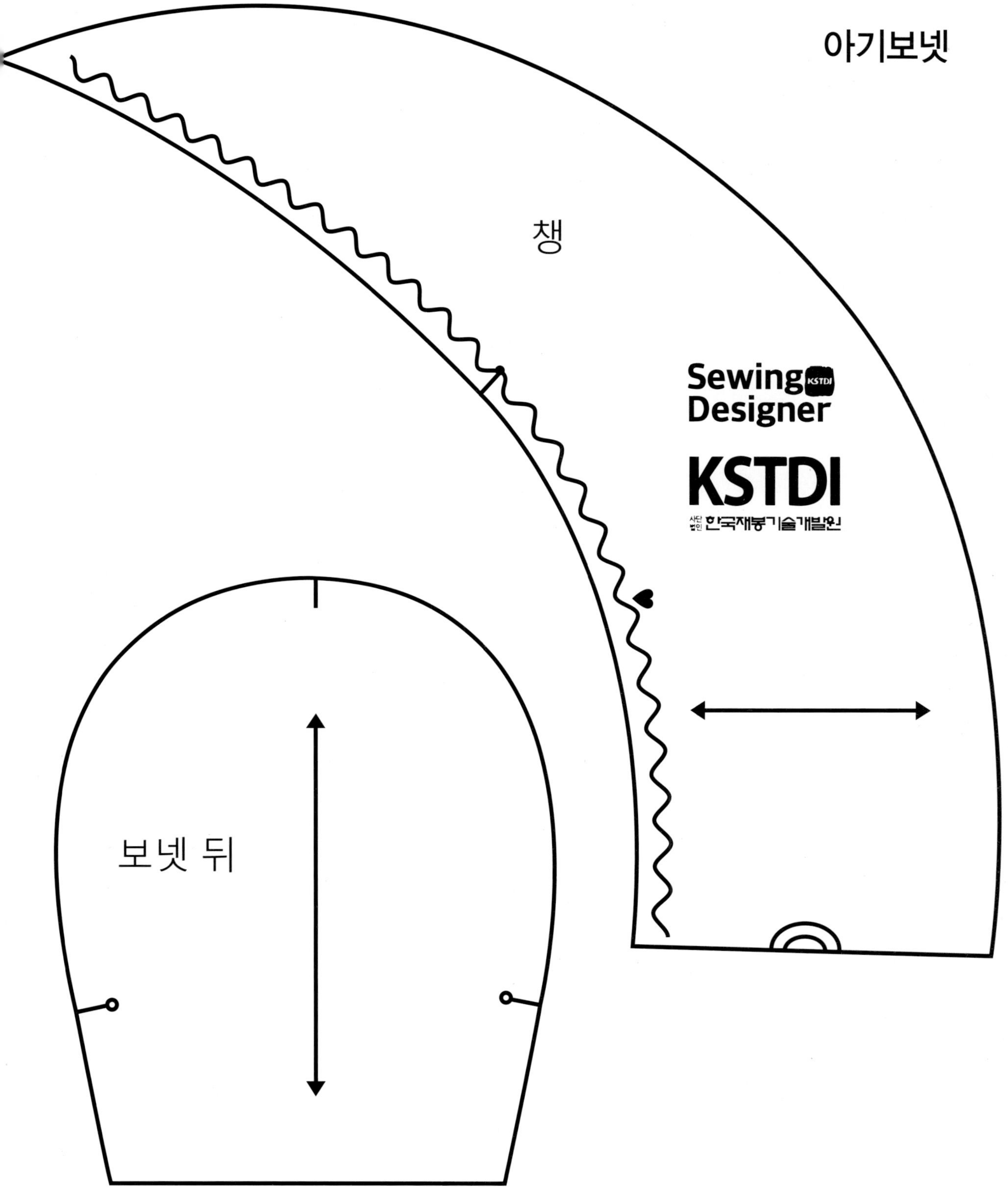

아기보넷

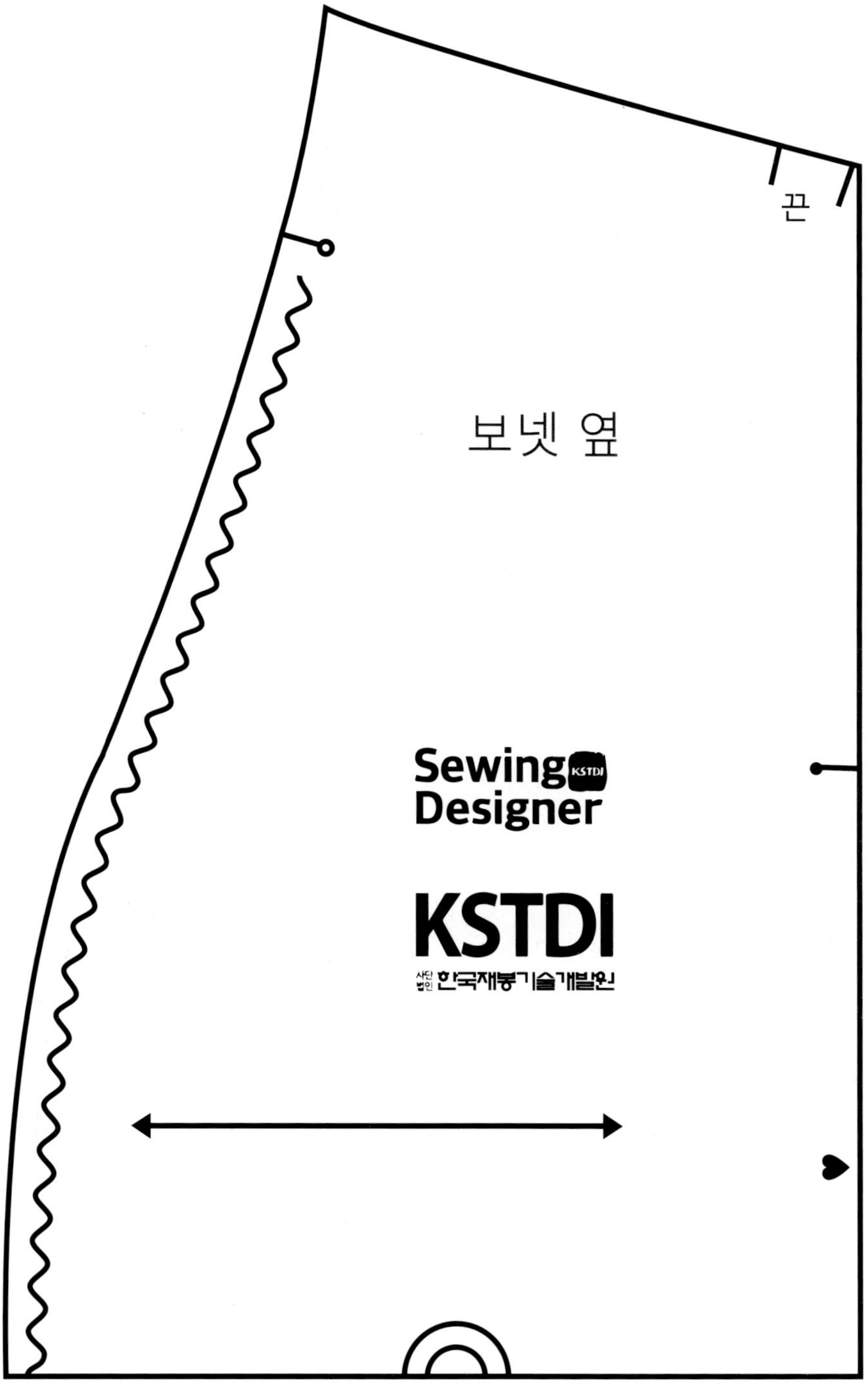

저자 소개

김지은

현) ㈜나우케이비 대표
더소잉스튜디오 운영
경희대학교 겸임교수
서울디지털대학교 객원교수

이화여자대학교 일반대학원 의류학과 박사
이화여자대학교 일반대학원 의류학과 석사
경희대학교 예술디자인대학 의류디자인전공 학사
'Fashion Trend Forecasting' Fashion Business Program, Fashion Institute of Technology, New York, USA

이화여자대학교, 덕성여자대학교, 국립강릉원주대학교, 김포대학교 외래교수 역임
서울현대전문학교 패션예술계열 전임교사 역임
이화여자대학교 산학협력단 연구원 (수출 브랜드용 디자인 개발 및 자문, 한류 마켓 선점을 위한 글로벌 섬유 패션 리더 사업 기반 구축)
산업통상자원부 국가기술표준원 제 6차 한국인 인체치수 직접측정조사사업 측정요원

한국산업인력공단 양장기능사
한국산업인력공단 컬러리스트산업기사
한국산업인력공단 컴퓨터그래픽스운용기능사

전시
2019 Annual International Invited Fashion Exhibition
2019 SFTI 디지털 패션 작품 초대전
2012 EWHA GLOBAL TOP 5 그룹전

저자 소개

황윤숙

산업디자인 전공
현) 한국소잉디자이너협회 전시홍보분과위원
바느질공방 달작업실 운영
텐바이텐 핑거스아카데미 출강
현대백화점 문화센타(신촌, 일산) 출강

저서
나는 바늘에 탐닉한다
리넨이 좋아
어느 오후 손바느질하다
손바느질 다이어리
북유럽 스타일 바느질
엄마 오늘 뭐 입지

박재임

현) 소소한날 소잉스튜디오 본점 대표
한국소잉디자이너협회 교육성장분과위원
클래스101공예부분 Ambition of Craft 1위 - 재봉틀 클래스 강사
대구시 달구벌여성인력개발센터 일자리 협력망 위원 위촉
부산시 사상구장애인복지관 상반기출강(2019년)
2015년 소잉공방 창업
2018년 소소한날 소잉스튜디오 가맹 등록, 본점(경북 구미)운영
2019년 소소한날 소잉스튜디오 대구죽전점 오픈

참고문헌

5 minutes for mom, https://www.5minutesformom.com/
Ambiente, http://ambiente.messefrankfurt.com
A.P.C., https://www.apc.fr/
ABAKHAN, https://www.abakhan.co.uk/
Alice and Lois, https://www.aliceandlois.com/
Amanda Medlin, https://amandamedlin.com/
Amazon, https://www.amazon.com/
Channel, https://www.cchan.tv/
Club Factory, https://www.clubfactory.com
Cosmo Cricket, https://cosmocricket.typepad.com/
Cottage Market, https://thecottagemarket.com/
Create and Craft, https://blog.createandcraft.tv/
Creema, https://www.creema.jp/
Curbly, https://www.curbly.com/
Cute DIY Projects, https://cutediyprojects.com/
Deavita, https://deavita.net/
Decoration Ideas, https://decoration.uzunerinsaat.com/
DH Gate, https://www.dhgate.com/
DIY Tutorial Ideas, http://www.handmadiya.com/
DIYS, https://www.diys.com/
Dunelm, https://www.dunelm.com/
Earth Hero, https://earthhero.com/
Etsy, https://www.etsy.com/
Everything Etsy, https://www.everythingetsy.com/
Fabric Art DIY, https://fabricartdiy.com/
Fabric Paper Glue, http://www.fabricpaperglue.com/
Fall n Design, https://www.fallindesign.com/
Flickr, https://www.flickr.com/
Folksy, https://folksy.com/
Free Tutorial, http://www.free-tutorial.net/
Global Sources, https://www.globalsources.com/
Gourmet Quilter, https://www.gourmetquilter.com/
Grace Hats, https://gracehats.com/
Gracious Threads, http://www.graciousthreads.ca/
G trend, https://www.gtrend.me/

참고문헌

G마켓, https://www.gmarket.co.kr/
Heim Hand Werk, https://www.heim-handwerk.de/
Heimtextil, https://heimtextil.messefrankfurt.com/
HGTV, https://www.hgtv.com/
Home BNC, https://homebnc.com/
Home Rises, https://www.homerises.com/
Home diy, https://homediy.co/
Homemade Toast, http://www.homemadetoast.com/
http://ms.jjgle.com/
http://www.free-tutorial.net/
http://www.hestershandmadehome.com/
http://www.hometabledeco.com/
http://www.palatec.net/
https://acoupleofcraftaddicts.blogspot.com/
https://amybarickman.com/
https://blog.lauraashley.com/
https://blog.treasurie.com/
https://elily00.wordpress.com/
https://ioluli.tumblr.com/
https://mexicanfolkartwholesale.com/
https://tipjunkie.com/
https://www.allmywaysandrea.com/
https://www.handmadekultur.de/
https://www.iichi.com/
https://www.primitivestarquiltshop.com/
https://www.roquevalero.com/
I Sew Stuff, https://www.isewstuff.com/
I'm Feelin' Crafty, https://feelincrafty.wordpress.com/
Ikatbag, http://www.ikatbag.com/
Intertextile, http://intertextile-shanghai-hometextiles-autumn.hk.messefrankfurt.com
Interiorlifestyle, https://interiorlifestyle-tokyo.jp.messefrankfurt.com/
Jewels at Home, https://jewelsathome.com/
John Lewis, https://www.johnlewis.com/
Kidsroom, https://www.kids-room.com/
Kitty Bunny Ponny, http://kittybunnypony.com/